成人（网络）教育系列规划教材

CHENGREN (WANGLUO) JIAOYU XILIE GUIHUA JIAOCAI

中国财税史

ZHONGGUO CAISHUISHI

主　编　李　江
副主编　代灵敏　魏彧

西南财经大学出版社
Southwestern University of Finance & Economics Press

成人（网络）教育系列规划教材
编 审 委 员 会

主　任： 丁任重

副主任： 唐旭辉　冯　建

委　员（按姓氏笔画排序）：

　　　　丁任重　冯　建　吕先锴　李永强

　　　　李良华　赵静梅　唐旭辉

总 序

随着全民终生学习型社会的不断建设和完善，业余成人（网络）学历教育学生对教材的质量要求越来越高。为了进一步提高成人（网络）教育的人才培养质量，帮助学生更好地学习，依据西南财经大学成人（网络）教育人才培养目标、成人学习的特点及规律，西南财经大学成人（网络）教育学院和西南财经大学出版社共同规划，依托学校各专业学院的骨干教师资源，致力于开发适合成人（网络）学历教育学生的高质量优秀系列规划教材。

西南财经大学成人（网络）教育学院和西南财经大学出版社按照成人（网络）教育人才培养方案，组织编写了专科及专升本公共基础课、专业基础课、专业主干课和部分选修课教材，以完善成人（网络）教育教材体系。

本系列教材的读者主要是在职人员，他们具有一定的社会实践经验和理论知识，个性化学习诉求突出，学习针对性强，学习目的明确。因此，本系列教材的编写突出了基础性、职业性、实践性及综合性。教材体系和内容结构具有新颖、实用、简明、易懂等特点；对重点、难点问题的阐述深入浅出、形象直观，对定理和概念的论述简明扼要。

为了编好本套系列规划教材，在学校领导、出版社和各学院的大力支持下，成立了由学校副校长、博士生导师丁任重教授任主任，成人（网络）教育学院院长唐旭辉研究员和出版社社长、博士生导师冯建教授任副主任，其他部分学院领导参加的编审委员会。在编审委员会的协调、组织下，经过广泛深入的调查研究，制定了我校成人（网络）教育教材建设规划，明确了建设目标，计划用两年时间分期分批建设。为了保证教材的编写质量，在编审委员会的协调下，组织各学院具有丰富成人（网络）教育教学经验并有教授或副教授职称的教师担任主编，由各书主编组织成立教材编写团队，确定教材编写大纲、实施计划及人员分工等，经编审委员会审核每门教材的编写大纲后再进行编写。

经过多方努力，本系列规划教材终于与读者见面了。在此，我们对各学院领导的大力支持、各位作者的辛勤劳动以及西南财经大学出版社的鼎力相助表示衷心的感谢！在今后教材的使用过程中，我们将听取各方面的意见，不断修订、完善教材，使之发挥更大的作用。

西南财经大学成人（网络）教育学院

2009 年 6 月

前　言

一、我们为什么要学习"中国财税史"？

以这样一个简单而又直接的问题作为这本教材的开篇，是希望大家在学习这门课程之前，能够明确学习的目的和意义，提升学习兴趣，增强学习主动性和积极性。

中国是世界四大文明古国之一，在上下五千年的华夏文明史中，财税实践一直扮演着重要角色。历史上每一次重大社会变革，几乎都伴随着国家财税体系的调整，其至很多决定历史进程的事件归根结底就是由财税问题引发的。因此，学习中国财税史，也是在学习几千年来中国社会经济发展的基本历程，其中既有波澜壮阔的历史故事，也有博大精深的传统文化，更有实践中积淀下来的经验与教训。这对我们理解当代经济现象，拓展知识结构，提升文化品位，学好相关学科，都将有很大的帮助。

对于财税学科自身的学习与实践而言，研习中国财税史更有其实际意义。我们知道，财税学是介于政治学与经济学之间的一门社会科学，这门学科没有实验室，古今中外诸多鲜活的事件告诉我们，一项财政政策、财政制度一旦失败，其后果往往相当严重，轻则导致国民经济衰退，重则导致一个政权崩溃。然而浩淼的历史时空恰好为我们提供了一个具有丰富案例的实验场，了解历史，以史为鉴，将有助于我们在今天的财税实践中，更深刻地把握国情，更好地为社会经济建设服务。

二、我们怎样才能学好中国财税史？

中国财税史，既是一门财税基础课程，也是一门经济历史课程，这就要求大家既要有一定的经济常识，更要有一定的历史纵深感。学习无捷径，要学好这门功课，其根本还是要在"多读、多思、多用"三个方面下工夫。

多读，即要尽量多地涉猎相关学科的知识，多读经济、历史方面的书籍。读书自然是开卷有益、多多益善，但对于初学者而言，可能一时难以博览群书，需要慢慢积累。这里给大家推荐一本最为便捷的工具书——《新华字典》（或《现代汉语词典》），通过查阅字典或词典，大家可以准确地了解"财政"、"税收"、"税赋"、"徭役"等一系列相关名词的基本含义，获取与课程相关的基本经济概念；也可以通过翻阅字典或词典附录中的中国历史纪元表了解中国历代王朝的顺序及年代，增强自身的历史纵深感。

多思，即要在学习过程中多思考相关的问题。中国财税史涵盖了中国几千年的财税实践和财税思想的形成和演进过程，知识量相当大，其中财税与国家的政治、经济、文化、军事、民生等方面的相互作用、相互影响，形成了一个彼此交织的庞杂知识体系。如何在头脑中理清纷繁复杂的知识脉络，并从中收获有益的启示，需要我们对知识进行反复琢磨和认真思考。

多用，即要把课程所学知识运用到研究与实践之中。尽管中国财税史是一门侧重于理论评述的课程，但其内容涉及历史上丰富的财税实践活动，这对于今天的研究与实践具有重要的指导和借鉴意义。学以致用是任何一门课程学习的根本目的，能够积极地把课程所学知识运用到研究和实践工作之中，是深入领会所学内容，增加学习成就感的最有效途径。

总之，希望中国财税史这门课程，能够赢得大家的喜爱，对大家有所帮助！祝愿大家在学习中获取快乐，在快乐中享受学习。书中存在的疏漏和错误，也欢迎大家批评指正。

李 江

2013 年 4 月

目 录

第一章　先秦时期财税起源与发展

关于"财税"，中国古代没有这个名字，开始时多从赋税而名，如"享"、"贡"、"赋"、"税"、"租"等。后来，地域广了，人口多了，财物较以前丰富了，管理人员逐渐增多，管理机构也逐渐专门化了，才开始把国家财政税收称呼为"理财"、"财赋"、"国计"（"经国大计"）、"财征"、"国用"等。可见，在我国，财税同国家有着密切关系，是国家行政的物质基础；同时，也与民生（人民的生产、生活）有着密切的关系，人民要依法纳税，财政要保障民生。

第一节　财税起源

在财政学界有一种重要的理论——"国家分配论"，其以马克思主义国家学说为依据，通过层层剥笋式的剖析，揭示出财政与国家之间所存在着的本质联系。"国家分配论"以财政活动满足国家职能的需要作为理论研究的起点，将"国家"的历史与"财税史"统一起来，为我们以历史朝代为基本单元来研究中国财税史提供了理论支撑，因此，我们对中国财税史的研究也就从中国出现国家形态的历史时期开始。当然，"国家分配论"对"财政是什么"的阐释在学术界还有不同的观点，但这些争论并不影响我们对中国财税史的学习与认知，本书也就不多论述了。

具体到中国国家形态的形成时期则又是一个难题，因为从传说中的三皇五帝到统一的秦帝国有上万年的历史，而且其中大部分时期没有文字记载。但通过《史记》等大量典籍的考证与论述，结合现代考古发现，我们可以判断在大禹治水时期，我国中原地区已经出现了国家的雏形[①]，并同时开始有了国家的财政与税收。据研究考证，当时舜命禹主持治理了多年泛滥成灾的洪水之后，又重新划定居民区域，并进一步完善了赋税征收制度，使黄河流域一带居民获得了安定和发展的机会，尧、舜、禹的统治地位也得到了巩固。之所以这么说，是因为治水活动给中原地区带来了如下变化：

一是解决了"水患"这一长期严重影响当时居民生活质量的大问题。在尧统治的70年间，虽然多次派人主持修治工作，但始终未能达到治理的目的。由于舜下了死命

---

① 这里对"国家"的定义，源于恩格斯的认识。恩格斯认为，国家和旧的氏族组织不同的地方，第一个不同点是它按地区来划分它的国民。第二个不同点是公共权力的设立，这种公共权力已不再同自己组织为武装力量的居民直接结合了。此外，还有两个最基本的前提条件，一是一切部门——畜牧业、农业、家庭手工业——中生产的增加，使人的劳动能力能够生产出超过维持劳动力所必需的产品；二是从第一次社会大分工中，也就产生了第一次社会大分裂，即分裂为两个阶级：主人（奴隶主）和奴隶、剥削者和被剥削者。恩格斯所提的几个条件，到尧、舜、禹时期已经基本具备。

令，所以禹接受任务之后，13 年间都坚守在抗洪第一线。禹经过对江河、山林、陆地、沼泽等的详细勘察，率领各地居民，准备器材，挖山开路，该疏则疏，该堵则堵，最终使洪水流入大海，洪水得到根治。治理洪水这么大的工程，如果没有一个统一的指挥中心（政权），是难以完成这份工作的。

二是解决了"稳定划分居民区"（行政区划）的问题。在氏族社会，以一个或几个部落为一区，土生土长，虽然区域大小不一，但很难越界。在建立国家以后，以各部落为基础划区行政，并制定了一套全国通行的行政管理和赋税制度。在洪水未得到治理时，可能这个区划不久就被洪水打乱了。治水成功以后，水患消除，行政区划成为一种常态。我们通常说的"九州"，也就是从这时开始划分的。

三是为发展农业生产创造了前所未有的有利条件。在神农氏族晚期，即传说中的炎帝时期，我国中原地区的农业生产已基本确立，并且有了简单的交换，但受到生产力水平的限制，还没有形成国家。大禹治水为发展农业生产、安定民生做出了重大贡献，从而也为国家征收赋税创造了更有利的物质条件。

总之，关于中国的财税起源，我们可以做这样的理解：在距今四五千年前，中国已在华夏地区根据土地自然资源情况，对所属居民按区域进行了组织和划分，在禹治理了洪水之后，这样的制度基本稳定下来；尧、舜、禹作为当时的国家首脑，被后世称赞为"圣王"，他们很重视民生，在他们的努力下，生产得到发展，居民生活得到改善，国家的财税实践也在这个时期逐渐产生了。

第二节　夏、商、西周时期的赋税

在中国历史上，夏、商、西周一般被认为是中国的奴隶制时期，国家和国家财政也在这一时期产生并得到早期的发展。

一、夏、商、西周三代的政治经济情况

据古籍记载，自夏禹至西周灭亡（约公元前 2200 年到公元前 774 年），共约一千四百年的历史。其中商代以后，形成了地域广阔、经济发达的奴隶制国家，是世界上最早的文明大国之一。

在"夏、商、西周"三代（以下简称"三代"），从土地制度上说，主要是奴隶主占有制。国王直接管理王畿之内的土地，王畿之外的土地则按等级分给诸侯，诸侯再把受封的土地分赐给大夫，大夫又分给自己的臣属。被分占的土地，虽然贵族之间可以彼此交换，但因国家规定"田里不鬻"，所以，在三代时是没有土地买卖的现象的。

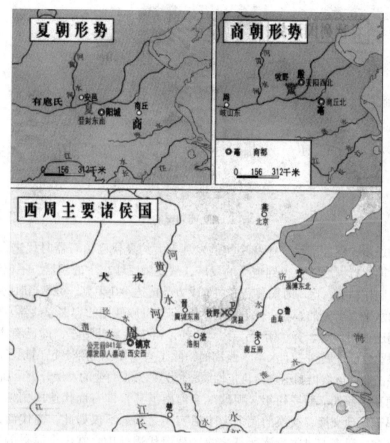

图1-1　夏、商、西周三代疆域

农业收入是奴隶制国家的主要收入来源，因此，三代的国王对此都十分重视。夏禹对农业确实是做出了贡献的：区划九州，疏浚河流，消除水患；在此基础上，平整土地，开挖沟渠灌溉系统；在耕作时，顺应节令变化，适时播种与收割。史书上说"行夏之时"，就是说，夏以后的农民，学夏的办法，四时八节不误农时。由于有了一套合理的耕作技术，所以，粮食产量比以前多了，传说禹臣仪锹造"酒"，就是当时粮食充足的有力佐证。不过也应该承认，由于这时使用的仍然是木石农具，所以，农业劳动生产率仍然很低，直到商代，生产状况才有了较大的变化，开始有简单的协作。由于农业的发展，粮食生产多了，这时开始建立仓库储存。在这时，农村普遍栽种了桑麻，家里还喂养牛、马、猪、羊、鸡、犬等畜禽。到西周，农业生产工具显著改善，耕作方法也有了改进，通常利用耦耕，《诗经》记载"十千维耦"，"千耦其耘"，是说当时有成千上万人在一起从事农业劳动。这种宏大的劳动场面，说明了当时农业的盛况。

图 1－2　西周青铜器

农业的进步，促进了手工业和交换的发展。大约夏代已由石器时代进入铜器时代，进入商周时期，青铜冶铸业得到重大的发展，从安阳殷墟出土的铜器，不仅数量多、品种多，而且制作精美，这一时期著名的司母戊方鼎重达440千克，可见当时的冶铸技术已有相当高的水平。出土的铜器，除礼器外，还有供贵族使用的容器、兵器、乐器和车马饰物。青铜还被用作刀、斧、锛等工具。此外，相传夏奚仲造车，即已有木工。商代，漆器和丝织业也已发展到一定水平。西周时，除了官府手工业外，已出现了农民家庭副业的民间手工业，虽然仍属于自给自足性质，但为私人工商业的发展开创了新路。

商业萌芽于商代。西周初年，朝歌（今河南淇县）即有商代遗民用牛车载货经商的事，这属于近地交换，交换的大多为生活实用之物。不仅如此，商代商人还从千里或数千里之遥，运来奴隶主贵族所需之物，从商代遗址中，常出土海贝等物，其大量生长在印度洋和南海岛屿附近，我国大陆不产此物，可见商人涉足之远。出土文物还可证明，西周已用贝作为交换手段——货币，殷墟文字"贝十朋"可资为证。当然，商周之际，商贾同百工一样，多隶属于贵族，即"工商食官"。尽管如此，还是证明了在商、周时期，已有了脱离农业的专业工匠和商人。据出土文物和铜器铭文"王锡（赐）金百"、"贝十朋"等记载中可看出，这时海贝、铜贝等已充当一般等价物。货币是顺应生产发展，剩余生产物增加，交换扩大的需要而产生的，是社会发展到一定阶段的产物。

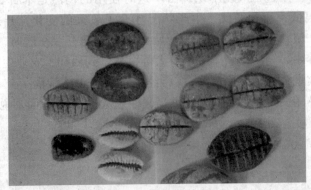

图 1－3　商朝货币

随着奴隶社会经济的发展，奴隶制国家政权机构、法律、制度也逐渐完善。组织政权的目的，主要是维护统治阶级权益，巩固其统治。传说禹曾设官分职，制定出最早的刑法。商代的"八政"，西周的"三事"、"六官"之设，"五刑"之罚，土地之分封，井田之制，赋役之征……所有设官分职、兵戎钱谷之事，都属政权建设的　部分。这一切说明，奴隶制国家在巩固奴隶主对奴隶的统治的同时，各种职能机构也日益扩充和完善。

二、三代的赋税制度

（一）田制和田赋

1. 田制

在三代，土地被奴隶主占有。相传禹在治水之时，即观察土地，识别土质，把田地按高低、肥瘠情况分为九等，量远近，制五服，任土作贡。在夏王朝，国家把土地按远近分给奴隶主贵族，奴隶主贵族再按级下分，最后将土地分给平民和奴隶耕种。据《孟子·滕文公》等记载，当时把大约九百亩的一块地分为九块，中间一块是公田，周围八块是私田，公田由八家共耕，公田里的收获物归奴隶主，这也就是"井田"制。总之，在三代，土地按等级分配，对平民实行劳力课征。

2. 田赋

（1）夏代的田赋制度——贡

上面说到夏禹在治理水患时，也考察了各地的地形和土质，将全国各地的田土，按高下、肥瘠分为九等，又根据使用的情况规定了赋税等级。其征收比率，据说是"十一而税"，即10%的税率。

夏代的田赋征收有两种：一种是按田土的农产品产量征收定额的田赋；一种是根据各地的特产，强行规定贡纳土特产品。据史籍记载，夏代把全国分为五个区域，在王城之外，每五百里为一区，根据各区距离王城的远近和运输负担，确定缴纳物品的精、粗。赋税的比率，一般是收获量的十分之一。因年成有好坏，夏代的做法是将相邻几年的收获量加总后求出一个平均数，以其平均收获量的十分之一，作为贡赋定额，不分凶年、丰年，都要缴纳规定数量的粮食。所以，夏朝的税赋，实际上是一种农业定额税。

除赋税之外，还有土贡，即各地诸侯、臣属向夏国王贡纳的土产、珍宝。如扬州贡金二品、瑶、琨（美玉）、竹箭、齿、革、羽、旄、桔、柚；徐州贡五色土、孤桐、浮磬、珠及鱼等。这里面又分为常贡和临时贡纳，后者一般是那些难得的物品或新鲜果品。

（2）商代的田赋制度——助

助法是建立在井田制度基础上的一种田赋制度。纳税的形式，是使八家之力助耕公田，以公田所获交公，私田不再纳税。这种田赋的性质，《孟子》中说："助者借也"，实是一种借民力助耕的劳役地租。这种以租代税的形式实际上是对活劳动的直接征发，税率一般认为也在10%左右。

（3）西周的田赋制度——彻

《孟子》中说："周人百亩而彻。"这是指周代田赋征收实行彻法，即把九百亩大小的一块田，分为九个百亩一块的田，每夫授田一块。每年终了，按百亩的实际收获量征收实物，税率大概为 10%。彻法同助法一样，也建立在井田制的基础上，但彻法的征收同助法有所不同。首先，授地亩数不同；其次，夏代是定额税，周代则采取比例税形式；最后，它能多收多得，有利于调动劳动者的积极性。可见，彻法比贡法要进步得多。当然，对西周田赋的性质，历代学者也有不同的理解，主要是对贡、助、彻的收取方式和并行时间的一些争论，感兴趣的同学可进一步查考相关的历史类书籍。此外，西周除田赋收入外，还有各国诸侯和平民向周天子的献纳收入。这种献纳，并不完全是自愿的，具有一定的强制性。

（二）关市税

我国古代手工业发展得早，商代末年，商人贸易已经出现，但是这时是"工商食官"，手工业和商业都属官办，故不征税。"市廛而不税，关稽而不征"，即去市场上交换的物品，在关卡上只检查是否有违禁情况而不征税；在市场上也只对市肆收点管理费。但到了西周后期，由于农业的剩余生产物和手工业产品的交换活动日益增多，在官营手工业和官营商业之外，出现了家庭副业形式的私营个体手工业和商业，商人活动的范围已不是几十里、上百里的小范围，而是来往于各诸侯国乃至海外。这时，周统治者一方面出于保护农业劳动力的需要，对从商之人加以抑制；另一方面也是为了满足统治阶级日益增加的财政需求，就需要对参加商品交换的物品征税了。西周的关市之征，据《周礼》记载，包括关税、市税和山泽税。

（1）关税。古代的关，主要指陆路关卡，或设于道路要隘之处，或设于国境交界之处；其作用是维持治安和收税，即有双重作用。周代征收关税的事例，见诸有关齐国、晋国和宋国的史料，大多征收较轻。由于这是一种新的税收，不易为人所接受，所以征收范围不广。

（2）市税。在西周时，市税是指对市内邸列肆、守斗斛、诠衡的征收，实际上是费的性质。据史载，有"布、总布、质布、罚布、廛布"等名目。布，即对商店所征的税；总布，即对守斗斛、诠衡者所征之税，即牙税性质；质布，指由质人（评定物价、保证货物的质量的官）课于犯质剂者（违反契约规定者）的钱；罚布是对犯市令者的罚款；廛布是对商人储存货物的店铺所收的费。西周关市之征用货币交纳，意味着西周时货币经济已开始发达起来。

（3）山泽税。对山林、园池、水泽的产出所征的税。包括山林所出的兽皮、齿、角、羽等，池泽所出的鱼、盐等所收取的实物税。

（三）罚课

三代还有一种寓惩于征的措施，即罚课。凡不勤劳生产，或不完成生产任务的，都要受到加税或服徭役的处罚。据载，凡住宅地旁不种桑麻者，要出里布；有地不耕者要出屋粟；凡民闲居而不参加生产者，不仅要交纳一夫的田赋，还要服徭役。

（四）徭役

徭役包括力役和兵役。据载，古代平民要负担徭役，随时服从国家的征调，即使是贵族，也有服兵役的义务。

（1）力役。古代力役是指强制人民从事劳役活动。包括跟随诸侯、大夫从事狩猎、追捕盗贼以及运送官物等事。一般是一户出一人。服役的日数一般为一年三日，少者一日，如遇灾荒凶年则不服劳役。服役的年龄：国中之民（城市人口）自 20～60 岁，野人（乡下人）自 15～65 岁。国中的某些阶级，如贵者、贤者、能者、服公事者、老者、疾者都免役。

（2）军赋。包括兵役和军赋。周代兵役，一般是七家出一人服兵役，按规定轮换。军事首领多由贵族担任。至于军赋，据记载，殷周"因井田而制军赋"。一丘之地（十六井）出戎马一匹、牛三头；一甸（四丘）出戎马四匹、兵车一乘、牛十二头、甲士三人、卒七十二人，干戈武器也由自己准备。从上可见，在周代仍然是兵农合一，田制和兵制结合，人民服兵役和交纳军赋相结合。这是周代财政的特点。

第三节　春秋战国时期的财税改革

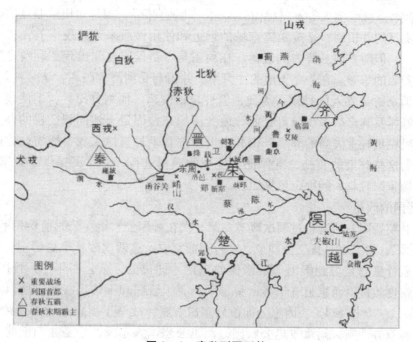

图 1-4　春秋列国形势

春秋战国时期（公元前 770—前 221 年）又称东周时期。西周时期，周天子保持着天下共主的威权。平王东迁以后，东周开始，周王室开始衰微，只保有天下共主的名义而无实际的控制能力。同时，一些被称为蛮、夷、戎、狄的少数民族在中原文化的影响或民族融合的基础上很快赶了上来。中原各国也因社会经济条件不同，大国间争夺霸主的局面出现了，各国的兼并与争霸促成了各个地区的统一。因此，东周时期的社会大动荡，为全国性的统一准备了条件。

春秋战国时期，旧制度、旧统治秩序被破坏，新制度、新统治秩序逐渐确立，新的阶级力量在壮大。隐藏在这一过程中并构成这一社会变革的根源则是以铁器为特征的生产力的革命。生产力的发展最终导致各国的变革运动和封建制度的确立，也导致思想文化的繁荣。

社会的变革、生产力的进步，使得当时的各个诸侯国纷纷进行了财税制度甚至国家体制的改革。这样的改革，在春秋战国五百年间此起彼伏，为后世中国财税体制甚至国家体制的形成奠定了基础。下面就是当时几次意义重大、影响深远的变革。

（一）春秋时期的改革

1. 齐国的改革

周庄王十二年（公元前 685 年），齐襄公即位，襄公喜怒无常，肆意淫乱。他的兄弟为防"乱将作"（暴乱将要发生），纷纷出逃。襄公被杀后，桓公即位，用管仲为相，推行改革。管仲的改革方案，针对性很强，而且充分考虑了国内的经济状况和各个阶级、阶层人们的思想认识情况。改革包括政治、经济、军事、财政等多个方面。关于财政经济方面，实行"官山海"、"相地衰征"的政策。所谓"官山海"，就是把关系国计民生的盐、铁、粮食、国有山林等经济资源和对外贸易，完全控制在国家手里，使贵族、豪强、商人等不得独占。所谓"相地衰征"，则是对田赋制度的改革。此前，齐国实行的井田制，是按距离京城的远近和使用性质来设计税率的，其平均税率为十分之一。但随着周王势力的衰落，在周王与各诸侯国之间出现了利益之争，主要是对土地资源的争夺。在争夺土地的冲突中，井田制受到严重破坏，从某种意义上讲，也影响到国家财政收入的稳定。为此，管仲建议改革。他划分田界，不使多占，井田按其土质好坏及其出产多少分等征收，改变了原来按固定土地面积征税的办法，从而改善了人民税负轻重失当的弊病；山林、川泽按其生长规律采伐、捕捞；劳役征调不妨碍农时。这些政策的实施，既保证了生产的顺利进行，为农民提供了致富的环境，又保证了国家财政收入的稳定可靠。①

2. 晋国的改革

这一时期晋国一共进行过两次改革：第一次在晋惠公六年（公元前 645 年）"作爰田，作州兵"；第二次是晋文公即位，实行通商宽农。这两次改革也是切中晋国时弊的改革。史载晋惠公是得到秦国等国诸侯的支持才即位的，惠公四年冬，晋国闹饥荒，秦国拿出粮食救援，而惠公五年冬，秦国闹饥荒，晋国却不伸出援手，所以秦称惠公"背施无亲"、"背施幸灾"。因惠公即位后多次背秦，故秦于周襄王七年兴兵伐晋，惠公被俘。经双方谈判，同意放惠公归国，而惠公恐国人不满，于是在归国前"朝国人以君命赏"，晋于是乎作爰田，即将部分公田赏予众人，并改划田界。后来，又改以往州不治兵的成例，以州治精兵。

周襄王十六年（公元前 636 年）晋惠公死，晋文公即位。文公任用百官，放弃债务，减轻赋税，救困扶贫，省关禁，便商惠农，自公、大夫至家臣，皆各安其位。

3. 鲁国的改革

鲁文公时，杀嫡立庶（宣公），"鲁由此公室卑"（《史记·鲁公世家》）。鲁宣公十年，鲁国实行"初税亩"，历史上第一次按田亩多少征税。有人因此认为此事为中国田

---

① 《国语·齐语》："相地而衰征，则民不移；政不旅旧，则民不偷；山泽各致其时，则民不苟；陆、阜、陵、瑾，井田畴均，则民不憾；无夺民时，则百姓富；牺牲不略，则牛羊遂。"

赋的开始。但这种说法并不十分准确，因为，有国家当然就有脱产（不参加生产劳动）的大小官员、卫士、军队、法官、巫卜之类的人需要供养，也就必然要有各种税赋。只不过以前是按"井"收税，鲁宣公改为按亩收税，使其更切合实际，更能体现均平人民负担的目的。

4. 楚国的改革

楚康王十二年（公元前548年）冬，楚令尹子木令蒍掩（司马）整治赋税。于是，蒍掩先将甲兵之数、土地宜种状况包括山林、薮泽、丘陵、高地、盐碱埆薄之地、平原堤防之地、适于放牧的湿地、肥沃平美的耕地等，分门别类统计清楚。在此基础上，按土地所宜、出产多少，制定赋税征收和车、马、车兵、徒卒、兵器的调发制度。这种经过充分调查研究，从实际出发所制定的赋役征收政策，应该说是可行的，人民是可以负担得起的。

5. 郑国的改革

郑简公三年（公元前563年），用子驷（卿）整修水利和田界。简公二十三年，子产主政，"使都鄙有章，上下有服，田有封洫，庐井有伍"，进一步强化井田及相关制度。数年以后，郑简公二十八年九月，"郑子产作丘赋"，使丘中之人按丘出军赋。此制一经公布，立即遭到国人的咒骂。对此，子产的态度是"苟利社稷，生死以之"。后来，因人民在改革中获得了实际利益，子产得到了人民的拥护。

以上几个方面的改革，在当时来说，具有十分重要的政治经济意义。首先，随着生产的发展，土地的开辟，改革税制，扩大征收面，从而保证了各个诸侯国的必要开支；其次，按田征收赋役，有一份田出一份税，既体现了公平，又保证了赋税的稳妥可靠；最后，考虑了民生，不使人民的赋税负担过重。

（二）战国时期的改革

图 1-5　战国形势

进入战国时期以后，社会生产力出现了新的面貌，铁被广泛运用于生产和生活领域，改善了生产技术，提高了生产效率，创造了更多的社会财富；在大国争霸的过程中，各大国积累了丰富的执政经验和治国安民及理财的思维方式，在力求加厚经济基础、充实战争经费（人、财、物）的同时，为争取人民的支持以形成合力，各大国的统治者因时因地改善分配方式，力争做到人民负担虽重而民不伤。战国时期的赋税，各国基本上还是赋、役、税、贡四个方面，如孟子所说，有布缕之征、粟米之征和力役之征，但农民负担程度，各国轻重不一。这一时期各国财税改革的主要目的是既保证政权巩固、战争胜利，又能使人民不离心离德。以下为三个典型范例：

1. 魏国的改革——李悝变法

史载，魏文侯当政时，礼贤下士，尊重儒家，先后起用一批改革家进行改革。其中最为著名的是李悝改革，其改革主要有以下几点：①废除世卿世禄制，按"食有劳而禄有功"的原则选用人才；②尽地力之数，鼓励农民充分利用土地资源，杂五种，环庐树桑，在增加农民收入的基础上增加国家收入；③实行平籴法，以平抑粮价，保护农民的利益。

2. 楚国的改革——吴起变法

楚国在内外交困的情况下，起用吴起推行变法。吴起的改革措施主要有几点：①对已出五服的王亲贵族，收回其土地，取消其特权，停发其俸禄；并将其迁移到边远贫瘠地区生产、生活，既减轻国家财政负担，又可增加可供分配土地，还能使贫瘠地区得到开发，一举而数得。②精简机构。裁减无能、无用之官，将省下来的钱物用于养兵和奖励有功之人，达到"厉甲兵以时争天下"的目的。

3. 秦国的改革——商鞅变法

图1-6　商鞅（约公元前395—前338年）

商鞅是战国时期政治家、思想家，先秦法家代表人物。他推动秦国变法，因变法得罪权贵，终被处车裂而惨死。

秦国为改变经济落后、内外交困的局面，秦简公七年（公元前408年）施行"初租禾"；秦献公七年（公元前378年）施行"初行为市"；到秦孝公用商鞅变法，秦国才开始发生巨大变化。商鞅变法前后共两次。第一次的主要内容是：①废除世卿世禄制，按军功大小赏赐；无军功者虽富但无尊荣。②实行编户制和连坐法，互相监督。③奖励耕织，凡努力从事农业生产，所产粮食和布帛超过规定数量的，可以免除本人的赋役；凡不安心农业生产，而从事工商末业或游手好闲者，罚为官奴。④鼓励人口多者分家立户，种田纳税；如有两男以上不分户者，罚出两倍赋役。⑤禁诗书，重法令。执法无私，太子犯法也受罚。第二次变法的主要内容是：①在国内推行郡县制，其县令、丞由国君任免，加强集权；②重新划定田界，"为田开阡陌封疆"；③统一度量衡，统一赋税征收制度；④禁民父子兄弟同室。上述变法内容，其中不少后来都归入了《秦律》之中。

商鞅变法很是彻底，初步建立了新兴地主阶级的政权体系，秦国从此开始强盛起来。李斯在《谏逐客书》中说："秦孝公用商鞅之法，移风易俗，民以殷盛，国以富强；百姓乐用，诸侯亲服；获楚魏之师，举地千里，至今治强。"（《史记·李斯传》）而与秦国几乎同时推行改革的，还有齐、韩等国。齐威王（公元前356—前321年）时期的邹忌改革，纳谏、用人、督奸、奖人。韩昭侯时期的申不害改革，巩固了中央集权专制。但这些改革，都不如秦国的改革彻底、坚决，所以最后秦国取得了成功，统一了全国。

第二章 秦汉时期的财税

第一节 秦汉时期的政治经济背景

图 2－1 秦朝疆域

一、政治背景

公元前221年，秦灭其他六国后统一了中国主体部分，建立了中国历史上第一个大一统王朝，定都咸阳（今西安附近）。由于秦王嬴政自认为"功盖三皇，德过五帝"，于是改用皇帝称号，自封始皇帝，人称"秦始皇"，传位后的皇帝称二世，直至千世万世。他对国家进行了许多项改革，包括中央集权的确立，取代了周朝的诸侯分封制；统一了文字，方便官方行文；统一度量衡，便于工程上的计算。秦始皇还大力修筑驰道和直道，并连接了战国时赵国、燕国和秦国的北面围城，筑成了西起临洮、东至辽东的万里长城以抵御北方来自匈奴、东胡等游牧民族的侵袭。秦始皇推崇法治，重用法家的李斯作为丞相，并听取其意见，下令"焚诗书"，收缴天下兵器，役使70

万人修筑阿房宫以及自己的陵墓——包括兵马俑等。部分史学家对以上事件存有怀疑，认为由于秦始皇的一系列激进改革得罪了贵族，平民无法适应，才在史书上作假，留此一笔。

公元前210年秦始皇病死于出巡途中，胡亥（即秦二世）杀害太子扶苏后即位。但十个月后，陈胜、吴广在大泽乡揭竿而起，包括六国遗臣等野心家乘势作乱。公元前206年刘邦围攻咸阳，秦王子婴自缚出城投降，秦亡。此后，汉王刘邦与西楚霸王项羽展开了争夺天下的楚汉战争。公元前202年12月，项羽被汉军围困于垓下（今安徽灵璧），四面楚歌。项羽突围后在乌江自刎而死，楚汉之争至此结束。汉高祖刘邦登基，定都长安（今陕西西安），西汉开始。到了汉武帝时，西汉到达鼎盛，并与罗马、安息（帕提亚）、贵霜并称为四大帝国。汉武帝实行"推恩令"，彻底削弱了封国势力，强化监察制度，实现中央集权；他派遣卫青、霍去病、李广等大将北伐，成功地击溃了匈奴，控制了西域，还派遣张骞出使西域，开拓了著名的"丝绸之路"，发展了对外贸易，使中国真正了解了外面的世界，促进了中西文化交流。儒家学说也被确立为官方的主流意识形态，成为了占统治地位的思想。其他艺术与文化也蒸蒸日上。同时期还出现了第一部通史性质的巨著——《史记》，同时中国出现造纸术，大大地推动了文化的发展。

西汉发展到了公元1世纪左右开始逐渐衰败。公元9年，外戚王莽夺权，改国号为新，宣布进行一系列的改革。然而这些改革不切实际，最终导致农民纷纷起义。公元25年刘秀复辟了汉朝，定都洛阳，史称"东汉"，而他就是汉光武帝。东汉的发展延续了西汉的传统，此时出现了天文学家张衡。汉的统治者吸取了秦的教训，显得相当开明。当时佛教通过西域传到中国，在河南洛阳修建了中国的第一座佛教寺庙——白马寺，佛教正式传入中国。

秦汉是我国传统政治文明发展的奠基时期，统治者在批判地继承先秦政治文明成果的基础上，不断创新，加强政治文明建设，创造了灿烂的政治文明。首先，提出了"德法并用"的政治理念，一手抓法制建设，一手抓政治教化，选贤任能，执政为民，为政治文明的发展提供了理论依据。其次，不断创新政治体制，合理设置官僚机构，科学配置官吏，分权制衡，初步建立了科学、合理、精干、高效的官僚政治体制，形成了相对独立的决策、咨询、执行、监督的权力结构，为政治文明的发展提供了组织保障。最后，建立和完善各项政治制度，各行政主体通过集议、谏诤、封驳、判署、察举、考试、考课、巡视、审计、举劾、杂议、连带责任等形式，对干部人事、司法、财政经济等行政权力进行制约和监督，初步形成了程序严密、制约有效的权力运作机制，体现了一定的公开、民主原则，为政治文明的发展提供了制度保障。总结秦汉政治文明建设的成果和成功的经验，对中国当代政治文明建设也有重要的借鉴意义。

二、经济概况

以公元前221年秦国的统一为标志，中华文明进入了更大规模的统一发展时代，即一个长达两千多年的中央集权的封建国家形成、发展并走向昌盛的历史。其间虽也出现过短期的地方割据、多个政权并存的现象，但统一始终是这一时期历史发展的趋势和主流。

秦汉时期，中国成为大一统之国家，中国经济也开始呈现出大一统的特点。中国历史向来是治乱相交的。统一谓之"治"，分裂谓之"乱"。秦汉时期，则可算中国第一个治世。然而，所谓治世，仅是从政治角度考虑，若从经济角度考虑，则未必尽然。因为缺乏必要的制约机制，大一统之国家愈发趋于政治上的专制，而政治上的专制，则容易诱发经济上的专制，如此一来，经济发展势必受到限制，走向经济上的专制。商鞅变法以来，秦国经济政策乃是重农抑商。但是，这只是一种表面现象。直到秦始皇统一天下后，才开始了真正的重农抑商，其后的汉高祖时期也是这样。于是，弥漫于战国时代的重商之风变成了重农之风，不过这种情形并没有持续多久。汉高祖初建国时，原本推行的是重农抑商之策，这应该也是汉承秦制的一个方面。然而，因为汉初时，封建制和郡县制相结合，导致中央政权受到地方政权的威胁。当时，天子直辖的郡县只有十五个，而各王国中比较大的，往往辖有五六个郡。久而久之，必定形成尾大不掉的局面。为了抑制地方政权，加强中央集权，中央王朝不得不改变国策，改重农为重商，从而发展自身的实力，争取得到民心。而地方诸侯为了与中央对抗，则也须大力发展商业，实行"铜盐故，百姓无赋"等策略，从而促进了地方经济的发展。这种竞争虽然主观上是中央与地方的对抗，但是客观上却促进了资本主义的短暂萌芽，不能不说是竞争之利。直到汉景帝时，"七王之乱"被平定，再到汉武帝时，推行"推恩令"，地方封建王国对中央的威胁方才渐趋于无。另外，为了对匈奴作战，汉武帝又不得不想方设法扩大政府财源，遂实行多种经济手段，与民争利。

在农业方面，秦统一前，由于变法彻底，封建制度基础较为坚固，劳动者的生产积极性有了很大的提高。铁质农具的普及和牛耕技术的推广，迅速扩大了种植面积，大幅度地提高了农业劳动生产率。汉武帝时期创立了"代田法"等措施，在总结农业生产率的基础上，政府还设置了主管农业的官员，促进了农业的生产。农业的发展和水利事业密切相关，秦时期先后修建了中国古代最为著名的两大水利工程，即都江堰和郑国渠，这两个工程使得荒漠变成了良田。汉朝时期更是注重水利工程的兴建，使得关中地区形成了一个庞大的水利灌溉网络。

秦汉时期的手工业也得到了前所未有的发展，主要表现在冶炼业、制陶业、皮革业等行业。秦朝统一后，手工业发展更为迅速，其中最能反映当时手工业发展水平的就是秦陵的兵马俑，给后人留下了工艺史上的辉煌业绩。到了汉代，手工业生产开始纵深化，很多行业都得到了前所未有的发展。

秦汉时期，城市工商业也得到了很好的发展。秦统一中国前其商业就已有较大的发展，农业产品和地方土特产品开始涌入市场，畜产品交易规模日益扩大，此外各种手工业品，如陶器、木器、铁器等种类繁多，交易兴旺。与工商业发展相适应的是大量繁华都市的涌现，如京都长安，既是当时的政治中心也是经济中心；别的大城市，如洛阳、邯郸、成都等，这些城市的发达程度，足以说明秦汉时期社会经济的繁荣与国家的昌盛。

第二节　秦汉时期的基本财税状况

一、秦汉时期的赋役制度

（一）土地制度

经过地主阶级同奴隶主贵族的长期斗争，秦始皇三十一年（公元前216年），秦朝宣布地主和有田农民自动如实向政府报告自己所占有的土地数额，政府根据报告的数额征收田租。这意味着封建土地所有制最后得以通行全国，并以法律的形式确定下来，封建土地所有制从此成为封建国家统治的经济基础。封建土地所有制的占有方式，基本上分为两类：少部分是属于封建王朝的公田或官田，大部分属于私人，包括王侯、大臣、达官显宦、富商、地主和平民等占有的土地。

（二）田租制度

秦代田租即为田赋，是国家向土地所有者征课的土地税，属于收益税性质。秦朝法律规定根据本人受田的多少来确定税赋，对具体税率并无确切记载。董仲舒称秦朝的税赋二十倍于古代①，这个显然带有夸张的成分。当然秦朝为了维持其强大的官僚机器运转，满足其大规模的战争和土木工程需要，横征暴敛肯定是存在的，否则，农民不会因负担沉重、生活极端贫困而起来反抗。

西汉初年，面对社会经济凋敝、人民逃亡、府库亏空现象，为了巩固自己的统治，刘邦实施了还兵于农、恢复生产、轻徭薄赋、与民生息的政策。具体到田赋，按土地面积征收常年产量的十五分之一，过了不久，税赋又增加，改为十分之一。公元前194年汉惠帝即位后，又恢复了"十五分之一"的赋税制度。汉文帝即位后，曾经多年免收田租（公元前167—前156年）。公元前156年，汉景帝即位，实行"三十税一"的轻徭薄赋政策，此后成为汉朝定制，一直到西汉末年都没有改变。到东汉初年，田税曾一度增为"什一之税"，到公元30年，又恢复西汉"三十税一"的制度，并一直到东汉末基本没有改变。

可见，两汉时期田租以"三十税一"为主，这属于比例税制。但是，两汉征收田租，却不是以土地单位面积的产量为标准，也并非一年一定额，而是按田亩数年连续产量，取其均量为常税，由政府按三十分之一折合的统一赋额来征收。征收时不是真核实各地的垦田，而是先由提封田计算出定垦田，再按田租征收标准，确定地区（州、郡、县、乡）征收总额，这就成了以分成制为原则的定额税制，然后把总数按垦田的多少分配到户。因而，每户租税多少，豪强可以逃避或减轻，地方官也可以上下其手，高估产量而加重人民的负担，不是真正按垦田和产量征租的。只有个别地方官吏认真核实垦田和产量，按亩征租。再加上地区征收总额的限制，真正按三十分之一进行也不易办到。所以，两汉田租，既基于地，又基于户，而基于户是实，基于地却不一定

---

① 参见《史记·秦始皇本纪》。

都是实。

由上可见，汉代土地税是按面积征收常年产量的三十分之一。据估计当时大约每亩征收三到四升，假如按五口之家耕田百亩估算，大约每户每年交田租三至四石粮食，根据当时的价格，就是 300 钱左右。加上其他税赋什么的，全家五口共计需纳 3 000 多钱，还有成年男子的徭役，可见当时的税赋之重啊。

（三）人头税制度

在秦朝，人头税又称口钱，就是按人纳税，只要到了法定年龄，不分男女，都要交纳。人头税始于战国，秦国从商鞅变法开始，正式征收人头税，用于充当军费开支。秦国以户为单位，每年征税 20 文。至于详细的征收，历史没有确切记载，在这里，看不出人民的负担程度，但是可以看出，秦朝确实征收过人头税，而且交纳的是现钱。

到了汉代，人口税已经制度化了，有口赋、算赋、户赋和献赋之分。口赋，也叫口钱，就是对未成年人的人头税。规定 7 ~ 14 岁的儿童，每人出口钱 20 钱，供给天子。到汉武帝的时候，加了 3 钱，并且从 3 岁起征，以此补充军费不足。后来因为税赋太重，出现了人们把刚刚生下来的孩子杀了的现象。鉴于此影响，到了汉元帝时代，又恢复 7 岁开征的制度。

算赋，就是对成年人的人头税。算就是计量单位的意思，以 120 钱为 1 算。公元前 203 年开始，规定国家 15 ~ 56 岁之间的成年人，每个人征收 120 钱，以此充当军费。商人和奴婢加倍，为 240 钱。到汉惠帝时，为了加快人口繁衍，对 15 ~ 30 岁的未嫁女子课以重税，5 倍于常人，即 600 钱。算赋收入形成军备基础，用于购置战车、骏马、武器、装备等。除了在汉文帝时代征收 40 钱、汉宣帝时代征收 90 钱和汉成帝时代征收 80 钱外，两汉其他时期都为 120 钱。

此外，关于算赋减免的规定，各朝有所不同。在汉武帝建元元年，即公元前 140 年，居民满 80 岁的，可以免除其家里 2 口人的算赋。东汉章帝元和元年（公元 84 年），人民无田而迁徙他乡的，赐给官田，并且免租三年；第二年对产子者免其算赋三年，对怀孕者免除其夫的算赋一年。汉代算赋、口赋的征收，在每年 8 月先由地方官吏按乡查验户口，统计民族，核实年龄，然后征收人头税。征税期限一般从正月到六月，尤其是从正月至三月。算赋、口赋征收货币，不能以实物代替。

献赋（费），类似于贡赋。汉高祖十一年（公元前 196 年）下令，除算赋和口赋之外，令郡国等地方官吏以当地人口数，每人每年征收 63 钱，送缴中央政府，以充当向皇帝的献费。献赋也是一种人头税，是算赋、口赋以外的另一税目。

户赋，是对各个诸侯统治之地按户征收的赋税，属于人头税性质。汉代封君列侯，不享国家俸禄，主要收入来自其封地。封地内的民户除缴田租外，还纳户赋，按户计征，每户每年 200 钱，作为封君列侯的公务费。千户之君，年收户赋 200 贯，以此供奉。户赋由各郡县征收后，直接输送给封君列侯，所以也属于王室财政，不直接列入国家财政收入之内。

夏、商、西周三代对于人身，只有役，没有税。到秦汉时期，对凡 7 岁（曾经为 3 岁）以上的儿童、妇女都课以人头税，丁男既有役又有税。此外，每户、每人还得课户赋、献赋，这是对人头税进行二三重的重复征税。此例一开，为后面做了一个恶劣的示范作用，后来各朝各代除徭役之外，还要课人头税、户税等。

（四）徭役和更赋

秦王朝在统一后短短的十几年中，维持其庞大的官僚机构，进行了大规模的战争，完成了许多大规模的土木工程，沉重的徭役负担压在人民身上。秦汉实行兵农合一，徭役主要有三类。

（1）更卒，即一个成年男子每年要为官府服役一个月，服役地点一般为本郡县，主要从事各种苦役及较大型的工程项目。如修筑城墙、宫殿陵墓、道路、整治江河沟渠、修缮宫苑、修筑道路等，或者到县衙听差。期满则轮流更换，故称为更卒。秦朝时的服役起始年龄为 17 岁，停止年龄为"有爵位者 56 岁，无爵位者 60 岁"。汉代服役年龄，基本上承接秦国的制度，也是 17 岁开始服役。汉景帝二年（公元前 155 年）下令，天下男子年满 20 岁开始服役，达到服役年龄就自行进行登记，开始为国家服役。汉昭帝时代规定成年男子 23 岁起服役，56 岁停止，一直到汉末都没有改变。与秦朝相比，西汉把成年男子服役年龄推迟了 5 年，止役年龄提前 4 年，减轻了民众服役负担。

（2）正卒，即正式的兵役，是在服更卒三年后起役。每个成年男子，在规定年龄内必须服兵役两年，第一年在本郡县，根据各地特点，充当步兵、骑兵或水兵，接受基本军事训练；第二年到京师充当卫士，服役期满就调换，如遇到战事等特殊情况还可能延长期限和重调服役。所有服过"正卒"的劳动者，一直保持"军士"身份，如有军事需要，随时可能被征调，直到 56 岁才能免去军役义务。

（3）戍卒，即每个男子一生中要到边境站岗一年，称为戍卒。西汉时，如果边境无战事，官府只需选送少数人前往戍边即可，其他不需要戍边的人必须强制性缴纳代役金，即以税代役。而且作为一种惩罚，防守边界的任务逐渐由犯人担当，政府一举两得。此外，西汉政府要求成年男子每年要到边境戍边三日，此项服役被称为"更"。西汉的更卒和徭戍，每年分别服役 1 个月又 3 天，不胜其烦，故规定可以出一定金钱雇人服役；而代役之人，为了收入，亦可终年服役。服役人亲自服役的叫"践更"；后来，如果不愿意亲自服役，一月的更卒役，可向官府纳钱 2 000 文，徭戍三日的役，纳 300 文，由官府雇人代役，这种出钱雇人服役的办法叫"过更"。后来，这种方法的代役钱逐渐演变成一项真正的赋税，即"更赋"，是对应服役而未去服役的人所课征的代役钱，也叫代役税。与秦代制度不同的是，汉代时丁男到了起役年龄，只能说明应该服役，并不等于马上就要被征调去服役，而是根据情况，由国家的政治、经济、军事形势而定。特别是在外无战事、内无争夺的和平年代，国家需役有限，因为服役者要生存，国家岂能无故养役？因此，当政府无需大批征发徭役时，便对那些应当服役而不愿意去服役或到了服役年龄而未被征调服役的人征收代役钱，以税代役，由国家雇人服役，其间的差额即为国家收入。因此，更赋实质上是一种成年男子的固定项目的人头税，成了国家经常性收入之一。更赋征课，名为政府出钱雇役，实则为了增加财政收入。

二、秦汉时期的财政收入

(一) 关市税

历史上最早的工商税是"关市之赋"，后来通称为关市税。关市税是指对通过国家所设关卡的行商和市肆的坐贾进行课税，包括关税和市税两大类。关又称关津，设在国境要隘之处，其主要任务是进行安全检查，以及对国宾的迎送，故有"国门"之称。市，则是交易集中的场所，类似我们所说的"集市"。市肆之税，即商品交易税。夏、商、周三代的手工业和商业，在东周以前都是由国家经营的，所以不征税。到了西周后期、东周初期，由于工商业的发展和商贾的繁荣，为增加政府的财政收入，才开始对入市交易的物品征税。

秦代有无关市通过税不详，但从西汉初年为恢复经济而开始开发山川、河流、森林来看，秦代应该有关隘之设。汉初，在交通要道也设置关卡，但不收税，其主要目的是检查来往商旅有无违禁之举。到汉文帝时，索性把关也撤除了。汉景帝时，虽又恢复设关，但其目的并不是为了征税。从汉武帝太初四年（公元前101年）起，始征少许税，以其收入供守关将士的生活费用，不入国库。除边关征税外，其他关仍不课税。汉武帝以后，内地关税课征的范围不断扩大，关税收入也随之不断增加。到东汉末年，关税就比较重了。因此，东汉时期的关税税率较高，在十分之一以上。东汉末年，关税混乱，无定调，税率高，税负重。

市税，又叫市租，属于流通领域里征收的交易费，即按照市场上买卖成交额征税，具有交易税、营业税的性质。市租的征收，分为两种情况：一种是官府对居住在都市商业区、有市籍的商人，按照商品交易总额定期或不定期课税。另一种是凡到都市商业区域或者集市做买卖的行商，包括来自各方的商人、乡村的农民和城镇居民，销售自己的手工产品、农副产品或是贩运来的货物，官府按照买卖的成交额，即时课税。汉代的市租收入，是皇帝或官员收入的一个重要来源。随着工商业的发展，收入不断增加。

(二) 财产税

财产税在中国历史上是个特例，一方面它很早即在西汉产生，算缗钱、算商钱是较典型的财产税，而另一方面它在以后各代却又较少再现。算缗钱，又称缗钱税，是向商人和高利贷者征收的财产税。缗，是穿钱用的绳子，一缗即一贯，相当于钱1 000文。缗钱税是以贯为单位征税。算商钱，是对车船主征收的财产税。汉代征缗钱税、车船税的原因主要有两个：一是由于战争和宫廷奢侈生活的需要，使国家府库空虚，财力不足；二是由于连年遭受自然灾害，农民大量破产流亡，国家不仅不能从农民那儿搜刮到更多的财富，反而需要大量财物进行安顿。而那些富商大员、高利贷者，他们为富不仁，囤积居奇，横行乡里，大发横财，而不顾国家所急。所以，为了扭转这样一种不健康的局面，解决财政困难，打击官商大贾、高利贷者的经济势力，汉武帝于元光六年（公元前129年）颁布征收商人车船税后，又于元狩四年（公元前119年），颁布了算缗和告缗的诏令，加重富商巨贾和高利贷者的赋税课征。诏令规定：凡商人、高利贷者、放债取利及囤积货物者都是缗钱税的纳税人，按规定向官府申报钱财及货物总值，经官府查验后，按财物数值总额纳税。最初的课征对象是商人的货币和货物，即对储钱征税，有收益税的性质，后来扩大到田宅、畜产和奴婢等方面，即对全部财产进行估算，统一征税，从而具有财产税性质，税率为6%；手工业作坊主的财产，税率为3%；禁止商人及其家属购买田地，违者没收土地及货物，并罚作农奴；纳税人必须如实申报，如有隐瞒不报或自报不实者，鼓励知情者揭发。凡揭发属实，被告者即被没收全部财产，罚戍边一年，对告发者奖励被没收财产的一半。

算缗、告缗虽然抑制了豪商大贾的非法活动，增加了国家的财政收入，解决了当时的财政困难，但是实际上是一种杀鸡取卵的做法，商家的大量财产被没收入官，对资本积累极其不利，削弱了社会再生产能力，阻碍了商品经济的发展。

（三）官产与官营收入

秦汉时期，土地私有，封建国家对土地课税，以获得收入。同时，封建国家本身往往还拥有大量的土地，这些土地俗称为公田或官田，直接为封建王朝创造收入。所以，公田改官田，既不失为领主封建制的残余，又是财政收入的补充。对官田的经营，一般实行屯田制和营田制。屯田，分为民屯和军屯两种。营田，由官府经营，有的出租给农民，由国家收取地租；有的组织官府奴婢、罪犯种植，收入归官府；有的赏赐给功臣。屯田、营田收入成为封建国家农业赋税之外来自农业的又一重要财政收入。

秦代有无官营公田，无史可考。汉代公田主要来自三个方面：第一，汉武帝征伐四方，开拓疆土，把新征服的土地作为公田，由军队开垦；第二，官府没收的土地；第三，由于水利条件改善而新开垦的土地。汉代公田，一部分由官府经营，官府奴婢和罪犯耕种；一部分由边关军队开垦，士兵不足，就让民众来种，由官府发给衣食、建筑房舍、购置农具，所产粮食主要给边关将士食用；一部分由皇帝不时地赏赐给功臣。其余的公田，则租给农民耕种，国家收取地租。

除了耕种的土地，还有山林、湖海、江河、草地等其他国有资源，这些资源所取得的租税、收入，也是国家财政的一个补充。秦朝至西汉，皇室财政和国家财政是分开的，皇室财政就来自于这样的国产收入。

封建国家都是以农业经济为基础的，但是除了农业，肯定还有其他收入，来维持国家机器的运转。所以，为了维持高额的费用，必须还要开拓别的经济来源。其中，官作坊就是很著名的一种形式。秦朝，技巧复杂的作品多出自官府，民间作坊微不足道。阿房宫、骊山墓都是最大的官府作品。汉沿袭了秦朝制度，官作坊的工匠以官府奴婢和罪犯为主。

除了官作坊以外，官府还利用特权经营商业以牟利，这也成为搜刮百姓、补充财政收入的一种手段。

（四）盐、铁、酒专卖

1. 食盐专卖

战国末期，秦国统治区域里的巴蜀地区及河东一带煮盐业发达。这时，不仅有专门机构管理盐的生产，还要负责销售，盐的专卖收入，成了秦国经济收入的一项重要来源。汉初，对食盐实行征税制，属山泽税范围，是皇室收入来源之一。汉武帝元狩四年（公元前119年），因财政困难，采纳孔仅、东郭咸阳的建议，实行食盐专卖，收入归入国家财政。

汉代的盐专卖，采用民制、官收、官运、官销的办法，即由官府招募人民煮盐，官府除供给煮盐工具之外，其他费用由人民自理。盐生产出来后，由官府收购，组织销售，获取盐利收入。为了保证专卖事业的实行，汉王朝起用商贾为官吏，以管理食盐专卖事业。据记载，汉代在全国所有主要产盐地区，包括28个郡的36个县，都设置了盐官，以管理食盐的运销，控制食盐销价和销盐方向。

2. 铁专卖

战国末年，冶铁业得到了普遍的发展。秦国拥有丰富的铁矿资源，产铁之山有3 690处。秦国在取得巴蜀地区之后，又获得了丰富的铁矿资源，这为促进秦国冶铁业的发展奠定了基础。秦朝时期，对铁的开采和冶铸都加以控制，并设置专门机构负责铁的生产和使用。在秦律中就有"左采铁"、"右采铁"等官吏名称。

汉代的铁专卖，开始于汉武帝时期，当时在产铁地区设置铁官，不产铁地区设置小铁官。据统计，汉代设有铁官的地方，计有39个郡国的48个县。当时铁的开采和冶铸具有相当规模，从业人数达十万以上。汉代从铁的生产到铁器的制造、制品的销售，都由官府负责。对私铸铁器者，不仅没收其生产器具，还要处以刑罚。

西汉盐铁专卖一个显著的特点，就是任用原制盐业者为盐官，任用大冶铁商为铁官。这样做的好处是能减少盐铁官营的阻力，有利于盐铁经营，但不可避免的是使官吏人员庞杂，治理水准不高，加速官吏的腐败。西汉的盐官和铁官，都属大司农，即由中央主管；只有小铁官由郡县主管。东汉则不设小铁官，所有铁官、盐官，都属郡县主管。汉代的盐铁专卖，也有反复，昭帝始元六年（公元前81年）盐铁会议之后，罢关内铁官。元帝初元五年（公元前44年）时，曾罢盐铁官，后因财政困难，三年后又恢复专卖。王莽统治时期，对盐铁也实行专卖。至于东汉，盐铁专卖为时不长，汉和帝章和二年（公元88年）废止专卖，此后仅由中央对盐、铁课税。除汉末刘备在四川对盐铁实行专卖外，盐铁专卖之事很少记载。

3. 酒专卖

汉代对酒实行专卖，始于汉武帝天汉三年（公元前98年）御史大夫桑弘羊建议"榷酒酤"，但只实行了17年。因在盐铁会上遭到贤良文学的坚决反对，不得不作出让步，改专卖为征税，每升税四钱。东汉时，因所属统治区缩小，又常遭水旱之灾，所以一再禁止私人卖酒，可见一般情况下实行的是私人经营、国家征税制。

西汉的专卖政策，是同汉代的国策相适应的，特别是汉武帝时，为了满足其安边扩土的需要，广开财源，所以，对盐、铁、酒实行专卖，以获取更多的财政收入。汉代的专卖政策确实为国家财政带来了好处，解决了战争带来的财政困难，有助于增强国力，有助于国防建设以及边境人民生命财产的安全，对汉代经济的稳定和发展具有积极意义。但是，盐铁在专卖过程中，出现了不少弊病，主要是价格太高，民多不便；铁器质量粗劣，又无选择的余地，有时还征调人民去服徭役。

（五）其他非税收入

卖官和赎罪收入，是封建制度下的一种特殊财政收入，也是历代统治者为解决国用军需而采用的一种临时性财政措施。卖官一般是政府制定条例，定出价格，向有钱人公开出售一定级别的官职和爵位，并成为制度。在秦汉两代，每逢灾荒，统治者就会卖官，以此增加国家的财政收入。公元前 243 年，因为蝗灾，秦始皇就下令：凡是缴纳一千石粮食的，加官一级。汉代卖官始于公元前 189 年，其后由于匈奴经常侵犯北方边境，汉文帝为解决军需问题，用卖爵位来筹集资金。

贡献，就是中国历代王朝的臣民向皇上或者小国向大国以及边境地区的少数民族向皇帝表示臣服的献礼。贡献的物品主要是稀有特产、珍宝等，这个也是朝廷的一种收入，更是人民的一种负担。贡献为先秦时期的主要财政收入，到秦汉时期，因其他税收项目和收入增多，贡献在财政收入中的比重相对较低。

二、秦汉时期的财政支出

（一）皇室供养

皇室供养主要包括宫殿建筑、陵墓修建、皇室生活费用。在秦朝时期，秦都咸阳和故都雍，原已建有不少宫殿，但秦始皇并不满足。为了满足其奢侈豪华的生活享受，秦始皇在吞并六国的过程中，仿照被攻陷的城池，共修建了 145 处宫室，把俘虏和宫女充塞其中。秦始皇统一六国后，更是大兴土木，在渭水以南修建咸阳宫和朝宫。从今天的咸阳市秦宫遗址可以看出，秦宫殿之多、规模之大，并不是后人虚构的。西汉初年，百废待兴，不可能拿出那么多钱财来修筑宫殿。汉武帝即位后，国库充盈，开始修建宫殿，其后继者也修建了大量的宫殿。东汉时，总共修建宫殿 60 余所，劳民伤财，数以亿计。

修建陵墓，是最高统治者非常重视的。秦始皇时期，一方面兼并六国，同时又着手修建骊山北麓的陵墓。据《史记》记载，秦始皇的陵墓掘地极深，从三个通道灌入铜液，用来筑基，墓内建有各式各样的小宫殿，塑造了百官，陈列着各种各样的珍宝，极其豪华。在汉代时期，皇帝即位一年后，就开始为自己建造陵墓，直到皇帝死去，才停止营建。皇帝在位时间越长，所修建陵墓越好。汉初，文帝修建陵墓，所费据说占到全国贡赋的三分之一。此说虽然有些夸张，但是确实可以说明皇帝修建陵墓所耗费用之多。

皇室生活费用，在中国历朝历代都是巨大的。关于秦朝的记载较少，汉代的皇室生活费用最具有代表性。汉朝皇室生活费用主要有以下几种：膳食费、服装费、器物费、车马费、医药费、娱乐费、后宫费和皇族宗室费用。

（二）官吏薪俸

秦国统一全国以后，废除封建，实行郡县制，集权于中央，从中央到地方建立了一个庞大的政府机构，并设置官职。秦代的俸禄，主要是支付粮食。官吏按期从国家仓库中领取自己的那一份俸禄。这个按官位等级来领取俸禄的做法，对后世有深远的影响。汉承秦制，设立百官，从中央到地方有一套完整的官僚机构。汉朝之初，国家机构并不庞大，官吏也没有多少，在财政开支上也比较小。汉武帝即位以后，行政机构不断庞大，官员人数大增，从而俸禄支出也相应增加，天下所得赋税收入每年为 40余万万钱，官员俸禄占了一半，可见其比重之大。到东汉初期，由于战后人口锐减，刘秀为了节约经费，精简机构，裁员 400 多县，减员十分之九，但是裁减的多为西汉以来所增加的，调整后仍有内外官员 7 900 人。除此之外，还有很多基层官吏没有计入其中。从官吏数量这个方面来看，秦汉时期的官吏薪俸数量很大。

（三）公共工程支出

公共工程支出主要用于筑城、开渠、修路等，动用广大劳动人民的力量，通过力役形式实现。秦汉时期的公共工程，最著名的就是长城了，西起甘肃岷县，东至辽东，全长 5 000 多千米。秦朝修建此项大型防御工程动用了 40 万人力，消耗了巨额资源。汉代继续修建长城。汉惠帝时期，两次修筑长安城，每次动用劳力 14.5 万人以上，费时一个多月。汉武帝时期，也曾发动劳力万人修筑长城。长城的修筑，虽然耗费巨大，造成了巨大的财政支出，但是对巩固边防、保障内地人民生产和生活，起到了重要的作用。

秦朝统一全国后，为了加强统治，下令修筑以咸阳为中心通向四周的道路，据说这样的道路修建工程相当宏大，劳民伤财。为了加强北方的防御，秦始皇又修建了从今天包头市直达首都咸阳市的驰道，长达 1 800 千米。还有其他一些道路修筑。这些交通设施虽然在当时为促进文化交流、国民经济发展起到了重要作用，但是也因此征用了大量劳力，耗费了无数资产，造成了巨大的财政支出。秦朝为了有效地统治岭南地区，派 50 万大军，由御史监史禄率领，在湘水、漓水间开渠，沟通了湘江和珠江水系。

（四）水利工程

中国是一个以农业为基础的国家，靠天吃饭，自西向东河流纵横，遍布全国，水患频繁，因此各朝各代都很重视水利工程的兴建和维修。在秦代时期修建的都江堰、郑国渠两项水利工程，使得河渠两岸都变成了肥沃的良田，关中成为沃野。对黄河、海河等进行大规模的治理，在历朝历代都很受重视。公元前 132 年，汉武帝派 10 万人去堵塞黄河决口；公元前 109 年，又调集几万民工堵塞决口，汉武帝还亲自巡视。

（五）文化教育及其他支出

秦汉时期特别重视文化教育，尽管在财政支出方面所占比例不大。汉武帝时期，为了巩固王朝的统治，首先加强了对人才的培养，除了举贤良、方正、文学之士外，在京师设立太学，在地方设立郡国学。此外，汉代对图书的收藏管理很重视，对后世经济社会的发展起了重要的作用。

除了以上这些财政支出之外，秦汉时期还有其他一些支出，例如祭祀支出和赏赐支出等。封建国家统治者无论是为了迷惑民众，还是为了聊以自慰，总之一直都非常重视对天地鬼神的祭祀。据记载，汉代时期，一年的祭祀，就用了 24 454 石的粮食，动用卫士 45 129 人，乐人 12 147 人，还有其他一些支出不计其数。东汉时期，对关西的西汉陵墓，只是四时祭祀。总体来说，东汉时期在祭祀方面要比西汉好多了。

赏赐是古代各朝帝王用来笼络统治队伍的手段，皇帝丰厚的赏赐往往成为国家财政的沉重负担。汉代的赏赐，因其目的、对象不同，每次赏赐的多少也是不一样的，有的多有的少。

三、秦汉时期的财政管理状况

（一）财政管理和管理机构

1．财政管理

自秦朝以后，国家财政同皇室财政开始分立，不仅划分了各自的收入来源，而且各自支出都按其职能划分，机构分设。国家财政是为实现国家职能的需要，国家参与对一部分社会产品的分配。皇室财政，是为了维护皇权，满足皇帝的生活及其特殊需要所形成的社会产品的分配。自秦国开始进入封建社会以后，土地的封建私人占有制，要求国家财政和皇室财政分别收支、分开管理。到了汉代，这种管理体制得以明确化、制度化。例如，属于国家财政收入的，有田租、算赋、更赋、盐铁专卖收入、公田收入、屯田收入、卖官收入、赎罪收入、算缗算商收入和货币收入等。这些收入主要用于政府机构的经常性开支，包括军费、百官俸禄、水陆交通和农田水利、祭祀、抚恤救济以及教育、移民等开支。属于皇室财政收入的主要包括口赋、山泽园池的税收、酒税、关市税、贡献等。其主要支出项目有皇室的膳食、被服、器物、医药、赏赐、后宫及娱乐支出。

2．管理机构

管理国家财政的机构，秦朝时期称为"治粟内史"，主要掌管国家田租和各种钱物的收支。在地方，郡有守，县有令，负责各自管辖区域内的民政、财政之事。乡里设置三老，掌教化、诉讼和收税赋。汉初，负责全国财政的主管官员仍叫"治粟内史"。汉景帝时，改称为大农令，汉武帝时期改称为大司农。大司农之下，又分设若干职事官，分管收入、存储、调度等工作。汉朝在地方设太守，总管一切，下有专管财政的丞，县有县令，管县之事；县卜设乡，乡有强夫，他们要了解全乡民户的贫富、壮丁、土地占有状况等，然后按照实际评估结果评定各户应该负担的赋役。

管理皇室财政的机构有少府和水衡都尉。少府负责征收山海池泽之税，下设六丞，属官有太医、汤官、导官、乐府等十六官令丞。水衡都尉在公元前115年起设置，下设山林、均输。东汉时期，撤去水衡都尉，仅设少府卿，属官的设置，沿袭西汉制度。

图2-2　秦朝货币

（二）预算和审计制度

秦代在地方各郡县，都设有专门管理郡国财政的官吏和负责预算、决算的上计吏。上计吏主要承担审计工作。每年年终，各县都要把一年的预算执行情况核实后上报到郡，各郡汇总全郡的财政决算，编集成册，由上计吏到京城向中央报告，接受审计。审计内容很广泛，根据审计情况，得出全国的预算开支状况，然后向皇帝或者相国汇报。

汉代对上计制度十分重视，汉文帝和汉景帝还亲自听取汇报并进行询问，汉文帝曾多次在隆重的仪式上接受上计吏的汇报。西汉后期，对上计工作有所放松，汉宣帝时期就更差了。到了东汉，光武帝刘秀重新整顿，明确规定各个郡每年终了，要派遣官吏向京师报告预算收支状况，并且将此制度化。汉代的预决算制度（上计制度），对于汉王朝掌握全国的财经情况，保证国家的长治久安起到了重要的作用。

（三）漕运和常平仓制度

漕运起源很早，秦始皇攻匈奴时，从山东向北河（今内蒙古乌加河一带）转运粮食；攻南越时，令监禄凿灵渠沟通湘江与西江水系运粮。楚汉相争时，萧何将关中粮食转漕前线以供应军需，对汉军的胜利起了决定性作用。漕运调运工作用到了大量的人力物力，是国家财政管理的一个重要分支。

常平仓是汉代创立的调剂粮食价格、备荒赈灾的一种制度。建立此粮仓的目的，就是在粮食丰收价格降低时，提高粮食价格，增加农民种粮积极性；粮食贵时，降低粮食价格，防止投机分子抬高物价。这种制度对后世的经济社会发展具有重要的意义。

（四）货币制度

古代各代统治者都以铸造货币作为对本国财政的补充手段，从货币铸造和发行中，得到一笔收入，并用发行的货币来调节商品价格，调节商品流通。秦汉也不例外。所以说货币制度是财政制度的一个补充，也是历代财政工作的一个重要组成部分。秦汉时期，货币主要以黄金和铜钱为主，有时候也以布匹为货币。西汉初期，货币铸造处于自由阶段，很多豪强借此大发横财。这么重要的工具掌握在那些豪强手里，可不是一件好事，不仅影响国家经济发展，而且严重的时候会危及国家的统治根基。

秦汉时期的货币制度从原始到成熟，到汉武帝时最后完成，有以下意义：货币的铸造权力收归中央；货币衡量标准统一；货币要便于商品流通，不能作为国家取得财政收入的手段，即取得铸币税。货币铸造的制度化，为后世经济发展提供了很好的基础。

第三节　秦汉时期的重要财政变革

一、秦始皇变革财政

（一）人物简介

秦始皇（公元前259—前210年）即嬴政，是中国历史上最伟大的政治家、战略家、改革家、军事家，首次完成中国的统一。秦始皇是秦朝开国皇帝，秦庄襄王之子，13岁即王位，39岁称皇帝，在位37年。秦始皇创立皇帝制度，在中央实施三公九卿制，地方废除分封制，实行郡县制，统一文字、货币和度量衡等，北击匈奴，南服百越，修筑万里长城，奠定了今日中国版图的基本格局，把中国推向了大一统时代，为建立专制主义中央集权制度开创了新局面，对中国和世界历史产生了深远影响，奠定了中国两千多年政治制度的基本格局，被明代思想家李贽誉为"千古一帝"。

（二）秦始皇的财政变革内容

（1）推行土地私有制。秦始皇沿用商鞅以来卓有成效的财政经济政策，严厉打击社会寄生份子，以"令黔首自实田"（让平民百姓自报私有土地面积）为主，继续推行土地私有制，进一步确立了封建经济关系。

（2）统一货币。战国时期，各国币制千差万别，无论是货币形制、大小、轻重还是计量单位，都各不一样。秦统一全国后，国家规定黄金为上币，圆形方孔的铜币为下币。黄金以镒为单位，一镒为20两；铜币以枚为单位，一枚重半两。过去曾充当过货币的珠、玉、龟、贝、银、锡等稀有之物，规定可作为财宝收藏，但不可作为货币流通。币制统一后，克服了过去换算上的困难，便利了全国商品的流通和经济交流，为商品经济的发展提供了条件，也为国家的赋税征课提供了便利。

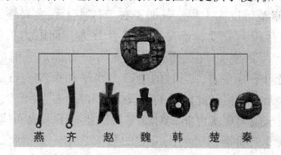

图2-3　战国时期各国货币

（3）统一度量衡。战国期间的度量衡制如同币制一样，各国各行其是。统一后，秦始皇诏令天下统一度量衡制。规定：面积单位为亩，每亩见方240步，每6尺为1步；长度单位分别为寸、尺、丈、引，以十进位递进；容量单位分别为合、升、斗，以十进位递进；重量单位分别为两、斤、钧、石，每16两为1斤、30斤为1钧、4钧为1石。诏书还规定，凡制作度量衡器具，必须在其上刻上诏书，否则视为非法。毫无疑问，度量衡的统一，同样既便利了社会生产、生活，便利了全国范围的商品流通，也便利了国家财政的计量管理。

图2-4　秦朝度量衡

应予特别指出的是，秦始皇统一和改革后的货币和度量衡制度，一直沿用了两千多年而基本不变。其强大的生命力说明了它们的科学性和适用性。

（4）实行官吏任免和官俸制度。从战国到秦统一全国之前，除秦国外，其他大多数国家，仍旧沿袭着世卿世禄的世袭官吏制度。与世袭官吏制度相适应，大夫、公、卿等官吏各有封地或食邑作为他们的官俸。秦统一全国后，废分封之制，代之以郡县设置，朝廷及郡县官吏一律由朝廷（中央）统一任免，官吏俸禄也由朝廷统一支付，同时，官吏俸禄随官职的任免而有无。这一先进的官吏、俸禄制度，可以消除"诸侯坐大"及"诸侯经济"等威胁乃至危害中央集权统治的隐患。汉代的"七王之乱"、唐朝的"藩镇割据"、明初的"燕王南征"，无不是"诸侯坐大"的后果。

（三）秦始皇财政变革的意义

秦始皇在财政制度上有所建树的同时，却又在财政行为上犯下了极端之罪，那就是在短时期内，他强行搜括全国的人力、物力、财力，用以筑长城、辟驰道（开辟通达全国的道路）、戍五岭（守卫南方边防）、修阿房宫、建骊山墓、兴水利（如开灵渠、郑国渠）、移民垦荒等巨大工程。其罪不在于这些工程之兴建，而在于这些工程的同时并举，一时间，兵役、劳役、苦役多达三百万人；而财力搜括的总量则"田租、口赋、盐铁之利二十倍于古"，可见所征发的人力物力都是空前的。根据史籍资料记载，当时全国人口仅两千万左右，当时的生产力水平在亩产一石二钧上下，无论是人力还是财力，都根本无力承担如此巨量的徭役征发和赋税搜括。

秦始皇的罪过在于脱离现实可能，对其丰功伟业急于求成而疯狂搜括和驱使人民，最终把自己梦想的万世王朝推到了人民反抗的烈火之中。秦王朝的灭亡，直接缘于财政的竭泽而渔。这个历史教训是任何统治者都应该认真吸取的！

二、汉武帝变革财政

（一）人物简介

汉武帝刘彻（公元前156—前87年），汉朝的第7位皇帝，政治家、战略家。刘彻是刘邦的重孙汉景帝刘启的第10子，7岁时被册立为皇太子，16岁登基，在位54年（公元前141—前87年），在位期间数次大破匈奴、吞并朝鲜、遣使出使西域，独尊儒术，首创年号。他开拓汉朝最大版图，功业辉煌。晚年的汉武帝任用李广利多次远征大宛，士卒伤亡惨重。征和二年巫蛊之祸、征和三年李广利降匈奴，征和四年刘彻下罪己诏，将注意力转向"富民"。公元前87年刘彻崩于五柞宫，享年70岁，谥号"孝武皇帝"，庙号"世宗"，葬于茂陵。

图2-5　汉武帝刘彻

(二) 汉武帝财政变革的背景

公元前133年，刘彻抛弃汉初以来一直奉行的与匈奴"和亲"政策。公元前128年和公元前127年，卫青率数万骑出击，收复秦末被匈奴侵占的黄河河套南部地区，设置朔方和五原两个郡，征发十万人筑朔方城。此举粮食消耗巨大，运粮耗费惊人，漕运甚远，费数十巨万。此后四年，卫青多次率兵出击匈奴。公元前119年，汉寻找匈奴主力决战，卫青、霍去病各率骑兵五万出塞，随军私马四万匹，运送辎重的步卒数十万人。两军都深入大漠一二千里，卫青到达寘颜山（今蒙古人民共和国纳拉特山），霍去病到达狼居胥山（今内蒙古苏克特旗北），"所杀匈奴合八九万人，而汉士卒物故亦数万"，出征时马十四万匹，回来时剩下不到三万匹。"文景之治"留给刘彻的积累，十余年时间耗费殆尽，国家财政陷入困境。对此，史书上多有记载：公元前127年，"府库并虚"；公元前123年，"大司农经用竭，不足以奉战士"；公元前120年，"县官（朝廷）大空"。对匈奴的战争要打下去，必须开辟新的财源。增税加赋，是统治者最常用的敛财手段，刘彻当然也会这么做。汉初，未成年人的"口赋"，7~14岁每年每口20钱，刘彻提前至3岁开征，每口增至23钱。光这一项，老百姓就承受不了，竟至于"生子辄杀"——这是汉元帝时一位大臣在上书中为谏减口赋举出的论据。话可能说过了头，但至少告诉我们，那时候老百姓很穷，不可能从他们那里榨取多少油水。

但刘彻别无选择，一系列与老百姓争利的措施，从与匈奴决战的当年即公元前119年开始，陆续出台。

(三) 汉武帝的财政变革内容

1. 铸造钱币

铸钱，汉初放任诸侯豪强和巨商大贾自由进行，刘彻决心将其收归朝廷。为解燃眉之急，刘彻于公元前119年发行两种大额货币。一是在一块一尺见方的白鹿皮的四周绣上彩色丝边，称"皮币"，值40万钱。二是用银锡合金制币。公元前115年，又"悉禁郡国铸钱，专令上林三官（三个管理机构）铸"，"令天下非三官钱不得行，郡国前所铸钱，皆废销之，输其铜入三官"。朝廷每年用10万人（徭役充任）采铜，在上林铸钱，收入巨大。

2. 算缗令

算缗钱是汉武帝自公元前119年开始实行的一种向工商业者课征的财产税。算缗令规定所有从事工商业活动的人，都必须各自向官府申报自己的资产。官府按资产数量征税。商人每2 000钱交纳120钱的税，手工业者每4 000钱交纳120钱的税。对于车船，也根据拥有者的职业不同而课征不同的税。同时还规定，如果这些课税对象不如实申报资产，国家将没收其全部财产并罚往边境戍守一年。尽管对申报不实者有处罚的规定，那些大工商业主、高利贷者还是努力隐瞒、少报自己的资产，以偷漏税课。针对这种情况，汉武帝又于公元前114年颁布了一个"告缗令"，即号召知情者向官府告发那些不报或申报不实的应税人，对举报者，赏给没收财产的一半。结果全国各地举报者风起，仅四年时间，全国中等以上的工商业者大都被告发而破产，而国家所获财物以亿计，没收的奴婢和房宅成千累万，没收的田地则大县数百顷，小县也有百余顷。

3. 盐铁专卖

公元前119年，孔仅和东郭咸阳上书，建议禁止豪强和巨商大贾垄断山海之货，大司农向各地派驻铁官，铁的采冶和销售全部由国家垄断。在中国古代社会，冶铁和煮盐以及经营盐铁产品，一直是利润非常大的部门。春秋时期的齐国，就是在管仲的主持下，主要靠官营盐铁富强起来的。汉朝初期，政府主张无为而治，不与民争利的施政方针，放任民间私营盐铁。结果一些商人招募流亡贫民冶铁煮盐，侵吞巨利，都成了豪富之家，而平民百姓却因为盐铁商贾的重利盘剥而日益贫困。汉武帝在他大展文治武功宏图之时，为解决财政困难，接受了大臣桑弘羊的意见，于公元前118年下令禁止民间自由生产盐铁，由政府专设盐铁官署控制生产、垄断经营。盐铁官营以后，盐铁收入和当时正实行的算缗收入两项加起来，其总数竟超过了封建社会的主要税收——田赋，而居于财政收入的首位。

4. 均输平准

均输法是指在中央主管国家财政的大司农之下设立均输官，由均输官到各郡国收购物资，易地出售，辗转交换，最后把中央所需货物运回长安。平准法是在大司农之下设立平准官，用官物在市场上随物价涨落贵卖贱买以营利。实行均输和平准使得京师所掌握的物资大大增加，平抑了市场的物价，贩运商和投机商也无利可图。

（四）汉武帝财政变革的意义

汉武帝的财政经济政策最直接的效果是极大地增加了国家的财政收入，暂时缓解了经济危机，但也造成了一些严重的后果。自古至今，对汉武帝的财政经济政策就有正反两种不同的意见。

1. 新财政经济政策所起到的积极作用

（1）增加政府财政收入，为反击匈奴奠定了雄厚的物质基础。汉武帝的财政改革聚敛了社会上巨大的物质财富，不仅为反击匈奴奠定了雄厚的物质基础，而且保障了汉武帝"外事四夷"的成功。战争所花费的财富是巨大的。汉武帝时期，单是西汉与匈奴的战争见于记载的就多达十多次。每场战争中战士的粮饷、兵器、盔甲、马匹的费用，运输过程中的消耗，供给俘虏衣食，赏赐的费用以及战后对有功绩将领的赏赐，这些费用将是一个难以想象的天文数字。更何况，汉武帝还致力于交通西域，统一两越，开通西南夷与平定朝鲜，以建立一个强大的汉帝国。这些费用的供给是绝对离不开政府的财政收入的。所以说，汉武帝的财政经济政策为边境军事和交通的开支提供了雄厚的物质基础。

（2）促进了封建经济的发展，暂时缓和了阶级矛盾。新财政经济政策实施以后，打击了代表奴隶制的手工业主、商人和商人地主，助长了正在发展中的封建地主经济，而且在一定程度上也暂时缓和了阶级矛盾。因为汉初的大手工业主、大商人他们从事生产时所使用的劳动力主要是奴隶，可以说大手工业主、大商人就是奴隶主。汉武帝的统一货币、盐铁官营、酒类专卖、均输平准、算缗与告缗等政策就是要把经济利益从这些大手工业主、大商人、大高利贷者手中夺过来，并且裁制这些人在社会所起的各种侵袭和兼并作用，以免他们兼并大量的土地而引起农民破产。这些大手工业主、大商人、大高利贷者遭受打击和排斥，必然有利于封建官僚地主和农业地主发展封建经济。由于封建经济不是立刻就可以发展起来的，所以农民受到的封建地主的压迫和剥削也会减轻一点，阶级矛盾也会得到暂时的缓和。

（3）加强了国家经济力量，从而强化了封建专制主义中央集权。在汉武帝实行财政经济政策之前，社会上的分裂割据势力是十分强大的。如汉文帝开放铸钱，吴王刘濞就在铜山中铸钱，壮大了经济势力，富比天子，最后发动了叛乱。又如汉文帝时大臣邓通，也是通过铸钱，发了大财，富过王者。汉初谚语"吴邓钱布天下"就是对当时真实情况的反映。社会上还有一些富商豪贾勾结社会上各种势力与中央对抗。所以当时的分裂割据势力严重地威胁着汉政权。汉武帝实行财政经济政策，极大地削弱了大手工业者、大商人、大高利贷者的经济实力，把社会上的资源牢牢地控制在政府手中，沉重地打击了这些分裂割据势力，同时加强了国家经济力量，进一步强化了封建专制主义中央集权。

（4）汉武帝的财政经济政策为后人推行经济政策树立了榜样。汉武帝的经济政策中，有很多方面是首创的。首先，在币制改革中，汉武帝把铸币权收归中央，基本上制止住了民间盗铸钱币的现象，这有利于经济的发展。这一政策影响深远，从此历朝历代都把把铸币权收归中央政府。其次，汉武帝实行酒类专卖和盐铁官营政策，把国家经济的支柱产业控制在政府手中，从而保证了中央财政收入的来源，有利于政府宏观调配财物。汉武帝时期治理黄河的费用很大程度上就是来源于这些财政收入。最后，均输、平准制度使政府可以宏观调控资源的再分配，开创了政府干预经济的先例。今天，无论是资本主义社会还是社会主义社会，国家都会有干预经济发展的政策，只是具体内容不同而已。其实早在两千多年前，汉武帝就首创了这一政策，他在经济政策方面的创新精神很值得人们去学习。

（5）汉武帝的财政经济政策间接地促进了汉朝与西域的经济文化交流。汉武帝的财政经济政策为出击匈奴提供了雄厚的物质基础，而出击匈奴又直接地沟通了西域，使汉与西域各国的经济、文化交流大大加强。所以说汉武帝的财政经济政策间接地促进了汉朝与西域的经济文化交流。据史籍所载，汉武帝时铸铁技术、凿井技术、丝织品从中国内地传到了西域。史载，自大宛以西至安息原"不知铸铁器，及汉使、亡卒降，教铸兵器"。这就是说，汉使至大宛及逃亡士卒降大宛者，才教会大宛用铁铸造兵器。随着张骞通西域，中国的丝织品也传到了西域。中国西汉时期丝织业已有很高的技术水平，丝绸品质优良，受到了中亚、西亚、北非和欧洲人的欢迎。由于丝织品是中国向西域输出的一种主要货物，所以后来就把从长安经河西走廊，出玉门关、阳关经新疆地区而至欧洲的这条中西交通的陆上通道称为"丝绸之路"。"丝绸之路"使中西各种特产得到交换，也使西方人民认识到东方有一个繁荣强大的汉王朝。随着汉朝与西域的经济文化交流，西域的经济、文化也传入中国内地。西域的一些植物如苜蓿、葡萄、石榴、芝麻、核桃、大蒜、香菜、黄瓜等，都是在张骞通西域后传进中国来的。据考察，胡笳、竖箜篌是从西域传来的乐器，促进了当时中国内地音乐的发展。张骞通西域，创造了一条举世闻名的"丝绸之路"，打通了中西交通，促进了中国与中亚、阿拉伯地区、欧洲、北非等地在物产、科技、经济、文化方面的相互交流，在古代起着非常重要的作用。汉武帝时期的财政经济举措，不仅对中国而且对世界历史也有着不可忽视的重要影响。

2. 新财政经济政策所造成的消极影响

（1）阻碍了生产力的发展。实行改革的目的之一是"建本抑末"，即抑制手工业、商业的发展，使更多的人从事农业生产，发展农业经济，但改革的结果却事与愿违。实行盐铁官营制度以后，出现了一系列的社会弊端。原来从事盐铁的大手工业者、大商人受到严重打击，一蹶不振，无力再重拾信心经营生产，商业发展停滞不前。这些人并没有因为受到打击而转向务农，而是整天沉迷于吃喝玩乐，不思进取。实行盐铁官营制度后，由官府制作的铁器，往往笨重而且规格一致，式样单调，难以适合不同地区的农民使用。而且，销售盐铁的市场不便利农民购买，一次多买的铁器又会因放得长久而生锈，造成不必要的损失。况且，生产的铁器质量较差，延误了农业生产。总之，盐铁官营制约了农业、手工业、商业的发展，严重地阻碍了生产力的进步。

（2）加重了广大劳动人民的负担。盐铁官营就是一个较突出的例子。煮盐与冶铁工场大多设在交通极不方便的深山岩穴之中。这样，生产出来的盐、铁要转运出来，势必有许多困难，因而增加了盐铁产品的运费，而转运的劳动强度也很大。因为煮盐、冶铁的地方路途遥远，劳动强度大，服役者无法忍受，所以借债雇人替自己服役。这无形中又加重了人民的负担。官营盐铁制度实行后，由于是官商独家垄断，没有竞争，所以官府生产的铁器多笨重，式样单调不适用，铁器质量低，而且官府要价高，造成盐铁价贵，百姓不便，因此，官府铁器大量积压。为了扩大销售量，官府便采用强制农民购买的方法，农民的负担又加重了。再看均输平准之法，在实行均输平准的过程中，官吏们剥削老百姓，往往故意不征收他们出产的东西，而强迫他们供给所没有的东西，致使他们贱卖所有的货物，以满足官府的苛求。农民上交的贡物，官吏往往又故意刁难，强行压价收购，造成均输不均、平准不平。

为了解决财政危机，汉武帝不仅谋及工商，而且重赋于民，加剧对全国老百姓的搜刮，如将口钱从每人20钱增加到23钱，纳税年龄从7岁提前到3岁，这对于贫苦不堪的农民而言是无法承受的负担，万般无奈，只好"生子辄杀"。广大劳动人民在负担过高的赋税和徭役之后，必然败家破产，又复变为贫民和流民，阶级矛盾也就更加尖锐了。

（3）加剧了官僚吏治的腐败。在封建社会，官场腐败是普遍现象，官营工商业的推行更为封建官吏营私舞弊大开方便之门。尤其是汉武帝起用商人为吏，更易于官商勾结，中饱私囊。汉武帝要实行盐铁专卖，就须起用一些盐铁商人，因为他们是这种手工业的内行人，不用他们不行。而这些商人，虽然不能再从事盐铁的操纵，却走上了政治舞台，做了大官，亦乐为之。于是，盐铁商人孔仅、东郭咸阳被推荐为大农丞，分管盐铁事务。而总管西汉王朝财政事务的桑弘羊也出身于洛阳商人之家。这些大商人进入统治阶级内部之后，在各种专卖事业上，又引用了很多的商人。这些官吏与一般商人不同，"他们可以利用政治权力，垄断物价，强买强卖，巧取豪夺，他们打着公事的招牌，或者利用手中办事权力，公私混杂，敲诈勒索，牟取私利"。而且，中下级吏员官僚可以通过入粟补官、入财补郎，使得官员成分杂乱，导致吏治更加腐败。

汉武帝的财政经济改革，使武帝后期社会危机加深，集中表现在产生大量的奴婢和流民这一问题上。如在元封年间，就出现了较大的社会险象：关东流民二百万口，这是统治出现了问题的报警信号。武帝之后，西汉的几位皇帝也未能很好地解决奴婢和流民问题，最终导致西汉王朝走上不归路。

总之，尽管汉武帝推行财政经济政策的过程中存在种种弊端，然而，他的改革在当时的历史条件下确实起了积极的进步的作用。

三、桑弘羊变革财政

（一）人物简介

桑弘羊（公元前152—前80年），汉武帝时大臣，洛阳人，出身商人家庭，自幼有心算才能，13岁入侍宫中。自元狩三年（公元前120年）起，终武帝之世，历任大司农中丞、大司农、御史大夫等重要职务，与担任大农丞的大盐铁商东郭咸阳、孔仅等人深得武帝宠信。元狩年间以后，在桑弘羊的参与和主持下，先后实行了盐、铁、酒官营，均输、平准、算缗、告缗，统一铸币等经济政策。此外，还组织了60万人屯田戍边，防御匈奴。这些措施都在不同程度上取得了成功，暂时缓解了经济危机，史称当时"民不益赋而天下用饶"。桑弘羊以此被皇帝赐爵左庶长。武帝后元二年（公元前87年），桑弘羊由搜粟都尉迁任御史大夫，与霍光、田千秋、金日磾、上官桀四人同受

图2-6　桑弘羊

遗诏辅佐昭帝。始元六年（公元前 81 年），昭帝召集各地贤良文学至长安，会议盐铁等国家大事。贤良文学反对盐铁官营和均输平准等与民争利的政策，力主改弦更张。桑弘羊与之展开辩论。由于桑弘羊的坚持和封建国家财政方面的需要，当时除废止酒类专卖改为征税外，盐铁官营等各项重要政策仍沿袭不变。次年，桑弘羊因与霍光政见分歧，被卷入燕王旦和上官桀父子的谋反事件，结果被处死。

（二）桑弘羊财政变革的背景

西汉王朝经过"文景之治"，国力大增。汉武帝即位后已经具备了发动针对边境各族的战争的实力，于是连续发动了多次对边境各族的战争。这就消耗了大量财富，文景时代所遗府库积蓄基本用尽。汉武帝大兴土木，奢侈浪费，不仅耗费了历年积蓄，也加重了农民负担。

面对这样一种困难局面，桑弘羊等人在汉武帝的支持下，为谋求巩固中央集权与各种敌对势力展开了激烈的斗争。桑弘羊认为，要有强大的国力，必须要有强大的经济实力作为后盾，这个就需要有强大的财政收入支持，国家必须掌握可靠的财源，也就是要掌握国家的经济命脉。为了解决财政困难，汉武帝任用桑弘羊进行财政改革。这场改革从《盐铁论》的有关记载中可知，表面上是财经辩论，实际上暗中充满了政治斗争，可以说既是财经政策的大辩论，也是一场政治上的大斗争，背后更隐含着桑弘羊和霍光的斗争。霍、桑二人都是汉武帝倚重的大臣，又是同受遗诏扶持幼主的元老。但两人不仅在思想上对立，在利益上也对立。霍光代表地主、商人阶级的利益，思想上重儒；桑弘羊代表中央集权的利益，思想上重法。

（三）桑弘羊财政变革的内容

1. 算缗和告缗

算缗，就是凡工商业者，都要如实向政府报告自己的财产数，二缗抽取一算的税（一缗为 1 000 文钱，一算为 200 文钱）；小工商业者可以减半抽税。凡有乘坐马车的（官吏和战士除外），一乘抽税一算，运货的马车抽二算，船长五丈以上的抽一算。告缗，就是对不如实呈报财产的人，鼓励大家告发，经调查属实者，除了被告发人的财产被全部没收、戍边一年外，告发的人可得到被没收财产一半的奖赏。

2. 整顿货币，盐铁官营

在整顿货币方面，取消郡国铸钱的权利，由中央政府指定掌管上林苑的水衡都尉下属钟官、技巧、辨铜三官分别负责鼓铸、刻范和原料；郡国把所铸的旧钱销毁，把铜送到中央；废除过去铸的一切钱币，而以上林三官铸的五铢钱为全国唯一通行的货币。盐铁收归官营，早在元狩六年（公元前 117 年）汉武帝就派孔仅与东郭咸阳执行，但是他们在各地设立盐铁官的时候，由于多选用商人担任，所以不但执行不彻底，而且也产生了一些诸如质量低劣、价格高等问题。桑弘羊为治粟都尉兼领大司农之后，就在原有的基础上对盐铁问题进行了整顿。他选派了得力的大农丞数十人，分头到各郡国，在整顿原有盐铁官的基础上，新增加了一批盐铁官。

3. 移民屯边，假民公田

为巩固边防，从根本上解决边防军的粮食供应，在桑弘羊的大力支持下，继续大规模地执行汉文帝时晁错提出的募民实边的办法。汉武帝初年，已经在元朔二年（公元前 127 年）募民 10 万屯卫朔方（今内蒙古杭锦旗西北），元狩四年（公元前 119 年），又迁关东贫民 70 多万至今甘肃一带。桑弘羊任大农丞后，又在元鼎六年（公元前 111 年）先派吏卒五六万人到今甘肃永登一带屯戍，接着不断扩大到上郡（今陕西绥德东南）、西河（今内蒙古东胜县）及新建的武威、张掖、敦煌、酒泉（均在今甘肃境内）四郡，人数增加到 60 万人。这样大规模的移民实边，不但加速了西北边疆的农业生产，就地解决了边军的粮食供应，而且加强了西北的边防，巩固了对匈奴战争取得的战果。

（四）桑弘羊财政变革的意义

西汉的历史事实表明，桑弘羊的财政改革取得了巨大的成绩，而由于时代和阶级的局限性，改革也不可避免地产生了一些弊病。比如民间私营工商业在封建国家政权的压制和打击下，或者一蹶不振，或者依附于官营工商业，或者向官僚地主转化，不能形成一支独立的政治力量。资本主义萌芽因而受到摧残、扼杀，从而导致中国封建社会处于长期停滞的状态。桑弘羊本人最后被卷入燕王旦和上官桀父子的谋反事件，即"燕王之变"中。该事件是昭帝的几个辅佐大臣之间矛盾斗争激化的结果。因其与霍光存在政见分歧，年已 74 岁的桑弘羊和他的儿子桑迁被霍光处死，并被灭了族。对他来说，毕竟是一个很大的悲剧。

四、王莽变革财政

（一）人物简介

王莽（公元前 45 年—公元 23 年），字巨君，中国历史上新朝的建立者，即新始祖，公元 8—23 年在位。王莽为西汉外戚王氏家族的重要成员，其人谦恭俭让，礼贤下士，在朝野素有美名。西汉末年，社会矛盾空前激化，王莽则被朝野视为能挽救危局的不二人选，被看成"周公在世"。公元 8 年，王莽代汉建新，建元"始建国"，宣布推行新政，史称"王莽改制"。王莽统治的末期，天下大乱。新莽地皇四年，更始军攻入长安，王莽死于乱军之中。王莽在位共 15 年，卒年 69 岁，而新朝也成为了中国历史上最短命的朝代之一。

图 2-7 王莽

（二）王莽财政变革的背景

由于武帝以来，政治腐败，朝廷奢华无度，地方搜刮盘剥，再加上豪强地主大量兼并土地，使得百姓流离失所，生活困苦，经济凋敝，所以人心浮动，政治危机愈演愈烈。王莽执政以来，为了获取民心，虽然采取了一系列缓和社会矛盾的政策，但也始终未能在根本上解决问题。王莽信奉儒家思想，他认为天下要恢复到孔子所宣称的"礼崩乐坏"之前的礼治时代，才可能实现政通人和。因此王莽当上皇帝后，企图通过复古西周时代的周礼制度来达到他治国安天下的理想，于是仿照周朝的制度开始推行新政，史称"王莽改制"。王莽在始建国元年宣布的政策是：将天下田改名"王田"，以王田制为名恢复井田制；奴婢改称"私属"，与王田一样均不得买卖。其后屡次改变币制，更改官制与官名，把盐、铁、酒、铸钱及山林川泽收归国有。但由于这些政策只求名目复古，很多都是与实际情况相违背的，而且在推行时手段和方法不正确，在遭到激烈反对后，又企图通过严刑峻法强制推行，诸侯、公卿直到平民因违反法令而受重罪处罚者不计其数，加剧了社会的动荡。人们未得其利，先受其害，各项政策朝令夕改，使百姓官吏不知所从，因此导致天下豪强和平民的不满。

王莽对边疆少数民族的境外政权也采取了一系列错误政策。他胁迫羌人"献"出青海湖一带的土地设立西海郡，以便与国内已有的北海郡（国）、南海郡、东海郡合起来凑全"四海"。为了使这块荒地像一个郡，必须强制移民，于是增加了 50 条法令，以便增加成千上万的罪犯，满足移民的需要。为了这个西海郡，王莽招来了人民最初的不满。他将原本臣服于汉朝的匈奴、高句丽、西域诸国和西南夷等属国统治者由原本的"王"降格为"侯"；又收回并损毁"匈奴单于玺"，改授予"新匈奴单于玺"；甚至将匈奴单于改为"降奴服于"，将高句丽改名"下句丽"，各族因此拒绝臣服于新朝。王莽又主动挑起了无谓的争端，轻率地决定动用武力，不仅导致边境冲突，还使数十万军队长期陷于边疆，无法脱身，耗费了大量人力物力，造成边境战乱不绝。

（三）王莽财政变革的内容

（1）"更名天下田曰王田"，私人不得买卖，用恢复井田制的办法来解决土地问题。

（2）改奴婢为"私属"，亦不得买卖。

（3）实行"五均六管"，即在国都长安及五大城市设立五均官，政府管理五均赊贷及管理物价，征收商税，由政府经营盐、铁、酒、铸钱和征收山泽税。

（4）改革币制。

（5）改革中央机构，调整郡、县划分，改官名、地名。

（6）改变少数民族族名和首领的封号。

（四）王莽财政变革的意义

王莽改制期间出台的一些政策违背了客观规律。如"王田制"，将全国土地收归国有，并按井田制重新分配。王莽着意于立即消除土地兼并，初意未必不善，但这一政策违背了当时封建土地私有制的发展规律，这就注定了它会失败。结果，既没有能力兑现无田者可按标准受田的承诺，又危及官僚大地主的特权利益。再如币制改革，恢复已被历史淘汰的原始货币，直接违反货币发展规律，徒增货币流通的障碍。

　　改革过急过速，轻易采取一些过头的政策措施而损害大多数人的利益，致使改革失去社会基础。如王莽将奴婢改为"私属"，并禁止奴婢买卖，本意是要制止奴婢数量的扩大，解决社会上日益严重的奴婢问题。但这项措施遭到了上自蓄奴之家，下至失地农民的反对，因为禁止奴婢买卖，既触犯了官僚、豪富的利益，又使失去土地而无路可走的农民断绝了一条卖身为奴的生路。

　　王莽还采取行政手段，强制推行不恰当的"改革"措施，引起普遍不满。如币制改革中以小易大、以轻换重，所铸大泉（钱），重不过 12 铢，只相当于五铢钱的 2.4 倍重，却要当五铢钱 50 枚用，所铸重一铢的小泉（钱），却要与五铢钱 1 枚等值。如此不合理比值的存在，就难以禁止盗铸私钱。王莽只得实行诸如"以私铸钱死"、"一家铸钱，五家坐之，没入为奴婢"等严刑峻法来强行禁止。但是，政策强制是无法抗拒经济规律的。所以不管王莽把政治强制强化到何等程度，依旧是有令不行、有禁不止。

　　想当然的"改革"措施终究得不到贯彻，不切实际的乱改还引起了社会的混乱。地皇二年（公元 22 年），王莽见四方农民相继起义，王匡、廉丹等数战不利，知天下溃，事穷计迫，乃议遣风俗大夫司国宪等巡行天下，除井田、奴婢、山泽、六管之禁，即位以来诏令不便于民者皆收还之。事未及行而舂陵兵起，新朝灭亡。

第三章　魏晋南北朝时期的财税

第一节　魏晋南北朝时期的政治经济背景

一、魏晋南北朝时期的政治背景

魏晋南北朝是中国历史上政权更迭最频繁的时期。由于长期的封建割据和连绵不断的战争，这一时期中国文化的发展受到了特别的影响。东汉末期的混乱诞生了曹魏、蜀汉、孙吴三国。到后期曹魏逐渐被司马氏取代，公元265年被西晋取代。公元263年蜀汉亡于魏国，公元280年孙吴亡于西晋，三国最后由晋朝（西晋）统一。

西晋皇朝短暂统一，于"八王之乱"与"五胡乱华"后分裂瓦解，政局再度混乱。在公元304年因为成汉与刘渊的立国，使北方进入五胡十六国时期。公元316年西晋亡于匈奴的刘曜后，司马睿南迁建立东晋，南北再度分立。东晋最后于公元420年被刘裕篡夺，建立宋，南朝开始，中国进入南北朝时期。北朝直到公元439年北魏统一北方后才开始，正式与南朝形成南北两朝对峙。

南朝历经宋、齐、梁、陈四代。初期经济与军事强盛，但因为南朝战略运用错误与北朝军事更加强盛，以及皇室与宗室内斗淫乱，使国力由盛变衰。南朝梁国力复盛，但在侯景之乱后分裂成西梁与南朝陈，南朝陈只能依长江抵御北朝。北朝历经北魏、东魏、西魏、北齐与北周。北魏统一北方后屡次击败南朝，意图南并，但被北方柔然牵制，直到柔然被突厥取代后才有余力对付南朝。北魏经汉化运动后经济持续发展，但造成六镇鲜卑贵族与洛阳鲜卑贵族的文化冲突，后期政治混乱发生六镇民变，分裂成高欢拥护的东魏与宇文泰拥护的西魏，并在之后分别自立为北齐与北周。

北周主张胡汉融合，于公元577年攻灭北齐，政权也逐渐掌握在杨坚手上。公元581年杨坚篡北周，建立隋朝，并于公元589年灭南朝陈，统一中国，魏晋南北朝时期结束，隋朝时期开始。[①]

二、魏晋南北朝时期的经济概况

汉末以来，群雄割据，政局动荡，战事频繁，社会经济遭到了极大的破坏，洛阳、长安以及中原其他大城市，满目疮痍，惨不忍睹。据史书记载，当时宫室烧尽、街道荒芜、城中无人、鸡犬无余、野无青草，特别是劳动力的损失和户口减少更为惊人。兵荒马乱中，人民直接或间接死于战争者不计其数。这一时期的经济发展的一个重要

---

① 陈寅恪讲，万绳楠整理. 陈寅恪魏晋南北朝史讲演录［M］. 贵阳：贵州人民出版社，2007.

特征就是，战争间隙，或者局势稍有好转，各朝各代统治者就努力生产，发展经济，积蓄力量，富国强兵，力图完成统一大业。

（一）农业概况

三国时期，粮食短缺，人口因饥饿而死掉很多。要解决粮食问题，首先就得恢复农业生产，功在屯田。曹魏时期，建立屯田制，从边境到内地大规模推行屯田，屯田又带动了水利事业的发展，修渠筑坝。曹魏屯田对恢复中原地区的农业生产及社会经济发展起了很大的作用。蜀汉地处西川，号称"天府之国"，又得益于诸葛亮的精心治理，大大促进了当时农业的发展。东吴地处江南，受战争影响较小，加之汉末以来北方人口大量南迁，不仅带来了大批先进劳动力，也带来了先进的农业生产技术，直接促进了东吴农业生产的发展。

西晋初期，实行占田课田制，调整土地占有关系，吸引劳动力，鼓励垦荒，将劳动力和土地治理有效地结合起来，既缓和了阶级矛盾，又促进了农业经济发展。但是由于后来的"八王之乱"，北方经济又遭到了一次严重的破坏。

东晋南朝时期，由于战乱，北方大量人口南迁，给南方农业经济发展带来了活力。加上东晋统治者重视农业，通过劝课农桑、兴修水利等措施，大大促进了当时农业经济的发展。北朝时期，北魏孝文帝为了缓和日益尖锐的阶级矛盾，对政治经济进行了多方面改革，调整了土地占有关系，实行以农为本的政策，大力发展农业。公元485年颁布均田令，调整封建剥削关系，对北方经济复苏产生了积极影响。农业发展迅速，社会经济始现昌盛。[①]

（二）手工业概况

三国时期，曹魏的纺织业在中原较为发达，由于马钧改进了织布机，使得织布效率大为提高。在冶铸业方面，曹魏时期设有专门的官员进行管理，加上改进生产技术，效率显著提高。蜀汉设置司盐校尉和司金中郎将，对盐业和冶铁业进行管理。东吴的手工业在当时也有较大起色，虽然不及蜀汉和曹魏，但是也有自己的特色产品。东吴在造船业上最为发达，建安郡设有较大规模的造船厂，制造工艺精湛；其他如烧瓷业、煮盐业、酿酒业，都有很大程度的发展。

东晋南朝时期，手工业有了进一步的发展。江南地区养蚕业、丝织业较为发达，造船技术在原来基础上有了更大程度的进步，已经能够修建行程千里之船。冶炼业已经普遍使用水利鼓风法，灌钢法的发明是我国古代冶金史上的一大成就。北朝手工业不如南朝，但是也有所发展，织布业和矿冶业的规模较大，民间酿酒业比较发达。

（三）商业概况

魏晋南北朝时期，军阀割据，连年混战，都市遭到了大规模的破坏，商业发展受到严重影响，尤其以北方受害为甚。三国时期的商业，几乎处于停滞状况，货币信誉丧失，采用谷帛交易。曹魏在农业和手工业发展的基础上，采取了相应的措施发展商业，发展都市，开辟市场。盐铁在各个国家均为专卖，蜀汉的商业更为官市所垄断。

---

① 黄天华. 中国财政史纲 [M]. 上海：上海财经大学出版社，1999：127.

东吴由于地处江南的原因，受战争影响较小，所以商业发展相对繁荣。

西晋时期，商业曾经有过一段繁荣时期，特别是以官僚经济为主，即官僚经商，但是好景不长。东晋的商业相对发达，贸易也较为活跃，当时的首都建业（今南京）是最大的商业城市。

南朝时期，商业较前几代有了更大的进步。据记载，南朝上自君王，下至百姓，特别流行经商。此时期的民间商业也有所发展，农民弃农经商或者半农半商的为数甚多。

北朝时期商业不如南朝发达，官商结合、官商一体为当时商业的一大特征。民间商业也有所发展。京都洛阳既是当时的政治中心，也是商业中心，洛阳城里设有大市、四通市、马市、小市等。

整体上，魏晋南北朝时期的经济发展特征如下：

第一，南北经济趋于平衡。江南迅速开发，中原发展相对缓慢。黄河流域是中国经济发展的中心，秦汉时期，南北方经济发展差距很大，到魏晋南北朝时期，由于大规模的战乱多发生在北方并且时间持续很长，使得北方经济遭到严重破坏。而南方则相对稳定，南方经济得到迅速发展。南北经济开始趋于平衡，以北方黄河流域为重心的经济格局开始改变。

第二，士族庄园经济和寺院经济占有重要地位。由于士族制的发展和统治者崇信佛教，导致地主庄园经济和寺院经济恶性膨胀，造成土地和劳动力大量流失。

第三，商品经济总体水平较低。由于战乱，不少城市遭到严重破坏，加上南方刚刚开发，商品经济发展缓慢。

第四，各民族经济交流加强。由于民族融合加强，魏晋南北朝时期各民族之间的联系密切，并逐渐融合为一体。各族相互学习，取长补短，促进了经济的恢复和发展，同时也为隋唐时期的繁荣奠定了基础。

总之，魏晋南北朝时期，是我国历史上一个残酷的时代，是人民苦难最深的时期，但也是中国历史上各种力量最活跃的时期之一，是一个能显示人民力量的时代。在十六国时期，历史似乎走上了绝路，但是经济仍然能按照它自身的规律为自己开辟前进的道路。

第二节　魏晋南北朝时期的财政基本状况

魏晋南北朝时期除了西晋的短暂统一外，基本上处于战争状态。政治局势动荡，社会秩序混乱，国家财政具有明显的割据和战时财政性质。另外，经历着多年的战争，经济发展受到严重阻碍，物价暴涨，财政极度困难。这段时间里，各国政权更迭频繁，更加深了战时财政的困难。不过在这个困难时期，统治者们也采取了一些财政经济措施，例如实行屯田制、占田课田制、均田制等，从各个方面促进相应时期的财政发展。

一、魏晋南北朝时期的财政收入

魏晋南北朝时期的财政收入，主要有租调收入、屯田收入、徭役、杂税即其他收入等。

（一）租调收入

租调制也称田租户调制，是从秦汉的田租口赋制度演变而来的。曹魏时期为租调制的先导，上接魏晋南北朝户调制，卜启唐代租庸调法。曹操进驻冀州后试行户调制，也就是改变秦汉以来的算赋、口赋等人头税（缴纳货币）。因为汉末天下大乱，那时货币稀少，交钱不太现实，改成缴纳绢和布，按户征收。到西晋统一全国之后，正式按此颁布了户调制，并通行于魏晋南北朝时期。在实际施行中，实际上是按照九品混通制的模式。南北朝后期门阀专权，改革势在必行，因此均田制和租调制应运而生。曹魏统一北方以后，在公元 204 年颁布了《收田租令》，规定：田租每年每亩缴纳四升，户调每年每户纳绢二匹、绵二斤。租调之外没有别的课征，严禁豪强逃税或者逼迫弱民多交税。[①]

西晋的占田制和租调制，是在曹魏屯田制陷于崩溃的情况下实行的。屯田制的各种小利凶素导致此制度在曹魏末期遭到破坏，几乎维持不下去了。到公元 264 年，魏元帝以"以均征役"名义，罢屯田、罢农官，将其辖地改为郡县，屯田客成了编户百姓。晋武帝于公元 280 年灭吴国统一全国后，在全国实行占田课田法及户调制。主要有农民占田课田法。在魏时期，占就是向政府办理户口或在土地登记的意思。农民向地方政府登记请领土地的亩数就是占田。西晋的占田课田制规定：男子一人占田 70 亩，女子 30 亩；丁男课田 50 亩，丁女 20 亩；次丁男减半，次丁女不课（男女年 16 岁以上至 60 岁为丁，15 岁以下至 13 岁、61 岁以上至 65 岁为次丁）。官吏以官品高低贵贱占田，从第一品占 50 顷，至第九品占 10 顷，每品之间递减 5 顷。此外规定，依官品高低荫亲属，多者九族（一说指本姓亲属，上至高祖，下至玄孙；一说包括他姓亲属，即父族四、母族三、妻族二。从后文与三世对举来看，这里当指前者），少者三世（自祖至孙）。荫衣食客，第六品以上三人，第七、八品各二人，第九品一人。荫佃客，第一、二品不得超过五十户（疑当为十五户——编者），第三品十户，第四品七户，第五品五户，第六品三户，第七品二户，第八、九品各一户。占田、课田制的施行，产生了一定的积极作用。此制颁布后，出现了太康年间（公元 280—289 年）社会经济繁荣的局面。

西晋在实行占田制的同时，颁布了租调制，规定男女年龄 16 ~ 60 岁为正丁；13 ~ 15 岁、61 ~ 65 岁为次丁。丁男课田 50 亩，丁女 20 亩；次丁男课田 25 亩，次丁女不课税。户调制规定，凡是丁男为户主者，每年交绢 3 匹、绵 3 斤；以丁女或次丁男为户主者，所交的东西是丁男户的一半；边远地区交三分之二，再远者交三分之一。

东晋偏安江南，仍然实行租调制，由于土地紧张等原因，原先的占田课田制已经无法继续实行。成帝于公元 330 年颁布度田收租制，即对土地进行清理丈量，然后按亩征税，每亩税米三升。孝武帝于公元 337 年，又废除度田收租制，改行除王公和服役者外，每口征收三斛。从按户口课征到按亩征收，不论男女老少，有无田地，都要等量缴纳田租，劳动者的负担日趋加重。

---

①　参见陈寿《三国志》。

东晋的户调制与西晋大致相同，但课征范围则有所区别，男女年龄 17 ~ 60 岁为正课，13 ~ 16 岁、61 ~ 65 岁半课，65 岁以上免课，女出嫁为丁，未出嫁 20 岁以上为丁，故东晋户调的征收较西晋为轻。

南朝的租调制，基本上沿袭了晋代旧制，而又有所改进。首先是赋税年龄，刘宋初沿用晋制，16 ~ 60 岁为丁，13 ~ 15 岁、61 ~ 65 岁为次丁。宋大朋年间，皇帝接受王弘的建议，以 15 ~ 16 岁为半丁，17 岁以上为全丁；梁、陈时期又改为 18 ~ 60 岁为正丁，16 ~ 17 岁、61 ~ 65 岁为半丁。丁、正丁、全丁为全课，次丁、半丁为半课。

北朝也实行租调制，在北魏实行均田制前后，其租调制规定有所不同。北魏在均田制实施之前，先召集县乡之三老，把本地农户按贫富差距程度分为九等，然后把征收总额按户等分摊，平均每户调帛三匹二丈、棉絮二斤、丝一斤和粟二十石。北魏的官吏无薪俸，其收入主要依靠经商取得。到北魏时期，公元 485 年，均田制开始实行，这是中国封建社会的一个重要土地制度，对当时经济社会发展影响深刻。北魏实行均田制，主要是为了组织农业生产、恢复经济、增加财政收入和缓和社会矛盾。

太和九年（公元 485 年）颁布实行"均田制"诏令：第一，凡 15 岁以上的男子，每人授给种植谷物的露田 40 亩，女子 20 亩。露田都是无主荒地，因考虑休耕轮作，故授田时一般按休耕周期加一或两倍，也称"倍田"。拥有奴婢和耕牛的人，可以额外获得土地，奴婢同普通农民一样受田，人数不限，土地归主人；丁牛（4 岁以上）每头授露田 30 亩，一户限 4 头。所受之田不准买卖，年老身死，还田给官府。第二，初受田者，男子每人另受桑田 20 亩，限 3 年内种上规定的桑、枣、榆等树。桑田可作为世业田，终身不还，可以世袭，但限制买卖。在不宜种桑的地区，男子每人另受麻田 10 亩，女子 5 亩，奴婢同样受田，按露田法还受。新定居的民户还可分到少量的宅田，每 3 口一亩，奴婢 5 口一亩，宅田也属世业。第三，桑田按现有丁口计算。"盈者得卖其盈，不足者得买所不足，不得卖其分，亦不得买过所足。"桑田为世业，允许买卖其一部分。原有桑田已超过应授田数，"无受无还"；达到应受额的，不准再受；超过应受额部分，可以出卖；不足应受额，可以买足。第四，若全家都是老小残疾的，11 岁以上及残废（时称，不改为"残疾"）者各受丁男一半之田，年过 70 的不还所受，寡妇守志虽免课亦受妇田。第五，地狭的地方，居民可以向空荒地区迁徙受田；地广的地方，居民不许无故迁徙，可随力所及向官府申请借种受田以外的土地。因犯罪流徙或户编无人守业的土地，收归国家所有，作均田授受之用。第六，各级地方官吏按照官职高低授给不同数额的公田（职分田），离职时移交后任官。地方官吏各随在职地区给予公田，刺史十五顷，太守十顷，治中、别驾各八顷，县令、郡丞六顷。新旧任相交接，不许出卖。

北齐继续推行均田制，大体上与北魏相同，但也略有变化。取消了受倍田的规定，不过一夫一妇的实际受田数仍相当于倍田。北魏对奴婢受田没有限制，北齐则按官品限制在 300 人 ~ 60 人之间。另外还规定了赋税。北齐一般从年 18 岁起受田，北齐所授露田男子 80 亩，妇人 40 亩，丁牛 60 亩，每户限 4 头；另授桑田或麻田 20 亩。均田制在北齐时已有所破坏，常见土地买卖的现象。

（二）徭役

魏晋南北朝时期政局不稳，社会动荡，由于连年征战而使徭役不断。由于无法可依，徭役成为魏晋南北朝时期继租调收入之后的最大收入。这个时期徭役的特点就是无休止的兵役、沉重的力役和频繁的杂役。随着军事形势的发展而日趋严重，人民不堪重负。

在三国鼎立之前，徭役不定性，规制很随意。此时董卓专权，行为残忍，引起社会公愤，大小军阀组织讨伐。董卓就随意派发民夫，屯粮修栈道，以图天下。三国时期，魏国也是无标准役制。由于连年战争，死伤无数，役夫更是穷苦不堪，故当时的大臣王肃上书魏明帝请求减轻力役，规范役制。三国中，吴国徭役最重，兵役泛滥，直接危及人口繁衍和经济发展。孙权本人对此深有感触，后来下令休养生息。公元 231年，他又多次减役。由此可见，吴国当时的徭役之重，明知不合理却又继续增加。孙权临死前下令：省徭役、减征赋。景帝即位后，却又加重徭役负担，吴国没有不亡的道理。

西晋时期，徭役比二国时期更加严重，很多人服役为兵，不能耕种庄稼，无法从事农业生产的人超过大半，严重影响了当时的农业生产和经济发展。不过此时徭役还比较规范，规定男子 16～60 岁为正丁，13～15 岁、60～65 岁为次丁，次丁及老小免服役。到了东晋，徭役又开始变重，其基本徭役沿用西晋役制，不过在服役年龄上更加苛严，规定：男子从 16～60 岁服全役，13～15 岁、61～65 岁服半役，徭役殃及孩子。政府虽然规定每年力役 20 天，而州、郡、县地方官吏额外摊派给农民的力役经常无故增加，有的甚至增加几个月，直接影响农忙，妨碍生产，可见当时的徭役是多么的深重。

南朝时期，徭役稍有放宽，规定男子 18～60 岁，每年服役 20 日，役制逐渐规范，并附有减免，如对有生孩子的家庭，免其父母服役一年，新婚者也会得到照顾。不过这个只是法律规定，真正实施起来可不是这样，现实中会有所增加。南朝徭役经常是三个人中抽一个、五个人里面抽二个，有的时候会殃及女丁，甚至不分老幼，全家服役的情况也常见。

北朝时期，连年征战，民生凋敝，还有很多战事工程，以及政府无名目的杂役，所以北朝各代徭役都很繁重。故北朝虽然统一，但是因为徭役负担过重，农业生产及经济发展十分缓慢。如道武帝在公元 398 年正月，车驾到北还，派遣万人修理直道；公元 406 年六月，征集八部五百里的男丁修筑南宫。其他还有很多修城筑苑、造船等动辄征集数千上万人。北齐时期，北方有修长城之役，南方有金陵之战，其后南征将士死伤数十万。其中修长城为最惨，很多人在服役中死去，甚至造成了生产断绝，成为北齐均田农户破产的重要原因。

从上述可知，在魏晋南北朝时期，徭役是此时财政收入的重要来源之一。因为很多力役、兵役不好用货币来衡量，所以也不好说具体是多少。但是不管怎么样，徭役都是当时政府执政的根基。

（三）食盐、酒和铁专卖收入

食盐是人民生活不可或缺的必需品，无论价格如何、质量如何，人民都别无选择，所以经营食盐是可以获得很大利润的，历代政府都把食盐专卖作为最主要的官营商业。盐专卖的办法是民制、官收、官运、官卖；盐民产盐自负盈亏，产品由国家按规定价格收购贩卖，国家间接控制了盐的生产。魏晋南北朝时期，官府为了多占盐利，推行专卖之法，由于士族豪强的抵制和强夺，故东晋和南朝曾改为征税制。

东汉末年，曹操采纳部下建议，设立盐官，监卖食盐，并以食盐专卖收入购置耕牛，招还流民回乡生产，对恢复关中地区的农业生产起到了积极作用。三国鼎立时期，吴国和蜀国也先后实行了食盐专卖制度。

西晋时期，政府垄断了食盐生产到销售的整个过程，专设司盐都尉和司盐监丞等官职，负责食盐专卖，官府严禁私盐，违反者严刑处置。

东晋南朝时期，豪强士族都参与了抢占食盐买卖，故政府改行征税制。北朝时期的盐法没有定制，有时候专卖，有时候征税。

在酒专卖方面，魏晋南北朝时期都有酒政，或者专卖，或者征税，或者禁止酿酒，但是其中最主要的形式是征税。三国时期，魏、蜀都禁止酿酒，既无专卖记载，也无征税记录，而吴国实行酒专卖。西晋时期，官府对豪强有所妥协，准许私人酿酒出售，官府课以酒税。南朝初期禁酒，禁酒以后实行专卖制，后来也是官府对富商豪强妥协，官府只征酒税，但是酒税比较重，民间不堪负担。北朝初期也禁酒，为了避免人们喝酒、议政，也禁止民间自酿、自饮。献文帝即位后，准许民间酿酒出售，政府课以重税，征税制一直延续到北齐天保八年，才开始改行专卖制。

在铁专卖方面，魏晋南北朝各代都对铁行专卖制度。东汉末年连年征战，破坏了冶铁工艺，对铁制品的制造也造成极大影响，铁器十分匮乏。在曹魏时代，设有司金中郎将，专门管理铁器的生产和专卖，并有效地改进了冶铁工艺，大大促进了铁工艺的发展。经过几年的发展，魏国的铁器供给状况就得以改变，由铁工艺水平的发展而带来的国家财政收入也大大增加。蜀国和吴国也对铁器进行专卖。西晋和东晋时期，冶铁基本上都由政府控制。南朝时期普遍实行铁器专卖，严禁民间私铸铁器，由于是政府垄断，铁器的价格奇高，不利于人民的生产和生活。北朝沿袭前代铁专卖制。

魏晋南北朝时期的盐、酒和铁专卖制为当时增加国家财政收入贡献了力量，但是这些专卖也在一定程度上阻碍了经济的发展，给人民的生活带来了极大的不便。

（四）工商税收入

工商税收入包括估税、关市税、通行税、矿冶税。估税，按现代的说法又叫定额税率，定额税率又称固定税额。这种税率是根据课税对象计量单位直接规定固定的征税数额。课税对象的计量单位可以是重量、数量、面积、体积等自然单位，也可以是专门规定的复合单位。例如，现行税制中的土地使用税、耕地占用税分别以"平方米"和"亩"这些自然单位为计量单位；资源税中的天然气则以"千立方米"这一复合单位为计量单位；消费税中的汽油、柴油分别以"升"为计量单位，啤酒以"吨"为计量单位。按定额税率征税，税额的多少只同课税对象的数量有关，而同价格无关。当价格普遍上涨或下跌时，仍按固定税额的计量单位计税必然影响征纳双方的利益。定额税率适用于从量计征的税种。估税始于东晋，东晋王朝对买卖行为所征的税，类似于后来的契税和营业税。东晋对马、牛、田、宅等买卖，立契的，每 10 000 钱抽 400

文，其中卖方出 300 文，买方出 100 文；不立契的，值百抽十。魏晋南北朝之前，我国的经济中心主要在黄河流域的中原地区，但是经过一段时间的分裂割据和战争动乱，中原地区社会经济日益衰落。但是长江流域受战乱影响比较小，工商业发展比较迅速，农业与手工业都有了一定的基础，随着人口大迁移所带来的先进生产力，直接推动着江南经济的发展。商业发展，市场繁荣，商品交易大大活跃，这个为商品交易税的课征提供了很好的物质基础，估税应时而生。估税兴盛于东晋南朝各个年代，是当时经济中心移居江南以后，商业大大发展的结果，此时的估税为国家提供了大量的财政收入。

关市税包括关税和市税。魏晋南北朝时期，对外贸易不发达，此时的关税一般只有内陆关税。内陆关税又分为陆关和水关，陆关就是在道路上设置的关卡，水关就是在水路上设置的关卡。陆关和水关都有官吏把守，向过往关卡的商旅征税。

东汉以后，关税的税率越来越高，加之战乱频繁，商业流通不畅，严重地影响了经济的发展。到曹丕时期，为发展曹魏经济，鼓励商品货物交换，下令减轻关津的税收，过往的商品一律从价计征，十分取一。西晋承袭了曹魏关税制度，时而征收，时而免征。东晋时期，关税仍按照十分之一征收。到南朝时期，关税的课征范围加大，比如炭、鱼、薪、米等；关卡设置比较随意，而且经常重复征收。过重的关税严重阻碍了商贸经济的往来，后来因为部分地区发生粮食歉收，不得不停止征收。

北朝时期，北魏孝文帝下令免收关税。北齐后主时期，财政比较困难，财力不足，又开始征关税。

市税在魏晋南北朝时期，凡是行商贩货入市，每人课税一钱，坐贾则按其店铺分五等分别征税。曹魏时期，都市比较发达，商业比较活跃，商人云集，交易频繁，从而也为市税提供了很多的基础。西晋沿袭了曹魏旧制，但是有免收市税一年的记载。东晋时期，江南经济已经很发达了，市场繁荣，市税渐渐就变重了。南朝时工商业全面发展，市税更为泛滥，税吏中饱私囊，严重威胁了国家的财政收入，取得收入甚微。南齐时曾改行包税制，结果包税者擅自加重征税，商人为了转移税负，提高物价，物价大幅上涨，需求就下降，商品销售不出去，市场萎缩，这样的包税制没有过多久就维持不下去了。北朝时期，市税时而征收，时而废止，但较南朝要轻。

通行税包括牛埭税和桁税。牛埭税就是对经过水埭的商旅所征收的税，盛行于东晋南朝时期。为防水患，官府修建水坝，并多备牛力，牵船过坝，方便行船。埭之初设，行船过埭只交少许使用费，后守埭官吏见聚财容易，便对过埭者不论使用牛力与否一律强行交费，直至阻止别道通行，以增加埭税。东晋时，初立钱塘江水埭后，即行征税，不久停止。南齐时，牛埭税征课甚重。西陵牛埭税，每日规定收税 3 500 钱，一年可收上百万。梁武帝时，牛埭税曾实行包税制。至大同十一年（公元 545 年），因牛埭税扰民，武帝诏令省除，以减轻人民负担。桁税同牛埭税一样，刚刚开始只征收少量使用费，后变成税。东晋成帝咸康中（公元 335—342 年），秦淮河上设 24 座浮桥，方便行人往来。其中只限 4 座浮桥收取使用费，后改征桁税。至孝武帝宁康元年（公元 373 年）下诏免征桁税。以后南朝的宋、齐、梁、陈都时有征收此税。

矿冶税是对民间开矿者和冶炼者所课征的税。魏晋时期，金银铜铁这样的金属冶炼都由官府垄断，民间不能进入。东晋时期，情况有所改变，豪强地主开始与政府争夺冶炼利润。南朝时期，政府和民间豪强达成妥协，规定可以让民间资本进入，政府征收矿税。北朝北魏时期，银矿的开采和冶铸都由民间生产经营，整个过程政府都不过问，政府只征收相关税。

（五）其他杂税收入

魏晋南北朝时期，除了上面提出的各种税收，还有塘丁税和赀税。塘丁税有两种：①南朝会稽郡兴修水利的捐税。会稽郡本有民间自行摊派工料兴修水利的办法，齐武帝永明二年（公元484年），太守王敬将此项物力折钱收归官府，成为南齐杂税之一。②南齐时政府向沿海、沿江、沿湖地区人民课征的杂税。南齐立国之初，会稽郡沿海、湖一带人民自行摊派工料兴修塘埭，以防水患。永明二年（公元484年），官府将这项摊派按丁折钱征收，民间公益费用变成税收。但官府并不兴修水利，造成塘路崩塌，湖水泄漏。塘丁税成为人民的额外负担。赀税，或称献金，是对私人拥有的财产所征收的一种税，属于财产税性质。赀税始于南朝，因为当时战争筹集经费，维持战争，所以政府下令要那些王公贵族、大商巨贾献纳个人财产。据记载，对当时的富有人家，家里财产超过50万者，缴纳资产的四分之一，以助国用，其实就是一种硬性摊派。北朝北齐时期，将民户分为九等，六等以上的富户，按户出钱，即为财产税。

（六）卖官收入

封建国家都有卖官收入的传统，魏晋南北朝时期也不例外。曹魏时期关于卖官的行径没有确切记载。西晋时期，卖官的收入归入皇帝的私库，而不是国库。南朝以刘宋的卖官收入为最多。官位从高到低，各有标价。平民商人和地主，在南朝的社会地位都是很低的，为了逃避繁重的徭役与压榨，他们便大行捐助。北魏正式颁布了入粟买官制度，规定具体明细，数额巨大，甚至出家的和尚也可以买官。卖官确实为当时的财政困难提供了帮助，但是对整个国家的官吏管理状况以及官僚体制的素质都有极其不利的影响。

（七）战利品、贡献收入

魏晋南北朝时期，各个政权间相互争夺更多的人口和财物，战利品收入成为重要的财政收入。战利品收入中，最主要的是土地和俘虏，这些俘虏以及当地民众成为最重要的无偿劳动收入来源。据记载，北魏的战争收入尤为可观，是当时杂项收入中最多的一项。从公元388年到公元525年的137年间，大小战役无数，主要的战利品来自于人口和牛马。因为战利品可观，增加了北魏军队的好战性，而且屡战屡胜，这也是其统一北方的一个重要因素。

魏晋南北朝时期的贡献收入主要包括国内贡献和国外贡献。国内贡献，主要是当时政权并存时期弱国对强国的一种屈服的表示，如当时的周边少数民族地区对中原政权。国外贡献主要是一种外交活动，属于一般的礼尚往来。据不完全统计，从公元275年到公元291年的16年间，来朝贡献者有17次之多。政权越强势的国家，取得的收入越多，也是政府的一个稳定收入。

二、魏晋南北朝时期的财政支出

(一) 军费支出

军费开支主要包括日常军费开支和战争费用开支。三国时期，曹魏号称拥有兵力80万，蜀汉和孙吴各有常备兵50万，三国鼎立时期总兵力在150万左右。西晋统一以后，兵力有所减少，但是不久发生了"八王之乱"，接着又是对异族开战，兵员又相对增加。总兵力不足，主要是因为财力关系。战争军队大部分临时招募，即使如此，军资耗费仍然巨大。南北朝对峙期间，战争更为激烈，动辄用兵百万，特别是北朝，几乎全民皆兵。据估计，魏晋南北朝时期，兵员一般都在百万以上，养兵耗费巨大，财政入不敷出。纵然曹魏有屯田政策，仍然不能应付军费开支。

战争费用直接和当时的时代背景有关系。在魏晋南北朝时期，连年征战，和平年代很少，这个时期也出现了很多著名战役：官渡之战、赤壁之战、东晋北伐、淝水之战等，参加的兵力有几百万，战争规模越来越大，时间越来越长，所以战争费用越来越多，给当时的财政带来了严重的困难。

(二) 皇室支出

封建王朝皇室的支出，一般没有明确的预算程序，费用比较随意，也没有一定的监督程序，所以变化比较大，特别是有些皇帝骄奢淫逸，花费就会特别大。魏晋南北朝时期的政治格局不稳定，连年征战造成了很多小国家，国家越多，皇帝就会越多，而且皇帝在位时间都不是很长，经常换，这样就加重了皇室的过度开支状况。

皇室支出中，最多的是建造宫殿。三国时期，曹魏建有洛阳宫、凌云宫、九华台和铜雀台等；明帝时期，去太行山找石英石，到谷城得文石，重修太极殿。孙吴建有太初宫、昭明宫。西晋晋武帝时，修建太庙，从荆山采木头、从华山采石头，铸造铜柱十二根，全部用黄金涂上，并且在上面镶上明珠，耗费巨大。十六国时期，赵王元年营建西宫、建德殿、邺宫，其后又征集40万民夫营建长安宫、洛阳宫。南朝齐更是大兴土木，营建芳东、芳德等殿，雕梁画栋，麝香涂壁，穷极奢华。北朝北魏天兴年间，迁都平城，先后营建了天华殿、中云殿及云母堂、金华室等，耗费之多，不计其数。

皇陵建造也是皇室支出很重要的一项，耗费十分巨大。除了特殊原因以外，各个朝代各个皇帝都会建造豪华陵墓。除了这些，皇室生活费用也是挥霍无度。三国时吴帝孙皓夫人去世，花费之大令人叹为观止。西晋武帝泰始九年，竟然下令天下禁止嫁娶，公卿以下人家的女子充选者以备六宫，后宫更是数万。总之，皇室支出巨大，特别是在征战期间，如此挥霍，自然就加速了王朝的灭亡。

(三) 官俸支出

魏晋南北朝时期，由于政权更迭较为频繁，社会动荡，皇帝多，官吏更多。此时的官员俸禄特点是：长期的薄薪制度；俸禄支出大部分以布帛等实物来支付，还有政府拨给的土地和种地的佃农。这个时段的官员确实很多。据记载，三国时期共有官吏近十万人。西晋时期内官即京官有六万多人，南朝宋代也是六万多，齐代有二万多，北朝北魏有七万多，北齐有二万多，北周有近三万官员。外官即地方官，一般是内官的五六倍。官吏队伍庞大，俸禄支出自然就大，加在人民身上的负担就越重。

三国至晋初，实行薄俸制度，俸禄标准较低，但是随着后来经济的发展，情况变好，官员俸禄自然有所增加。南朝宋初，俸禄状况不错，但是后来财政困难，俸禄减少。此时官员的俸禄一般都是实物支付，北齐是以绢作为俸禄，北周以谷物定禄，如果遇到年成不好的时期，就不发俸禄。不管如何，当时官员俸禄都是国家财政中一项较大的支出。

（四）宗教支出

佛教作为三大宗教之一，东汉时期传入我国，盛行于魏晋南北朝时期，对当时社会的政治、经济、意识形态都有很大影响。当时的宗教支出，主要包括兴建寺庙、修建佛塔、开凿石壁、塑立佛像、赏赐僧侣等，对国家财政支出影响巨大。兴建寺庙方面，东晋就有佛寺近两千所，十六国时期又增加八百多所；南朝的刘宋有佛寺近两千所，南齐有两千多所，等等；北朝的寺庙个数不少于南朝。建造的佛像大都是最高统治者带头。晋恭帝造丈六金像，并亲迎于瓦官寺。齐武帝在显阳殿造玉像，钟爱到临死时还念念不忘。北魏高宗于兴光元年为太祖以下铸释迦立像五座，各高一丈五尺，都用赤金 25 000 斤。又于恒农荆山造珉玉丈六像一座，又石像一座，高大与帝等身。显祖在天官寺造释迦立像，高 43 尺，用赤金 10 万斤、黄金 600 斤。

石窟造像也大多为最高统治者所为。北魏高宗于京城西武州塞开窟五所，镌建佛像各一，高的 70 尺，次高 60 尺。景明初，世宗于洛南伊阙山为高祖、文昭皇太后营窟一所。永平中，中尹刘腾为世宗造石窟一所，凡为三所。从景明元年至正光四年，23年中用工 802 366 人，凿窟 1 300 多所，造像九万多尊。石窟造像除上述二处外，在新疆拜城有克孜尔千佛洞，在河西走廊有敦煌莫高窟、天水麦积山石窟、永靖炳灵石窟、庆阳石窟等。在南朝齐、梁时，在建康附近的栖霞山亦造有石窟。

以上举措，不胜枚举。大量的寺庙、大量的僧侣，拥有大量的田宅财富，攫取了大量的社会资源。大量的宗教活动，给国家财政带来了巨大的负担，这些负担最终都会加在人民头上。

（五）文化教育支出

魏晋南北朝时期，连年征战，社会动荡，文化上没有多少建树，不过每个王朝还是很重视自己的人才建设。三国时期，曹操在公元 204 年下令，地方以 500 户组成一个教学单位，设置一个校长，然后由校长在乡里自选才俊，送去上学。曹丕于公元 224年下令在洛阳设立太学，制定五经课试制度，凡是考试通过者可以进入朝廷做官。西晋政府对教育较三国重视，从初期三千多名学生发展到七千多名。而且西晋还设立了国子学与普通太学，创造了双轨制体系，两者的招生对象是不同的，前者专收五品以上官员的子弟入学，后者则专收六品以下官员的子弟。东晋设立三种学校：太学、国子学和乡学，前两种在当时都没有起到多大作用，主要是各个地方官吏开办了不少学校即乡学。

南朝教育，时兴时废。主要成就有宋文帝于公元 438 年在京师开设四学馆：玄素学、史学、文学和儒学。宋明帝时期设立"总明馆"，梁武帝时期设立"士林馆"等教学研究机构。北朝时期也先后建立太学、国子学与乡学，发展教育事业，但是因为当时的政治社会环境，教育支出并不是国家财政支出的重点。

（六）其他支出

魏晋南北朝时期，除了以上一些财政支出外，还有一些其他支出，例如外交支出、救灾抚恤支出等。虽然在当时连年征战，政权不稳定，不过各个政权之间的礼节往来还是比较多的。使节的任务，都是为两国修好，所以外交活动时，必然不可避免地会送对方一些贵重礼品，这些礼品在国内肯定都是无价之宝，而且这些宝物数量还不少。如西魏宇文泰，为与梁和好，一次送马两千匹。

救灾抚恤支出，在当时的生活环境中也是必要支出。曹魏时期，公元217年冬因发生疫疬，皇帝下令：女子年龄在70岁以上、年12岁以下无父母兄弟者，以及眼睛看不清楚、手不能动、足不能行的，都给予抚恤。这些都是当时比较全面的规定。刘宋在其统治的60年中，也进行了40多次抚恤。北魏孝文帝时期，既有临时性的救济，又设有永久粮仓，更有以医药救护的措施，制度比较健全，在这个方面的财政支出也很人。

三、魏晋南北朝时期的财政管理体制

魏晋南北朝时期，由于战争频繁，整个社会处于分裂割据状态，因此其国家财政管理机构和工作人员的设置以及制度的制定，要么承袭旧制，要么因事设官，有时候机构名称不同，但是所行职责基本相同。总体看来，这一时期的财政管理机构和管理体制很多是沿袭汉制。

（一）财政管理机构

魏晋南北朝时期，中央职官制度已经由秦汉三公九卿向三省六部制过渡。以前拥有重权的三公，即大司徒、大司空、大司马，已经成为帝王独裁的辅助机构，全面掌握军国大事。尚书省下设六部尚书，其中度支部则是管理国家财政的最高机关，主管国家的财政收入和财政支出。

曹魏时期设立了度支尚书主管全国财政税收，仍然保留了大司徒，但其职权比起汉代已经大大缩小，仅成为收粟之官，管理屯田事宜。大司农属官有太仓、籍田和导官三令。西晋有度支、金部、仓部、客曹、屯田、运部等曹官。南朝时期有度支、金部、仓部、起部四曹。北朝有左户、右户、仓部、金部。

（二）库藏制度

魏晋南北朝时期的库藏制度承袭汉制，钱入少府，谷入司农。少府中设有中藏府令丞，专职收钱银，掌管钱库。司农及下属太仓、籍田、导官，专职收受粟米，总督仓场事务。西晋时期少府负责收纳钱财，大司农为受粟之官，太仓令总管仓储。北朝设有太府卿、太府少卿，掌握财物库藏。北周设有大司徒，下设司农上士，掌管三农九谷等事。

（三）货币制度

魏晋南北朝时期，币制混乱，表现为钱币衰落，布帛、粮食等实物货币盛行。从

东汉中期以后，货币就开始混乱。东汉时期，董卓专权，自铸钱币，而且数量很大，不顾实际情况，造成物价上涨。魏文帝时期，曾下令：禁止用五铢钱，改行谷物或者布帛。后来历代统治者都有铸币，而且成色很差，百姓都不敢使用。东晋时期曾经展开过是否改用谷帛的讨论。长期以来，钱只是在南方建康几个商业较为活跃的城市流通，其他地方多以盐布杂用；北方和边远地区，还是主要用谷帛。

（四）征收管理

魏晋南北朝时期，由于战乱纷争，政权更迭很快，各国财政只有田租、户调征收制度较为稳定，有比较明确的征收项目，其他的税赋征收基本上都是不稳定的，没有一套健全的机制，带有临时性特征。只要战争爆发，军饷需要就大增，杂税便随之而起，且大量役使民力，成为百姓的极大负担，破坏了社会经济的稳定发展。

第三节　魏晋南北朝时期的重要财政变革

一、修耕植，蓄军资

（一）人物简介

曹操（公元155—220年），字孟德，小字阿瞒，汉族，沛国谯人。东汉末年著名政治家、军事家、文学家、诗人，三国中曹魏政权的缔造者，先为东汉大将军、丞相，后为魏王。其子曹丕称帝后，追尊其为魏武帝。一生以汉朝大将军、丞相的名义征讨四方割据政权，为统一中国北方做出了重大贡献，同时在北方屯田，对农业生产恢复有很大作用。曹操的诗歌创作具有创新精神，开启并繁荣了建安文学，给后人留下了宝贵的精神财富，史称"建安风骨"，鲁迅评价其为"改造文章的祖师"。

图3-1　曹操

（二）财政变革的背景

从经济背景来看，面对汉末社会经济凋敝、军国之用严重匮乏，曹操本人大力提倡节俭，以集中有限的财力供给军资。曹魏逐鹿中原，以黄河中下游为其基本经济区。

而这一基本经济区又以农业种植经济为主。也就是说，立足于黄河中下游基本经济区的曹魏政权，其财源主要依赖农业经济，"修耕植"即是培养财源。当然，曹魏财源也包括部分盐利，但在其财政收入中不占重要地位。而吴、蜀除了以农业经济为财源之外，孙吴"铸山为铜，煮海为盐，境内富饶"。蜀汉也可"煮盐兴冶，为军农要用"。因此，曹魏的财政建设以"修耕植，蓄军资"为基本方针，其实是黄河中下游经济区经济特色的反映。再从当时的现实财政需要来看，则是军粮极度匮乏，事关曹魏政权的生死存亡。汉末战祸严重破坏了黄河中下游地区的社会经济，战乱所及之处，民众或死或逃，田地荒芜，加上自然灾害肆虐，粮价飞涨，粮食供应普遍发生危机。汉献帝与一批朝臣曾被董卓部将挟持至洛阳，陷入饥荒，狼狈不堪。曹操率军初起，如何筹措军粮同样是生死攸关。

（三）变革的内容："修耕植，蓄军资"

"修耕植，蓄军资"的核心内容就是恢复和发展农业经济，为军事行动做财政的和物质上的准备。曹操为此先后制定了以解决军粮供应为主要目的的屯田政策并进行了租调制改革。屯田制和租调制两大财政政策成为支持曹操取得战争胜利的主要力量。

屯田制是中国农业历史上的一种特殊的经营方式，即政府利用农民或士兵耕种官有土地来解决军队给养和取得国家财政收入的一种办法。东汉末年，由于封建割据混战，农业荒废，人多乏粮，曹操首先在许下屯田，以后各地仿行。据记载，曹魏屯田区域，包括长安许下在内计有二十多处，分别设置典农管理，经营结果令人满意。数年之后，仓库皆满。

租调制是对屯田民以外的人民的一种财政征收制度，即按田出租，按户出调。具体为：田租每年亩纳四升，户调每年户纳绢二匹、绵二斤。曹操进驻冀州后颁行租调制。租调之外，不得征收其他税收，称为租调制，即田租和户调。户调取代汉代沉重的人头税，对农民有好处，也有利于大族豪强庇荫佃客。曹操命令加重对豪强兼并行为的惩罚，但大族豪强兼并事实上难以阻止。

曹魏之所以确立并长期奉行"修耕植，蓄军资"这一财政建设的基本方针，是因为它适应了曹魏谋求以武力统一中国的政治、军事需求，适应了当时黄河中下游地区的农业种植经济凋敝，亟待恢复的客观经济要求。当然，也因为它在实践中不断取得明显效益。

二、西晋的占田制和租调制

（一）变革的背景

曹魏后期，统治者贪得无厌，日益腐化，屯田客在种种残酷剥削和压迫下，被迫逃难，使得屯田的生产量大大降低，屯田制度遭到破坏；而且，官僚大族往往占夺屯田土地，这个就破坏了严格限制屯田户脱离屯田机构的制度。西晋统一全国后，为了掌握全国土地和农民，以便组织财政收入，晋武帝二年，司马炎废除屯田制，颁布新的土地和赋税制度。

（二）占田制和租调制的内容

西晋的占田课田制规定，男子一人占田 70 亩，女子一人 30 亩，这个是占田限额。

其中丁男（男女 16~60 岁为正丁）课田 25 亩，次丁女及老小没有课田。田租为每亩课田收税谷 8 升。但是官僚地主则按照官品等级占田课田，规定官一品者占田 50 顷，以下每品依次递减 5 顷，至九品官占田 10 顷。①

西晋在实行占田课田制的同时，发展了曹魏的户调制，规定丁男为户主者，每年纳绢 3 匹、绵 3 斤；丁女及次丁男为户主者减半，边远地区民户的户调缴纳规定数目的三分之二，更远则缴纳三分之一。贵族官僚实行荫户制，荫庇佃户的户数，自一品 50 户至九品 1 户不等。凡被官吏荫庇的客户、亲属，都不负担国家征派的赋役，即享受免课权。②

(三) 变革的意义

西晋的占田制和租调制，就是在承认世家大族大量占有土地以及依附在这些大族身上的人口的基础上，限制其进一步兼并土地、扩大其占田面积，这就在一定程度上保证了农民占田耕作面积，从而使得国家的财政收入得到了保证。

但是，由于这种制度对贵族豪强按品级给予了占田面积和占佃客的特权，结果那些占田面积或者占佃客不足的，都得到了政府的征补，而贫民占田的面积够不够、足不足，政府不予过问，这样就造成了占田少而负担重的不合理现象。户调制也有明显的缺点，由于是按户征收税收，占田少的小户与占田多的大户豪强都承担着同等的负担，这样就造成了明显的负担不合理现象。

---

① 刘孝诚. 中国财税史 [M]. 北京：中国财政经济出版社，2007：47.
② 刘孝诚. 中国财税史 [M]. 北京：中国财政经济出版社，2007：48.

第四章　隋唐五代十国的财税

隋朝是北周外戚杨坚于公元 581 年迫使周静帝"禅位"后建立的朝代，历经两帝，共 37 年（公元 581—618 年），为唐所灭。唐朝是隋太原留守李渊父子在隋朝面临农民大起义的风暴冲击之下起兵建立的朝代，历经 21 帝（包括武则天称帝），共 290 年（公元 618—907 年），为后梁所灭。五代割据为在中国北方的政权，始于后梁，后由后唐、后晋、后汉、后周替代，十国主要割据在中国南方，为前蜀、后蜀、吴、南唐、吴越、闽、楚、荆南、南汉，另加北方北汉。五代十国更迭，历时 53 年（公元 907—960 年）。[①]

第一节　隋唐五代十国时期的政治经济背景

隋朝在中国历史上占有十分重要的地位，它结束了魏晋南北朝时期长达 370 余年的分裂割据政治局面，顺应了历史发展的潮流，完成了国家统一大业，是继往开来的一代，也是政治稳定、经济趋向繁荣，进入全盛时期的转折点。立国之初，隋文帝杨坚就在政治经济方面进行了一系列卓有成效的改革：健全国家行政机构，改革中央官职制度，实行三省六部制；改革官员任免职，废除九品中正制，全国所有官吏均由中

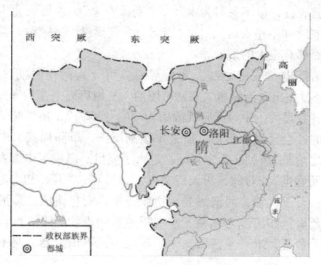

图 4-1　隋朝疆域图

① 刘文学，刘佐. 中国赋税思想史 [M]. 北京：中国财政经济出版社，2005.

央统一任命，并首创了科举制度，强化了封建地主阶级政权；经济上继续推行均田制，检括户口，整顿户籍，规范赋役制度，实行轻徭薄赋的政策；隋文帝鼓励开垦荒地，扩大耕地面积，发展农田水利事业，增加粮食生产，广建仓窖，储粮备荒。农业的兴盛推动了商业和手工业的发展，繁华的大都市如雨后春笋般出现，隋朝经济得以迅速发展。但是隋炀帝即位以来，大兴土木，滥施征伐，骄奢淫逸，征调无常。他在位仅仅13年，隋朝就在农民起义的风暴中结束了其腐朽统治，使隋朝成为历史上又一短命王朝。

隋王朝是一个短命的王朝，却是一个能量很大的王朝，它与短促的秦王朝颇有相似之处：一方面，它实行了一些积极的建议和措施，对中国历史文化与经济社会发展起到了一定的促进作用；另一方面，统治阶级穷兵黩武，对广大人民横征暴敛，残酷压榨，从而激化了阶级矛盾，为自己的迅速灭亡准备了条件。隋炀帝死于大业十三年（公元617年），次年隋朝灭亡。

隋末太原留守李渊在农民大起义中趁机夺取了政权，自立为帝，改国号为唐，公元624年统一中国。李渊父子，特别是唐太宗李世民，以隋亡为鉴，励精图治，在隋文帝创业的基础之上对政治经济等方面又进行了进一步改革，巩固封建统治，强化中央集权，发展社会经济。首先，在政治上，继续实行三省六部制，各部门相互牵制，互为补充，使得组织体系更为完善，权力更为集中。其次，继续改革府兵制，在均田制的基础之上，实行"三时务农，一时教战"，兵农结合、寓兵于农的政策。再者，唐朝彻底打破了魏晋南北朝时期的门阀特权与垄断仕途的局面，隋朝创立的科举制度在唐朝改革下日臻完善，从而使得一般中小地主阶级子女都有机会通过考试而获得做官的机会。最后，唐朝又着力加强法制建设，进一步完善法律制度，先后颁布了《武德律》、《贞观律》以及中国封建社会史上较为完备的一部法典《唐律》。经济上继续实行均田制，坚持农本思想，"劝农务本，蠲其力役"，"凡事皆须为本，国以人为本，人以衣食为本，凡营衣食，以不失时为本"①，"劝课农桑"，发展农业生产，运用法律手段来保证"不夺农时和不违农时"，同时唐朝力主轻徭役，减赋税，强国富民。故唐初的经济在各个方面都有很大的发展。②

唐朝的盛衰治乱以"安史之乱"为分界点，可分为两个时期。唐朝前期（公元618—755年），经过杰出政治家唐太宗励精图治，复由唐高宗李治守成，社会经济不断恢复，中央集权日益强大。中经武则天改唐为周的"革命"，虽然统治阶级内部发生斗争，但未引起大的社会动乱。随后，唐玄宗拨乱反正，革除周武、中宗、睿宗三朝积弊，经过"开元之治"，唐朝在天宝年间，进入了盛世，形成了中国古代的另一个经济高峰，史称"开元盛世"。对此，唐人诗文有不少描写："开元初，上励精理道，铲革讹弊，不六七年，天下大治，河清海晏，物殷谷埠。安息诸国，悉平为郡县。自开远门西行，桓地万余里，如河湟之赋税、左右藏库财物堆积，不可胜计。四方丰稔，百姓殷富。管户一千余万，米一斗三四文，丁壮之人，不识兵器。路不拾遗，行者不储

---

① 参见《贞观政要》。
② 付志宇. 中国财政史 [M]. 北京：对外经济贸易大学出版社，2011.

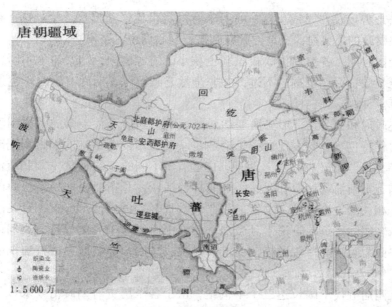

图4-2　唐朝疆域

粮。皆及数岁，太仓委积，陈腐不可较量。"① "忆昔开元全盛日，小邑犹藏万家室。稻米流脂粟米白，公私仓廪俱丰实。九州道路无豺虎，远行不劳吉日出。齐纨鲁缟车班班，男耕女桑不相失。"② 这些诗文可能有夸张溢美，不过，"开元盛世"具有人口繁盛、耕地众多、公私粮食储备丰裕、商业交通繁忙、社会比较安定等特征，则是有史可查的历史事实。

然而，也是在天宝年间，玄宗倦于政事，沉溺于歌舞升平，骄奢淫逸之杰毕现，内廷外朝由杨贵妃、杨国忠兄妹专宠专权，上层统治集团潜伏着争权夺利的政治危机，地方军备废弛，户籍记账伪造泛滥。农村土地兼并日益严重，天宝十一年（公元725年）十一月，玄宗在一份诏令中说："如问王公百官，及富豪之家，比置田庄，恣意吞并，莫惧章程。借荒者皆有熟田，因之侵夺；置牧者惟指山谷，不限多少。"③ 杜甫的名句"朱门酒肉臭，路有冻死骨"即为尖锐的抨击。

爆发于天宝十四年（公元755年）、历时7年方消弭的"安史之乱"，使得唐朝元气大伤，逐渐趋于衰弱，趁机崛起的地方割据势力则尾大不掉，最终肢解了大唐帝国。此间人口大量逃亡，农业经济弊端丛生，国家完全放弃了以《田令》为依据的对土地兼并进行的干预，贫富差距不均进一步扩大，地籍户籍不实，以"丁男一人受田百亩"为设计前提从而按定额计征的租庸调制完全失去了客观条件，"丁口转死，非旧名矣；田亩移换，非旧额矣。户部徒以空文总其故书，盖得非当时之实"④。国家不得不进行农业税制改革，实施著名的以资产为计税依据的"两税法"。这一时期商品货币关系有了进一步的发展，盐、茶等大宗商品的长途贸易相当繁荣，出现"钱重货轻"（通货紧

---

① 参见《全唐文》卷三八零，元结《问进士》第三。
② 参见《全唐诗》卷二二零，杜甫《忆昔》。
③ 参见《册府元龟》卷四九五《邦计部·田制》。
④ 参见《旧唐书》卷一百一十八《杨炎传》。

缩）的经济形势以及"飞钱"这一前所未有的货币流通新形势。盐、铁、茶、酒等成为支持中央财政的重要财源；地方政府则擅长征收商税、杂税。

五代十国时期，各个割据政权虽疆土狭小，财源有限，却又纷争不断，多行竭泽而渔，横征暴敛，百计罗掘。不过，并非全然乏善可陈，期间有识之士也进行了一定的赋税改革。

受上述政局和社会经济形势演变趋势的影响，隋唐五代十国的赋税制度以及赋税思想颇具时代特色。主要表现为：无论是在以《田令》为基础的租庸调制时期，或者是"以资产为宗"的"两税法"时期，内涵有所不同的"均平赋税"和疏浚农业税源的言论与措施不断涌现；随着商品经济的日趋活跃，开拓商税这一新税源的主张逐步付诸实现，相关的争论也随之发生；在"钱重货轻"的经济形势下，有关改变两税计征形式以减轻实际税负的争论十分激烈；面临中唐以后中央集权日益衰弱，财权逐渐下移，中央财力短缺的严峻形势，要求加强税收法制，抑制地方擅自加税的呼请史不绝书。

当然，隋唐五代十国长达三个半世纪，由于各个历史时期政治要求以及财政、经济时弊不同，相应的赋税言论与治税措施不可能千篇一律，其中既不乏一脉相承或共鸣之处，也有独具特色的，因而显得丰富多彩。

第二节　隋朝时期的财政基本状况

一、隋朝的财政收入制度

（一）隋朝的土地制度与户籍制度

1. 隋朝的土地制度

隋朝的土地制度实行均田制，这种均田制是在北齐均田制的基础之上发展而来的，而且较北齐的均田制更有利于百姓。史载："其丁男、中男永业露田，皆遵后齐之制。并课树以桑榆及枣。其园宅，率三口给一亩。"但成丁年龄却又多次变动，杨坚登基之初，仍循北齐之制，"十八以上为丁，丁从课役"。随后，于开皇三年（公元584年）改为"二十一成丁"。炀帝即位，改为"男子以二十二成丁"[1]。官吏的授田，规定："自诸王以下至于都督，皆给永业田，各有差。多者至百顷，少者至四十亩。"[2] 京官有给职分田。一品给田五顷。每品以五十亩为差，至五品为田三顷，六品二顷五十亩。其下每品以五十亩为差，至九品为一顷。外官亦有职分田，以公共用。[3]

隋朝的均田制有利于百姓的好处有二：第一，成丁年龄后延三年，这更有利于百姓休养生息；第二，宅基地三人一亩，奴婢五人一亩，这在北齐是没有的，等于给百姓多分配了一部分土地。但其对官吏则优惠有加，对官吏授田，多者百顷，少者四十

---

[1] 参见《隋书》卷二十四，《食货》。
[2] 参见《通典》卷二，《食货》之《田制》。
[3] 参见《隋书》卷二十四，《食货》。

亩，这无疑是优待官吏的。

隋朝的均田制本来是想抑制土地兼并，事实上并未从根本上抑制地主阶级的土地兼并。其原因有二：第一，不是将全国的土地进行平均分配，只是对公田和无主荒田的分配，对地主原来占有的土地并没有重新分配的法律规定，因而这种均田制是"不均"的。就在均田制如火如荼施行之际，杨素却"贪冒财物，营求产业"①。在这种情况之下，兼并之风如何能止？第二，公田数量不能满足均田需要，事实上也正如此。史书记载："帝乃发使四出，均天下之田。其狭乡，每丁才至二十亩，老少又少焉。"②由此观之，隋朝的均田制度虽然有利于百姓，但其局限性也是很突出的。

2. 隋朝的户籍制度

隋朝的户籍制度实行输籍定样之制。隋朝规定："大功以下，兼令析籍，各为户头，以防容隐。"即堂兄以下，必须分家另过，各为户籍，此为输籍之法。又要进行实地考察，即"大索貌阅"，"四方疲人"，或诈老诈小，规免租赋。"高祖令州县大索貌阅，户口不实者，正长远配，而又开相纠之科。"③为了避免民户将成丁男子诈称老、小而规避赋税，朝廷令州、县官吏亲自进行实地考察，如发现亡故不实，州、县的长官要发配到远方。将输籍法与"大索貌阅"之法合起来，就是输籍定样之制，这种制度曾被高颎推广到全国。

（二）隋朝的田赋制度、徭役制度以及工商杂税制度

1. 隋朝的赋役制度

隋朝的田赋、徭役制度是在均田制的基础上实行的租调制，这项制度较之北齐的租调制度更为简约。田赋包括田租、户调。隋朝规定：一对夫妇可受露田 120 亩，须纳田赋粟 3 石，受桑田 20 亩，须纳调绢 1 匹，加绵 3 两；不宜桑之地，给麻田 20 亩，须纳布 1 端（4 丈），另加麻 3 斤。未婚之成丁缴纳租 1.5 石，绢 0.5 匹，加绵 1.5 两或缴纳布 2 丈，麻 1.5 斤。未授田者不课。并规定，有品爵的官吏及官府加冕的孝子贤孙义夫节妇都免纳田租、户调。④

隋朝建立之初的徭役制度规定："十八以上为丁，丁从课役。"后来改为"二十一成丁"。服役时间，"仍次周制，役丁为十二番，匠则六番"的制度。丁每年有一个月的服役期。所谓"十二番役"，即 12 人轮番服役一年，亦即每人一个月，亦即 30 天；而匠人则是两个月，亦即 60 天。

隋朝虽然赋役较北齐繁重，但赋役的减免也很频繁。例如，开皇三年（公元 583 年）即改为"初令军人二十一成丁。减十二番每岁为二十日役。减调绢为二丈"。此后，于开皇九年（公元 589 年），"帝以江表初定，给复十年。自余诸州，并免当年租赋"，开皇十年（公元 590 年），"又以宇内无事，益宽徭赋。百姓年五十者，输庸停防"，此项规定为此后唐朝实行租调庸制度奠定了基础；开皇十二年（公元 592 年）下

---

① 参见《隋书》卷四十八，《杨素传》。
② 参见《隋书》卷二十四，《食货》。
③ 参见《隋书》卷二十四，《食货》。
④ 参见《隋书》卷二十四，《食货》。

诏："河北、河东今年田租，三分减一，兵减半，功调全免。"① 炀帝继位以后，也曾实行赋役的减免政策。

2. 隋朝的工商税制度

隋朝对工商业实施鼓励发展的政策，所以终隋之世对工商业者征税很少，在初建之时，即"除入市之税"。开皇三年（公元583年），又"罢酒坊，通盐池盐井与百姓共之，远近大悦"②。这些政策极大地激发了百姓从事商品交易活动的积极性，促进了商品经济的发展。直到隋炀帝时，为补充战马的不足才对天下的富人征收赀产税。

二、隋朝的财政支出制度

隋朝的财政支出，主要有军事支出、官俸支出、皇室支出、经济建设支出、社会保障支出等项。

（一）隋朝的军事支出

隋朝的军事支出包括养兵之费与战时军费两大项。平时的养兵之费，只在隋初时支出较多，在全国统一之后，养兵之费就逐渐减少了。因为隋朝继承了自西魏以来的府兵制，农忙时务农，农闲时训练，至于军事装备、弓矢等由府兵自备，其他火器由官府准备，无须耗费大量的养兵之需，支出自然就少。统一中国之前虽然也实行的是府兵制，但当时战争频繁，兵员、装备的损失巨大，支出当然也就大于平时。

隋朝的战时军费十分浩大。从历史记载上看，隋朝较大的战争有：平南之役、抵御少数民族骚扰边疆之役、镇压农民起义之役，最大者莫过于征高丽的战争。文帝开皇十八年（公元598年），曾以"水陆三十万伐高丽"③，这是隋朝第一次征高丽。炀帝即位后，先是攻琉球，后又三次征高丽。这三次征伐高丽均以失败告终，大伤了国家元气。

（二）隋朝的官俸支出

隋初，承北朝之弊，设官较滥，时任河南道行台兵部尚书的杨尚希上奏并省州郡说："窃见当今郡县，倍多于古，或地无百里，数县并置，或户不满千，二郡分领。具僚以众，资费日多；吏卒人倍，租调岁减。清干良才，百分无一，动须数万，如何可觅？所谓民少官多，十羊九牧。……今存要去闲，并小为大，国家则不亏粟帛，选举则易得贤才，敢陈管见，伏听裁处。"④ 这一建议受到皇帝的重视，并得到采纳和实行，在全国撤销了郡的设置，同时也对县进行了适当的合并。

隋朝对京官按品级给俸禄，但九品官不给俸禄，俸禄按春秋两季发放；地方官则按州、郡、县所有居民的多少，分为九等给禄。同时京官给职分田，外官是否给职分田，史未明载；京官与外官均给公廨钱，作为官府的公用经费。至开皇十四年六月，公廨钱变更为公廨田。到开皇十七年十一月，又恢复了公廨钱制度。

---

① 参见《隋书》卷二十四，《食货》。
② 参见《隋书》卷二十四，《食货》。
③ 参见《隋书》卷二，《高祖》。
④ 参见《隋书》卷四十六。

（三）隋朝的皇室支出

皇室支出包括宫室建筑、后宫的费用、皇帝本人的挥霍及赏赐之费等。

隋初，文帝之时，皇帝支出尚较节俭，"既躬履俭约，六宫咸服浣濯之衣。乘舆供御有故敝者，随令补用，皆不改作。非享燕之事，所食不过一肉而已"[1]，但也有许多过度挥霍之处。例如，开皇十三年兴建仁寿宫之役，死于此役者，达万人之多。炀帝的大肆挥霍，实由于此。[2]

至炀帝，不惜民力，挥金如土，造孽多端。例如，兴建东都洛阳，又修显仁宫，"僵仆而毙者，十四五焉"；乘舟游幸江南，极尽奢华[3]；又向西域商人购买宝物，"靡费以万万计"[4]，炀帝穷兵黩武，苛敛百姓，刑罚尤峻，终于导致败亡。

隋朝除上述支出之外，尚有佛事等封建迷信支出、国防建设支出、经济建设支出，这些支出均不占主要地位。至于文化、教育支出，更是微乎其微。隋朝还有巨额的赏赐之费、巡狩支出。

（四）隋朝的社会保障制度

隋朝的社会保障制度主要有四项：一是赈济制度；二是移民就食制度；三是常平仓制度；四是义仓制度。

1. 赈济制度

隋初，十分注重对遭受水旱灾害百姓的赈济，这项支出也很庞大，每遇灾害，不仅减免赋役，而且积极进行赈济。隋朝的赈济包括国家赈济和民间的资源赈济。国家的赈济范围较广，规模较大。其中规模最大的一次是开皇五年以后，关中连年大旱，而青州等十五州发大水，百姓饥馑。于是，高祖乃命苏威等分道开仓赈给，又命司农丞王禀发广通之粟三百余万石以拯关中，又发故城中周代旧粟贱粜与人。民间资源赈济的情况较少，主要是发动富户与宗室赈济困难百姓。例如，开皇四年发生旱灾，"其强宗富室，家道有余者，皆竞出私财，递相赒赡"。

2. 移民就食制度

在大灾之年，隋朝统治者往往将百姓由受灾之地迁至粮食丰收之地就食。例如，开皇五年一次大灾，国家"买牛驴六千余头，分给尤贫者，令往关东就食"；开皇十四年，"关中大旱，人饥。上幸洛阳，因令百姓就食"。

3. 常平仓制度

常平仓源于汉代的耿寿仓，隋沿袭了这一制度。开皇三年，在陕州设立常平仓，开皇五年五月，又"运山东之粟，置常平之官，开发仓廪，普加赈赐"，但杨坚仍恐不足以备灾荒，"又遣仓部侍郎，向蒲、陕以东募人能于洛阳运米四十石，经砥柱之险，达于常平者，免其征戍"[5]。可见隋文帝对常平仓的重视。

---

① 参见《隋书》卷二十四，《食货》。
② 参见《隋书》卷二，《高祖》。
③ 参见《隋书》卷二十四，《食货》。
④ 参见《隋书》卷二十四，《食货》。
⑤ 参见《隋书》卷二十四，《食货》。

4. 义仓制度

义仓制度首倡者为当时的工部尚书、襄阳县公长孙平。开皇五年五月，"（长孙）平奏令民间每秋，家出粟麦一石以下，贫富差等，储之间巷，以备凶年，各曰义仓"①。义仓是以各地民间的传统组织——村社为单位建立起来的，按照村社成员的贫富程度，劝募村社成员捐助谷物，就地造仓储备起来。当遇到水旱灾害时，取社仓所储之粮赈给百姓。这项措施自实施以来，达到了"诸州诸峙委积"的效果。

义仓储在民间，多有耗费。为避免豪强之户予取予求，减少村社的费用，于是便于开皇十五年二月下令将设于民间的义仓"并于当县安置"。次年又规定，社仓，准上中下三等税，上户不过一石，中户不过七斗，下户不过四斗。这时，义仓已经形成制度并固定了下来。

三、隋朝的财政管理制度

（一）财政管理机构

隋文帝杨坚建国之后，进一步强化中央集权制，为此，他沿袭了北齐、北周的行政管理体制，设尚书省统管六部，直接对皇帝负责，从而避免了行政管理权限的分散，有利于加强中央集权。在建立中央与地方行政机构的同时，也建立了基层行政管理机构。② 这级机构的作用旨在评定赀产，制定征赋的贫富等级，督察户籍，防止百姓逃亡，并有维护乡里治安之职能。

中央财政管理机构，总统于尚书省，下设都官部，其中的比部为财政监察机构；度支部统度支、户部、金部、仓部；工部所统屯田、虞部（主管山林川泽之官）属财政范围；司农寺统太仓、典农、平准、癫市、钩盾、华林、上林、导官等署。

地方财政管理机构包括：州，置刺史，下设户、兵等曹主管财政事宜；郡，置太守、丞、尉、正，其中金、户等曹佐、市令等员主管财政事宜。

仓库的管理机制包括：太仓，设谷仓督；市京，设肆长；导官，设御细仓督、曲面仓督等。太府寺统左藏、左尚方、内尚方、右尚方、司染、右藏、黄藏、掌冶、甄官等署。③ 为了漕运的方便，文帝杨坚还于"卫州置黎阳仓，洛州置河阳仓，陕州置常平仓，华州置广通仓，转相灌注。漕关东及汾、晋之粟，以给京师"④。

此后，对这些官署又进行了调整和改革。

（二）漕运制度

隋初十分重视漕运工作，开皇三年，为充实京师库藏，曾下诏"于蒲、陕、熊、伊、洛、郑、怀、邵、卫、汴、许、汝等水次十三州，置募运米丁。又于卫州置黎阳仓，洛州置河阳仓，陕州置常平仓，华州置广通仓，转相灌注。漕关东及汾、晋之粟，以给京师"。这种漕运方式，即属转运法，后来唐朝所实行的转般法、雇募之制，皆源

---

① 参见《隋书》卷四十六。
② 参见《隋书》卷二十四，《食货》。
③ 参见《隋书》卷二十八，《百官》。
④ 参见《隋书》卷二十四，《食货》。

于此。为了加快漕运的进度，开皇四年，又"命宇文恺率水工凿渠，引渭水，自大兴城东至潼关三百余里，名曰广通渠。转运便利，关内赖之"①。炀帝之时，修建大运河，虽然其目的是为了自己游山玩水，但也可收漕运之利。

（三）屯田制度

隋朝的屯田制度主要是为了防御边界少数民族的侵扰，为减轻百姓向边疆输纳粮草的徭役负担而展开的。史载，开皇三年，"是时突厥犯塞，吐谷浑寇边，军旅数起，转输劳敝。帝乃令朔州总管赵仲卿，于长城以北大兴屯田，以实塞下。又于河西勒百姓立堡，营田积谷"②。此后，由于财政日渐充裕，屯田之事也就逐渐被淡化了。

炀帝时，曾"谪天下罪人，配为戍卒，大开屯田，发西方诸郡运粮以给之。道里悬远，兼遇寇抄，死亡相续"③。这时所谓的屯田实际上成为惩罚罪犯的手段，不仅不能利国利民，反而成为害国害民的工具。

第三节　唐朝时期的财政基本状况

一、唐朝的财政收入制度

唐初承隋之制，对工商业实行放任政策，所以自隋文帝开皇三年（公元 583 年）以来的 130 年里，基本没有工商税收之征。玄宗开元之后，由于统治者逐渐奢侈起来，国家财政往往入不敷出，于是开始课征工商各税；"安史之乱"以后，各地的封疆大吏拥兵自重，相互割据，截留中央财政收入的情况往往有之，致使中央财政更加捉襟见肘，这使工商各税日渐增多。

（一）盐铁税收

唐初没有榷盐之制，玄宗开元元年（公元 713 年）首次开征盐税。开元十年八月，正式下令："诸州所造盐铁，每年合有官课。"④ 自此以后，唐朝才开始实行榷盐制度。然而当时天下承平，盐价低廉，"天宝、至德间，盐每斗十钱"⑤。"安史之乱"以后，军费剧增，财政困难。于是，皇帝于至德初（公元 756 年），责成盐铁铸钱使第五琦变盐法，结果是使盐价提高了十余倍，导致物价上涨，民怨沸腾。皇帝不得不撤销第五琦的盐铁铸钱使一职⑥。次年，任命刘晏为盐铁铸钱使，继续变盐法。

刘晏的盐法与第五琦的盐法有相同之处，但也存在诸多不同。相同之处在于：刘晏沿用了第五琦的"就山海井灶近利之地置监院"、"游民业盐者为亭户，免杂徭"和"盗鬻者论以法"这三项制度。不同之处，亦即刘晏的改革和发展之处有以下诸项：

---

① 参见《隋书》卷二十四，《食货》。
② 参见《隋书》卷二十四，《食货》。
③ 参见《隋书》卷二十四，《食货》。
④ 参见《新唐书》卷五十五，《食货》。
⑤ ·参见《新唐书》卷五十四，《盐铁》。
⑥ 参见《旧唐书》卷一百二十三，《刘晏传》。

1. 完善盐制

刘晏实行的盐制是不完全官家专卖，即民制、官收、商运、商销。他规定"亭户粜商人，纵其所之"，从而调动了亭户的生产积极性，有利于增加食盐的产量。

2. 常平盐制

为了满足边远地区百姓的食盐需要，刘晏建立了常平盐制度，从而弥补了不完全官家专卖制度的缺陷，也进一步丰富了我国历史上的常平制度。

3. 传授制盐技术

刘晏"以盐生霖潦则卤薄，日旱则土溜坋，乃随时为令，遣吏晓导，倍于劝农"。这种做法是前任所未加重视的问题。自刘晏采取这种做法之后，不仅当时取得了效果，也启迪了后人。

4. 建造盐仓，大量储盐

刘晏于产盐之地建立盐仓（即盐廪）以储盐。自此食盐管理有序，也减少了不必要的损失。

5. 建立巡院，打击私盐

为了打击盐的私煮私贩，刘晏在全国设置 13 处巡院，"捕私盐者，奸盗为之衰息"。这 13 个巡院是在不产盐之地设立的，在产盐之地由原来的盐场和盐监负责缉私。由于加强了食盐缉私的管理，所以私自制盐、贩盐的现象得到遏制，而且每年所得钱百余万缗，相当于百余州的赋税收入，缉私效果十分可观。

6. 统一全国盐价，减少征税环节

每斗 110 钱的盐价始定于第五琦时期，刘晏沿用了这个定价，只是将这个价格推行于全国，并一直保持不变。为了降低商人运盐成本，激发商人运盐的积极性，刘晏减少了纳税的环节，下令只准入市征收住税，而免征收过税，从而增加了盐的运销数量，增加了国家的盐税收入。史载："晏之始至也，盐利岁才四十万缗，至大历末，六百余万缗。天下之赋，盐利居半，宫闱服御、军饷、百官俸禄皆仰给焉。"[①]

及刘晏遭诬陷被杀后，盐制逐渐废弛，盐价大涨，民怨沸腾而官未获大益。

（二）茶、酒、矿税

唐德宗时，由于连年内乱，国家财政已经枯竭。这时，农民已经无力承担各种横征暴敛了。为了筹集国家军政经费，统治者便将目光投向了工商业，创行了多种工商税收制度。

1. 茶课

茶税始于唐德宗建中四年（公元 783 年），赵赞议征竹、木、茶、漆税，"茶之有税，肇于此矣"。但在当时，茶课还只是诸多杂税中的一种，并无制度可言。至唐贞元九年（公元 793 年），"张滂奏立税茶法"[②]，这时才建立了较为严格的税制。张滂的税茶法是"于出茶州县及茶山外，商人要路，委所由定三等时估，每十税一，充所放两税。其明年以后所得税，外储之，若诸州遭水旱，赋税不办，以此代之"。德宗批准了

---

① 参见《新唐书》卷五十四，《食货》。
② 参见《旧唐书》卷四十九，《食货》。

这个方案，"每岁得钱四十万贯"①。穆宗长庆元年（公元 821 年），在原每千钱税百钱的基础上，另加税 50 钱。而且又令天下茶由原来的每斤 16 两加斤至 20 两，等于税上加税。其后，榷茶使王涯唯恐茶户偷漏茶税，竟然"徙民茶树于官场，焚其旧积者，天下人怨"。此后，李石为相，"以茶税皆归盐税，复贞元之制"。

唐玄宗即位之后（公元 841 年），不仅大增茶税，而且开征茶的附加税，诸如塌地钱、剩茶钱等。②

至于唐朝茶课的收入数额，德宗贞元九年（公元 793 年）时，"每岁得钱四十万贯"；开成元年（公元 836 年）的山泽之利，"举天下不过七万余缗，不能当一县之茶税"。可见，唐朝的茶课收入还是相当高的。

2. 酒课

隋自开皇三年（公元 583 年）"罢酒坊"之后，直到"代宗广德二年，天下州各量定沽酒户，随月纳税"，期间 180 年无酒课之征。

代宗广德二年（公元 763 年）开征的酒课属于征税性质，此后，大历六年（公元 771 年），"量定三等，逐月税钱，并充布绢进奉"。建中三年（公元 782 年），改征税制为官家专卖，每斛收取 3 000 钱的专卖利益。但行之未久，即废除了官家专卖制度。至贞元二年（公元 786 年），又恢复了官家专卖，但这次的官家专卖与以前的官家专卖有所不同，即不是由官府酿酒，而是由百姓酿酒，每斗酒官家收 150 文钱的专卖利益，然后才允许酒户出售，酿酒户免除杂差役。唯独淮南、忠武、宣武、河东只对酒曲实行专卖。杜甫有诗云："速宜相就饮一斗，恰有三百青铜钱。"由此可看出当时一斗酒的价格为 300 文铜钱，而官收 150 文钱，就相当于 50% 的税赋。宪宗元和六年（公元 811 年），规定除国家确定的酿酒户（即出正酒户）外，将酒课摊入两税之中，随两税同时缴纳。这时，酒课便成为农业税的附加税了。这道命令有的地区执行了，有的地区没有执行，没有执行的地区仍实行专卖制度。

至于唐朝征收酒课的统计数字，史载，至文宗太和八年（公元 834 年），"凡天下榷酒为钱百五十六万馀缗，而酿费居三分之一，贫户逃沽不在焉"③。

3. 坑冶课

唐朝不重视矿藏的开采，凡言开矿之利者，都被视为贪利之徒，大臣们都不敢涉及开矿之事，所以唐朝银、铜、铁、锡矿都很少。开元十五年，初税伊阳五重山银、锡。德宗时盐铁之利才收归国有。宪宗元和初，每年采银 12 000 两，铜 266 000 斤，铁207 万斤，锡 5 万斤，铅无常数。到宣宗时，"天下岁率银 25 000 两，铜 655 00 斤，铅14 000 斤、锡 17 000 斤，铁 532 000 斤"。

（三）关税

唐太宗即位不久，即下令停废诸关，允许商人自由运输货物，此时商人运销货物得到政府的很大支持，因而唐初也无关津之征。直到"安史之乱"以后，国家军旅支

---

① 参见《唐会要》卷八十四，《杂税》。

② 塌地钱是指官府强制将商人运茶之车、船安排在官府设置的客栈之中而征其邸店税；剩茶钱是指官府在征税时，原为 10 两一斤，提高至 16 两一斤，增加的数量即为剩茶钱。

③ 参见《新唐书》卷五十四，《食货》。

出浩大，财政捉襟见肘，才逐渐开征关市之税，而且关税的品种日渐增多。当时，境内关税的征收制度日渐杂乱，而国境关税的征收制度却日臻完善和规范。

1. 境内关税——桥梁税、津堰之税、塌地钱与埭程税

肃宗至德三年（公元758年）因国家财政不足用，于是李臣（时任河南尹、充东京留守等职）"于城市桥梁税出入车牛等钱以供国用"①。这时所征桥梁之税，仅仅是一种临时性的征收，直至德宗、宪宗以后，境内关税才在国中普遍推行，但仍属于苛捐杂税性质。史载，德宗建中三年（公元782年）九月，户部侍郎赵赞设置常平仓，但以缺少本钱为由，在诸道津要都会之所，"皆置吏，阅商人财货，计钱每贯税二十"②。这里所征之税就属于境内关税性质。此后关津之征逐渐杂乱，致使商民俱困。

唐代中后期，境内关税更为杂乱，地方藩镇随意设关征税，如对茶商征收的"塌地钱"、"税经过商人"等。这里的"塌地钱"和"税经过商人"都属于苛杂关税性质。南北朝时期的一些类似关津税的杂税也死灰复燃，如埭程税。

至于关税的税率，在至德开征关税之初，关税税率大体为1/10，此后不久就流于滥征了。到五代十国时期，征收制度更加混乱，无非是搜刮百姓，以供军国之需。

2. 中国海关税之肇始——市舶税

"海船，外国船也，每岁至广州。……市舶使籍其名物，纳舶脚，禁珍异，商人有以欺诈入狱者。"③ 这里所说的市舶司是主管征收的机构，市舶使是主管征税的官员。

根据史料记载，唐代的市舶税制度大体是这样的：

课征内容：其一为舶脚，或称下碇之税，大约相当于现在的吨税；其二为进奉，即外国商人向朝廷进贡的货物；其三为收市，即朝廷所要收购的货物。

税率：根据阿拉伯人《苏莱曼游记》的记载，中国政府对外籍商舶"提取十分之三的货物，把其余的十分之七的货物交还商人"。

征收程序：外国船来中国者，当其上岸时，首先必须往市舶司登记，由市舶使查验各项必要的文书证件，然后依次课征关税即舶脚、外商进奉、中国市舶司收市，所余货物允许百姓买卖。

关税政策：唐王朝对外国商人采取开放政策，船主只要按规定纳税、进奉和按政府要求收市，即可进行自由贸易，包括与本地人的交易和运往外地交易。史载，唐文宗太和八年（公元834年）曾下过一道上谕，要求对"岭南、福建及扬州蕃客，宜委节度观察使常加存问，加强联络，除舶脚、收市、进奉外，任其来往通流，自为交易，不得重加率税"④。由此可见一斑。

中国商船出海贸易，一般也按上述制度征税。

市舶税是唐王朝的重要财政收入之一。据历史资料记载，德宗时，曾做过广州刺史、御史大夫、岭南节度使的王锷，在广州办理外贸所得的收益就相当于"两税"的

---

① 参见《旧唐书》卷一百一十二，《李巨传》。
② 参见《古今图书集成》卷二百一十八，《食货典·杂税部》。
③ 参见《唐语林》卷八，《补遗》。
④ 参见《全唐书》卷七十五，《文宗皇帝》。

收入。① 此外，外国商船的进奉还可以保证皇宫对珍贵宝货的需要，所以朝廷对市舶税十分重视。

唐朝的市舶税制度虽然比较简略，却是我国海关税的初始形态，所以具有重要的历史意义。

除沿海城市征收市舶税外，还有国境陆地关税，这主要集中在北方与邻国及西域各国的贸易征税，邻国及西域各国对唐朝输入的商品主要是牲畜，唐朝输出的商品则主要是茶、丝之类②，这说明当时曾对西域各国征收过国境关税，至于税率高低则不得而知。

（四）其他税收

1. 杂税

杂税包括商、竹、木、茶、漆等税。唐朝征商始于玄宗。史载，"安史之乱"之后，"（大宝十五年八月）玄宗幸巴蜀，郑昉使剑南，请于江陵税盐麻以资国，官置吏以督之"③。此后开征的竹、木、茶、漆等税属于工商税收中的杂税。史载："赞于是条奏诸道津要都会之所，皆置吏，阅商人财货，计钱每贯税二十；天下所出竹、木、茶、漆，皆十一税之，以充常平本。"④ 由此可见，赵赞对过往商人，要检视其财货，计价征税，税率为1/20，即对货物征收通过税；对竹、木、茶、漆，亦计价征收1/10的税。

2. 率贷与借商

率贷是唐代对商人的强制性课征，最早行于"安史之乱"时。史载玄宗"遣御史康云闲出江淮，陶锐往蜀汉，豪商富户，皆籍其家资，所有财货畜产，或五分纳一，谓之'率贷'，所收巨万计。盖权时之宜"⑤，即一次性向商人课征财产总额20%的财产税。借商是唐代对商人以其资产为依据的借款，行于德宗时。当时赵赞为了筹集军用之资而向商人借款。史书记载："户部侍郎赵赞，乃与其党太常博士韦都宾等谋行括率，以为泉货所聚，在于富商，钱出万贯者，留万贯为业，有余，官借以给军，以得五百万贯。上许之，约以罢兵后以公钱还。"⑥ "陈京又请籍列肆商贾资产，以分数借之。"⑦ 借商本是暂时借用，罢兵即还，但此后并未偿还，成为了一种变相的一次性税收。率贷与借商开了一个恶劣的先例，"其后诸道节度使、观察使多率税商贾，以充军资杂用，或于津济要路及商肆交易之处，计钱至一千以上者，借以分数税之。自是商旅无利，多失业矣"⑧。率贷与借商名虽不同，其实质是一样的，都是对商人的一种掠夺。

---

①　参见《旧唐书》卷一百五十一，《王锷传》。

②　参见《新唐书》卷二百二十一，《西域》。

③　参见《旧唐书》卷四十八，《食货》。

④　参见《旧唐书》卷四十九，《食货》。

⑤　参见《通典》卷十一，《食货》。

⑥　参见《旧唐书》卷一百三十五，《卢杞传》。

⑦　参见《旧唐书》卷四十八，《食货》。

⑧　参见《通典》卷十一，《食货》。

3. 僦柜纳质钱

僦柜纳质钱是将典当财产折现为货币，并以此为对象向商人借款，本属于借商之一种，但典当财产并不是典当商的财产而属于暂寄财产，所以这种借款属于典当税。史书记载，德宗时"又以僦柜纳质积钱货粟麦等，一切皆四分之一，封其柜窖，长安为之罢市"，"计僦制与借商，才二百万贯"①。这种税是十分苛刻的，因而激起了商人的反抗，甚至罢市。然而就其税种而言，当属于典当税的雏形；而商人罢市则是中国历史上商人首次对封建地主阶级的反抗行为。

4. 除陌法

除陌法即除陌税，是对商品给与或交易行为所征之税。这种税始于唐玄宗天宝九年（公元 750 年），当时规定"天下公私给与货易，率一贯旧算二十，益加算五十"。由于税法过于苛刻，又由市牙专权，致使"公家所入，曾不得半，而怨声载道，嚣满于天下"。② 至兴元二年（公元 785 年）终于不得不停止征收。

5. 房产税

房产税发端于赵赞。史载："赵赞请税屋间架、算除陌钱。"由此可知，"税屋间架"即按间征收的房屋税，亦即现在的房产税，但这种税只行于京师。这种税由于征收苛刻，而且极不平衡，故一度引起京师骚乱。

二、唐朝的财政支出

（一）军费支出

唐前期承袭隋朝的府兵制，并对府兵制做了进一步改革，"府兵之置，居无事时耕于野，其番上者宿卫京师而已。若四方有事，则命将以出，事解则罢，兵散于府，将归于朝。故士不失业，而将帅无握兵之重，所以防微杜渐绝祸乱之萌也"③。唐置折冲府，由折冲都尉统率，下设团、旅、队、伙。折冲府分布于十道，共置 634 府，府兵由丁男充任，估计有 68 万人。府兵制为寓兵于农，兵农合一，府兵自备粮草武器，故国家财政负担并不苛重。

自开元以后，农民无力服役，军士相继逃亡，兵制渐坏。天宝年间，各折冲府已无兵可交，府兵制遂被彻底破坏，自此全部改行募兵制。首先是养兵费。兵农既分，士兵的给养、军饷、武器等一切依靠国家财政开支，军费支出骤增。唐朝除府兵外，还有边兵，即镇守边疆的部队，亦称镇兵。天宝元年（公元 742 年），边兵合计约为 49 万人，马 8 万匹，边防经费就达 1 500 万贯左右，仅军用绢布就为唐朝绢布收入的一半，成为财政的一大负担。

其次为战争经费。唐王朝与少数民族尽管以和平为主，但也发生过多次战争，其中有突厥、吐谷浑、吐蕃、契丹、南诏等。此外，还远征高丽、百济。国内战争，仅仅"安史之乱"就长达 8 年，其后藩镇骚乱频繁，各地战争不断。战事一开，军费激增。为筹战费，苛捐杂税兴盛。代宗时，减百官职田租税一半以助军资。战费开支，

---

① 参见《旧唐书》卷一百三十五，《卢杞传》。
② 参见《旧唐书》卷四十九，《食货》。
③ 参见《新唐书》卷五。

据杜佑估计，诸道用兵，每月费用高达 130 万贯。唐宣宗时，大臣上奏，官府编户不足 500 万，养兵不下百万，以 5 户养一兵，实为国家民力不足矣。其实唐后期几乎是一户养一兵了，足见军费开支浩繁。

（二）皇室支出

唐朝的皇室支出和隋朝大致相似，基本上包括了土木建造费用支出以及一些生活费用支出，而由于唐朝佛教盛行，唐朝的迷信支出也成为了皇室支出中的一部分。

唐高祖武德时期，就先后在终南山下修建太和宫，在同州修建兴德宫，在长安城西修建龙跃宫，在武功建庆善宫，在宜君县建仁智宫。唐太宗即位后，他以隋朝的灭亡为前车之鉴，一开始尚能自持，听取臣下的意见，致力于节俭，但后期由于思想发生了大转变，随即大量修筑宫廷，土木建筑费用大幅增加。

武则天当政时期，大兴土木，修明堂，高 294 尺，方 300 尺，凡 3 层，极为华丽。大足元年（公元 701 年），武则天欲造大像，造修之钱将达 17 万贯。成均祭酒李峤上奏说，若将此钱散施，广济贫穷，人给 1 000 文，可以救济 17 万户。但是疏奏不纳。由此可见，武则天时期兴建各项工程耗费之巨。

天宝年间，唐玄宗宠爱杨玉环，杨贵妃之姊妹亦从中大得益处。她们"出入宫掖，并承恩泽，势倾天下"，并且"竞修第舍，极其壮丽，一堂之费，动逾千万"。虽说是第舍，实际上等于皇宫。她们还热衷攀比，如见他人第舍比自己建造得好，马上将自己的第舍拆除重新改造。国家的人力、物力、财力就这样白白地浪费掉。

所以，唐朝修建宫殿特别多。根据《玉海》所载，唐朝所建有大极宫、大明宫、蓬莱宫、永安宫、洛阳宫、长安宫、大安宫、兴德宫、仁智宫、九成宫、温泉宫等，不计其数。此外，还修了许多楼台。这些宫殿，都非常壮丽。有的宫殿皇帝一年只去一两次。为了修建宫殿，往往搜刮平民的收入。例如龙朔三年（公元 663 年）修建蓬莱宫，"丁丑减京官一月俸，助修蓬莱宫"[①]。

图 4-3　唐朝李氏祖陵

此外，在造陵方面，多因山为坟，傍凿置陵，其规模十分庞大。皇帝们企图在死后继续享受生前那样的荣华富贵，所以历朝都要营建规模宏大的豪华陵墓。但是营建

---

① 参见《旧唐书·高宗纪》。

帝王陵寝和皇室坟墓，工程复杂，规模巨大，支出浩繁，劳役沉重，是落到劳动人民头上的沉重负担。横亘于关中平原北部的高祖献陵、太宗昭陵、高宗与武后的乾陵、中宗定陵、玄宗泰陵、肃宗端陵、代宗元陵、宣宗贞陵等 18 陵，分布在关中 6 县，绵延数百里。与陵寝兴建有密切关系的就是随葬品了，其奢侈豪华，更是令人难以想象。

唐朝对于皇帝之服、皇后之服、太子之服极为重视，均有规定。封建时代重视等级，服装乃是等级的标志。皇帝之服有 12 类之多，在服装方面的支出也不少，其豪奢可以想见。①

唐朝宫廷也很重视娱乐。宫中设置了许多教坊、教场。唐玄宗善音律，于听政之暇，在梨园自教法曲，必尽其妙。到了唐末，"音乐宴游，殿前供奉乐工，常近五百人。每月宴设，不减十余，水陆皆备。听乐观优，不知厌倦，赐予动及千缗……"② 可见，唐朝在娱乐支出这一块的花费也不少。

唐后期的皇室耗费已达到相当大数量。唐德宗受方镇私献即达 50 万贯，后因用度不够，增至 100 万贯。所以，据估计，皇室支出实际上在百万以上。

（三）官俸支出

在唐朝，官分为 30 等，禄分为 18 级。③ 唐朝官俸是很高的。唐制月俸除米之外还有钱。正一品为米 700 石、钱 9 800 贯；二品为米 500 石、钱 8 000 贯。此乃初制，其后日增。大历（公元 766—779 年）中，权臣月俸 9 000 贯，刺史皆 1 000 贯。此外，唐朝凡职事官年 70 岁及在五品以上致仕者各给半。唐朝内外文武官员的总数，根据杜佑的估计为 18 800 人，其中内宫为 2 621 人，外郡县官为 16 185 人。④ 这比隋朝官员的总数增加了 6 000 人，因之，其俸禄的支出亦随之增加。但这与唐朝末年比，还是小巫见大巫。唐朝末年，宦官专权，党争激烈，官场植党营私，官员亦日增月积。那时不论中央与地方，人事编制均大为扩张，新的官职，亦逐渐设置。于是官吏数字更大量增加。据统计，元和（公元 806—820 年）年间文武官吏及诸色胥吏达到 368 668 人。如以当时全国纳税户 144 万计算，平均每七户供奉两个官员。⑤ 所以李吉甫说：自汉朝以来，冗官"未有多于今"。他又说："国家自天宝以来，宿兵常八十万余，其去为商贩、度为佛老、杂入科役者率十五以上，天下常以劳苦之人三奉坐待衣食之人七；而内外官仰奉廪者，无虑万员，有职局重出、名异事离者甚众，故财日寡而受禄多。"⑥ 官员的急剧增长，是导致唐朝俸禄支出扩大的重要原因。

（四）其他支出

1．工程支出

唐朝工程支出方面的事项主要有疏通漕运、交通运输以及农田水利建设等。

---

① 参见《唐会要》卷三十一。
② 参见《资治通鉴》卷二百五十。
③ 参见《新唐书·百官志》。
④ 参见《通典》卷十九。
⑤ 参见《通典》卷四十。
⑥ 参见《新唐书》卷一百四十六。

图4-4 唐代漕运盛况

第一，疏通漕运。劳力虽为政府无偿征发，但许多费用仍为国库开支，如开元二十一年（公元733年）京兆尹上奏：每年陕、洛漕运，数倍于前，支出很大。今天下输丁约有四百万人，每丁支出钱一百文充作运费，五十文充营窖等费。这是一笔庞大的开支。

第二，农田水利建设。唐王朝对农田水利建设十分重视，在工部之下专设水利郎中和员外郎职掌全国河湖水渠的治理和农田灌溉等事项。唐朝各朝均有水利建设之记载，仅修筑的河塘渠陂就达300处之多，如武德七年所开河渠，自龙门引黄河之水灌溉农田6 000余顷；开元七年引洛堰河之水灌溉农田2 000余顷；开元中，复建玉梁渠，灌溉农田3 000余顷；贞观七年开延化渠，引水灌溉农田2 000顷；贞元十五年开光禄旧渠，灌溉农田千余顷；元和八年，引江水注通漕，灌溉农田4 000余顷；大和五年建古秦渠，灌溉农田5 000余顷。唐朝水利建设遍布全国，盛况空前，对整个社会的经济发展起到了十分重大的作用。

2. 教育支出

在封建社会中，教育经费是不充裕的，需要靠学生缴纳学费维持。公家办学，亦要收取相应的费用，称为"束修"。"束修"作为学生给老师的一种报酬，是教师除公俸之外的重要收入，但"束修"与其所得的月俸截然不同，完全是两种得到报酬的途径。

唐朝教育经费困难，甚至连其最高学府国子监也没有固定充足的经费，甚至随时要筹措修缮等费用。如元和十四年（公元819年）国子监祭酒奏请从中京城现任文官一品以下九品以上每月所得料钱中每贯抽10文，以充国子监修造文宣王庙及诸屋宇、公廨修缮、杂用费等。

三、唐朝的财政管理制度

（一）财政管理机构的设置

唐朝是在隋末农民大起义的基础上建立起来的。立国之初，由于隋末的暴政和多年战争破坏，"黄河之北，则千里无烟；江淮之间，则鞠为茂草"。面对这种局势，唐朝实行均田制、租庸调制等有利于恢复农业生产的政策，并在官制上实行一套与当时的小农社会相适应的制度。

唐初的官制是武德七年（公元624年）确定的，大抵沿袭隋旧制，分为京职事官和外职事官。京职事官包括三师（太师、太傅、太保）、三公（太尉、司徒、司空）、六省（尚书、门下、中书、秘书、殿中、内侍）、六部（吏、户、礼、兵、刑、工）、九寺（太常、光禄、卫尉、宗正、太仆、大理、鸿胪、司农、太府）、四监（将作、国子、少府、都水）、一台（御史台）、十六卫（左右卫、左右晓卫、左右武卫、左右威卫、左右领军卫、左右金吾卫、左右监门卫、左右千牛卫）等。外职事官包括州县、镇戍、岳读、关津的官员。上述各种机构的官吏组成及其职掌以及办事程序，都有固定的模式，且由格、令、式等法律形式确定下来，一般不得逾越。应该承认，唐朝的这套官制确实是汉朝以来最完善的，适合于商品经济不发达的以均田制为基础的小农社会，曾为唐初的繁荣，特别是"贞观之治"的出现，发挥过重要作用。

然而，当我们对唐初官制进行认真分析之后，可以发现它并不是尽善尽美的，而是存在着如下三个主要缺陷：第一，比较完善的中央政权机构与相对不完善的地方政权机构同时并存；第二，地方实行州（郡）县两级制，造成中央鞭长莫及。第三，中央政权机构内普遍存在着几个部门共管一种事务的现象，造成事权过于分散，不利于进行集中统一的管理。

在唐初以均田制为基础的小农社会里，由于商品经济不够发达，社会生活节奏较慢，上述弊端并没有显露出来。但当唐朝政治、经济、军事形势发生一系列深刻变化之后，唐初官制的弊端就充分表现出来，以至于完全不能适应形势的变化。从武则天到唐玄宗时期，由于长期的和平稳定局面，封建经济获得长足进步，社会生产力迅速发展，从而导致了只适合于小农经济的均田制的破坏。均田制的破坏引起户籍制度的混乱，从而又导致租庸调制和府兵制的瓦解。[①]

（二）仓储制度及国库管理

均田制被破坏后的受益者主要是封建地主，他们隐瞒土地和劳动力，以求逃税；而大量的逃户又使国家失去相当多的户税收入。于是，检括户口和土地，以保障国家税源，就成为当务之急。而主管部门户部却只"掌天下户口、井田之政令"，不可能直接去清查户口和土地。于是，唐玄宗才设置劝农使、括地使专抓这项工作，以增加户税、地税收入。同时又设置租庸使，深入地方征收赋税。

府兵制崩溃，募兵制兴起，原主掌军队事务的兵部和诸卫大将军已不能适应，于是逐渐形成了以节度使为中心的军事使职系统。与此同时，军队的职业化使军费陡增，加之统治者的挥霍浪费和官员俸禄的增加，关内财赋已无法供应，于是，大量漕运江南财赋、粮食入京，便成为急待解决的突出问题。而原来的由度支主管、州县押运的体制完全不能适应，于是便形成了以转运使为中心的运输管理系统。

随着大批物资转到京城长安，国库诸仓的管理工作日趋繁忙，其地位也日趋重要，于是唐朝又设置了监太仓使、监左藏使、监出纳使等，以加强对仓库保管和出纳事务的管理。"安史之乱"的突然爆发，沉重地打击了唐朝统治，使唐朝的财政陷入严重的危机之中。为了摆脱这种危机，唐政府不得不寻求农业税之外的新税源，于是便设置了盐铁使，以总管手工业生产和盐铁专卖事务，从而使盐利成为国家的重要财源之一。

---

① 宁志新. 唐朝的形势变化与唐朝的官制改革 [J]. 福建学刊，1997（5）.

同时又设置了度支使，以总管全国财政和井盐、池盐地区的盐铁专卖事务。这样便形成了以盐铁使为中心的手工业管理系统和以度支使为中心的财政管理系统。[①]

第四节　五代十国时期的财政基本状况

"安史之乱"以后，唐朝国力渐衰。公元907年，朱温灭唐，开始五代十国的南北并立局面。五代是指后梁、后唐、后汉、后周5个王朝，共存在53年（公元907年至960年），十国是指吴越、吴、南唐、闽、南汉、楚、荆南、前蜀、后吴、北汉等围绕在中原周围的十个小国。

一、五代十国的财政收入[②]

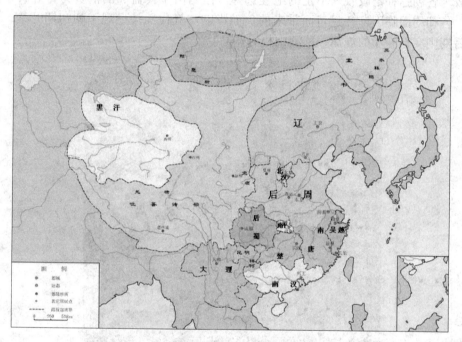

图4-5　五代十国疆域

（一）五代十国的农业税收

五代财政收入如历代王朝，以农业税收为大宗。虽然因受到战乱和政局动荡影响，五代商品经济整体低迷，但是五代各朝对商业税收十分重视，以弥补农业税收的不足，五代杂税也十分苛重。

1. 五代两税征收的延续

五代农业税收沿袭唐中期两税法，不仅夏秋两季征收的正税两税，甚至各种附加

① 宁志新. 唐朝的形势变化与唐朝的官制改革 [J]. 福建学刊，1997（5）.

② 王明前. 五代财政体系与货币政策初探 [J]. 长春金融高等专科学校学报，2012（3）.

如省耗、纽配等也一并沿袭。相关史料均证明了两税在五代征收的延续。后梁太祖朱温开平三年八月，诏令："两税外不得妄有科配。自今后州县府镇，凡使命经过，若不执敕文券，并不得妄差人驴及取索一物已上。"① 后晋高祖石敬瑭天福二年三月，"诏天福元年以前，诸道州府应系残欠租税，并特除免。诸道系征诸色人欠负省司钱物，宜令自伪清泰元年终以前所欠者，据所通纳到物业外，并与除放"②。

2. 附加

五代两税之上的附加又称为省耗，其征收办法仍沿袭唐代。再如后汉时，刘铢"擅行赋敛，每秋苗一亩率钱三千，夏苗一亩钱二千，以备公用"③。

(二) 五代商业税收及其他税收

五代各朝对商业税收诸征科的巨大收益十分重视，视为弥补巨额财政支出的有效来源。在政局动荡的五代，由于农业生产经常受到破坏，因此盐和酒等税收的稳定性自然成为各朝弥补财政收入不足的绝佳选择。但是由于食盐和酒消费为百姓日常生活必需，各朝均面临因榷务过苛而带来的负面影响。五代榷盐呈现王朝初期开禁，而到王朝后期则实行专卖的规律，榷酒则相对宽舒。

图4-6 胡人射猎图

1. 盐税

后唐对食盐实行专卖。同光初年，贝州刺史窦廷琬"请制置庆州盐池，逐年出绢十万匹，米十万斛"。同光二年三月，庄宗"以大理卿张绍珪充制置安邑解县两池榷盐使"。天成二年十一月，贝州刺史窦廷琬再次上书，"请制置庆州青白两池，逐年出绢

---

① 参见薛居正（北宋）《旧五代史》。
② 参见薛居正（北宋）《旧五代史》。
③ 参见薛居正（北宋）《旧五代史》。

十万匹，米万石"①。

2. 酒税

五代榷酒与榷盐相比较为宽松，对民间酿酒一般采取税收调节政策，随两税之秋税按亩纳税。后唐天成三年七月，"诏弛麹禁，许民间自造，于秋苗上纳征麹价，亩出五钱"。

3. 商税

后唐同光二年，"租庸使孔谦奏：诸道纲运客旅，多于私路苟免商税。请令所在关防严加捉搦"，即严格商路检查以防商人偷漏商税。

二、五代十国的财政支出

1. 皇室支出

五代十国地方割据，多为小国寡君，骄奢淫逸，挥霍成性，大多治国无方而享乐有道，特别是南方几个小国的称王者，都有建宫殿和园苑的癖好。如吴越在嘉兴修建烟雨楼，在苏州造金谷园；楚国则有会春园、嘉宴堂、九龙殿等。

2. 军费支出

五代十国时期，藩镇割据，小国林立，互相吞并，争夺地盘，故各国统治者大肆招兵买马，扩军备战。浩繁的军费开支成了财政最大的负担，常常收不抵支，国库极为匮乏。

第五节　隋唐五代十国时期的重要财政变革

一、均田制

（一）均田制的产生和发展

均田制并非唐代首创，而是始于北魏。均田制的产生，是晋以后最重要的土地制度变革，也可以说是自秦废井田制以后最重要的一次土地制度变革。

均田制的产生有它的客观条件。晋室南迁以后，北方陷入五胡十六国的长期混乱状态，造成了一系列十分不利的经济现象。北魏统治者为了缓和阶级矛盾，调整、恢复破坏了的生产资源配置，组织农业生产，不得不采取措施来解决沉淀了10多年的土地问题。于是，大臣李安世吸取了历代运用井田、限田、占田等抑制土地兼并的经验，意识到土地国有在抑制土地兼并中的积极作用，于是上书孝文帝，提出了有名的《均田疏》。太和九年（公元485年），孝文帝接受了李安世的建议，下诏实行均田法。

均田制的实行，是中国历史上一种重要的抑制土地兼并方案。根据李安世的《均田疏》及从北魏的均田法令来看，均田制的基础是将战后大量的无主土地掌握在国家手中。北魏政府把长期战乱后遗留下来的无主荒地、产权不确定或发生争讼的农地以及部分有主但无力耕种的私有土地收归国有，化为公地，然后计口分配给有劳动能力

---

① 参见薛居正（北宋）《旧五代史》。

的人去耕种。当然，均田法并不是要完全放弃土地私有制。均田法将土地分为露田、桑田、麻田及宅地四类，按照土地利用的性质来决定其所有权。

（二）均田制的内容

唐朝于武德七年（公元624年）实行了均田制、租庸调法，并建立了严密的户籍制度。

唐代的均田制，无疑仍是维护和加强封建地主土地所有制的一种土地制度。唐朝统治者以永业田、职分田、勋田的名义，按官品、爵位、功勋的高下，分别授给贵族和官吏。多者万顷，少则六十亩。永业田"皆许传之子孙"。法令还规定：五品以上官员的永业田和勋田，限在宽乡请授，但也允许在狭乡买田以补赐田的不足。这就不难看出，唐初实行的均田制，是培植封建地主的兼并力量，巩固封建政权统治基础的手段之一。

在分给地主官僚大量土地的同时，均田制也作出了丁男受田的规定。凡年满十八岁的男丁给田一顷，其中八十亩为口分田，二十亩为永业田；工商业者，永业、口分田各给一半，但在土地少的狭乡不给。另外，还规定六十岁以上的老翁和笃疾、废疾人给口分田四十亩；寡妻、妾给口分田三十亩（若立户者给口分田二十亩，永业田二十亩）；僧徒、道士各给口分田三十亩，女冠、尼二十亩。一般妇女、奴婢和牛不再列入受田的范围。此外，良口三口以下给园宅地一亩，三口以上者加一亩。贱口五口以下者给一亩，五口以上者加一亩。民户原有之永业田，在不变动私有权前提下，计算在已受田内。实际上，对于民户，并不是把土地按规定数平均分给农民，而是作为一种最高限额，在这一前提下，进行可能的调整。从现在我们看到的唐代户籍残卷中，没有发现一户得到足量的土地。如户籍残卷中记载的常才一家，按人口应受田一顷三十亩，而实际只授给十八亩。

唐代均田制虽然是北魏以来均田制的继续，但由于历史条件不同，特别是封建土地私有制的发展，以及唐代国家占有土地的减少和社会阶级状况的变化，形成了自己的特点：

第一，土地占有的等级规定，更加层次分明，多种多样。以民户而论，年龄、职业、家庭、身份、健康状况和区域（宽乡、狭乡）之别，都成为占有不同数量土地的根据。同样，官吏受田，单就永业田一项，就有二十个等级。因而，唐朝实行的均田制，是一种以贵族为主体的封建土地等级所有制。虽然这种等级的土地所有制并不具有绝对的约束力，却是"明其经界，定其等威"的表现。根据这些规定，封建地主有"优复蠲免"的特权。从唐朝初年那种"贵贱有章"，"车服田宅，莫敢潜逾"的封建等级秩序看，唐政府对于封建土地等级所有制是竭力维护的。

第二，均田令规定"易田则倍给"所反映的二圃制、三圃制等耕地分区耕作法，工商户受田的规定，以及租赋征收粟、稻、绢、布、丝、麻等生产物的事实，说明了唐代前期农业生产力水平仍比较低下，农业与工商业尚未完全分离，社会分工还未扩大。显然，这种田制在唐初得以延续，是与生产力不甚发展，商品经济还比较微弱的状况相适应的。

第三，"杂户"受田同于百姓，"官户"半给，奴婢、部曲和一般妇女不予授田。

这种情况，反映了隋末农民战争后，社会阶级关系的变化。"杂户"身份有所提高，待遇同于百姓。大量奴婢、部曲获得解放，数量日益减少，已无授田必要。官僚地主通过"均田"普遍获得大量土地，前代通过奴婢或牛受田的办法也无必要。

第四，均田令中规定"凡授田，先课后不课，先贫后富，先无后少"的原则，既对拯救贫乏、缓和矛盾有一定作用，也能维持唐朝的财政收入，防止农民逃亡，将农民固定于土地之上。

第五，唐令规定允许买卖永业田或口分田。这是我国封建社会土地私有制发展和均田制即将崩溃的反映，它给土地兼并开了方便之门。

(三) 唐代的均田制及其体现的财政思想

唐帝国在历代实行均田制的基础上，于建国后的第七年，即武德七年（公元 624 年），又颁布了均田法令，以后又逐渐补充完善，到开元二十五年（公元 737 年）达到最后形态。

唐代的均田制中除了具有历代均田令中共有的田制思想外，还包含有以往历代均田令中不曾有的具有唐代时代特点的田制思想。

第一，否定奴隶制生产方式的思想。北魏的均田制中，主张奴婢和一般人一样分配土地，这实际上是以法律的形式肯定了使用奴婢劳动的合法性。唐初的均田制大胆变革北魏均田制中奴婢受田的规定，规定奴婢不能受田。这就实际上用法律的形式否定了残存的奴隶制。这是一个时代的进步。

第二，发展租佃关系的思想。租佃关系在战国时代就已存在，隋唐之际发展成为稳定的占主导地位的农业生产关系。租佃关系成了唐代农业生产关系中得到法律正式肯定的占支配地位的生产关系形式。租佃关系的发展，把封建地主经济的剥削方式推向了一个新的发展阶段。

第三，土地私有制思想进一步加强。均田制下土地买卖限制的放松，一方面表明农民对自己的份地逐渐提高了占有权的属性；另一方面，更重要的是为豪强之家打开了巧取豪夺的大门，使他们在设立邸店、碾石场，建置园宅的名义下，可以大肆兼并了。这正如马克思指出的，在封建的"荣光"照耀下，是一种可耻的"出卖"。这表明，土地私有制得到了进一步的加强。[①]

二、租庸调制

唐初的主要财政制度租庸调法是从沿袭北朝和隋代的户调制演变而来的。它是建立在均田制基础上的赋役征收制度。其主要内容如下：[②]

每丁每年要向国家缴纳租粟二石，岭南诸州纳米，上户纳米一石二斗，次户八斗，下户六斗。调，随乡土所出，每丁每年纳绢（或绫、绸）二丈，绵二两，不产绢绵的地方，交纳布二丈五尺和麻三斤。开元二十五年（公元 737 年），又做了新的规定：布帛要求一尺八寸宽、四丈长才算一匹，布五丈才算一端；绵六两为屯，丝五两为绚，

---

① 唐任伍. 论唐代的均田思想及均田制的瓦解 [J]. 史学月刊, 1995 (2).
② 王复华. 均田制和租庸调法对唐前期经济繁荣的影响 [J]. 中央财政金融学院学报, 1987 (3).

麻三斤为全决。如一户所纳之物，不成匹、端、屯、全决的，都要折凑成整数。此外，每丁每年需要为官府无偿地服徭役20天，闰年加两天；不服劳役的人，要纳绢或布代替，一天折合绢三尺，谓之庸。庸是应服役者而不去服役的一种折纳，不是一般单纯的赋税，以交纳实物来代替力役，故庸具有免役金的性质。如果政府额外加役，加役十五天，免调；加役30天，租调全免。每年的额外加役，最多不得超过30天。唐代除正役之外还有杂役。唐代基本的徭役负担，每年一丁相当于30天至50天。对于遭受水旱虫蝗等自然灾害的地方，又有减免租庸调的规定。灾情在四分以上，免租，灾情在六分以上，免租调；灾情在七分以上，课役全免。

唐代租庸调法是以"人丁为本"的赋税制度，其课税对象一是田，二是户，三是丁身，而其基础则是丁。这正如陆贽所说："有田则有租，有家则有调，有身则有庸。"所以，这种赋税制度，叫做租庸调法。

唐初，租庸调的施行使农民的负担相对有了减轻，调动了均田农民的生产积极性。但是，租庸调法按丁征税，不问资产，这种赋税制度充分照顾了官僚地主的利益。他们占有大量的土地，拥有大量的财产，而他们所占人口的比例很小，按丁纳税，使他们的负担极轻，而且他们还享有免税免役的特权。租庸调法实际上是鼓励了新老地主经济的发展。

租庸调法输庸代役的规定，具有积极的意义。隋文帝时，规定只有50岁以上的人，才能享有"输庸停防"的权利，到隋炀帝时，出现了"天下死于役而伤于财"的情况。唐初普遍推行了"输庸代役"的新措施，由徭役征调逐渐转向实物征敛，使农民能有更多的时间从事农业生产。这种措施符合经济发展的需要。

唐王朝为了保证租庸调法的贯彻实行，使国家能够控制更多的劳动人手，增加政府的财政收入，制定了一套完整的户口管理制度。一年一造计账，三年一造户籍。唐延载元年（公元694年）八月，采用团貌办法。团貌时县官要亲自参加。经过团貌，造成计账；依据计账，编成手实。手实即为户籍的底稿。再根据计账手实，造成户籍。户籍一式三份，分别盖上州县大印，然后一份留县，一份送州，一份送交中央户部。唐代的户籍管理制度，在一定程度上消除了户口的隐漏，保证了国家赋税的征收。

三、两税法

（一）两税法产生的历史原因

（1）土地兼并严重，均田制瓦解。均田制属于封建国家土地所有制的范畴，其实施的大前提是土地归国家所有。但是随着封建土地私有制的发展，田产买卖逐渐盛行，土地兼并日益猖獗。不仅世族贵族及庶族大地主庄园霸占官田、广占土地，就连寺院僧侣也参与了兼并民产。

此外，均田制以"凡天下丁男给田一顷"为出发点。唐朝初期正处战乱初平，人口减少，荒地甚多，实行计口授田的均田制尚可。但随着唐统治的强大，农业生产迅速发展，人民生活安定富裕，政府赋税收入增加，至开元天宝年间，唐朝呈现政治稳定、社会繁荣的帝国景象。太平日久，人口激增，国家所掌握的土地有限，使按丁口授田的均田制的执行在客观上受到限制。

（2）户籍混乱、赋役负担加重，农民大量逃亡，朝廷税源日益减少。由于土地兼并严重，大批农民倾家荡产，被迫四处逃散。均田制给田不足，而农民的赋役负担却不能酌减，致使大量的贫困农民不得不卖掉土地远走他乡。农民逃亡后，其所负担的赋役分摊到其他农户身上，即所谓的"摊逃"，致使大量农民不堪重负，也被迫逃亡，形成恶性循环。

在逃税问题日益严重的打击下，国家的税源大大减少，原已入不敷出的国家财政陷入了更深的危机。大唐帝国的社会经济基础被日益摧毁，赋税制度的改革已迫在眉睫。

（3）租庸调制崩溃，支出浩繁，财政陷入困境。租庸调法建立在均田制维持不坠、户籍清楚确实这两个基本条件之上。而户籍清楚确实又是保证均田制有效运作的先决条件。一旦均田制遭到破坏，租庸调法也必随之崩溃。

（二）两税法的主要内容

公元 780 年，唐德宗李适即位，采纳宰相杨炎的建议，实行两税法。从杨炎的奏疏中我们可以分析出两税法的基本税制原则及措施：

（1）财政原则。杨炎制定的两税法明确规定"量出以制入"，即"量出为入"的财政原则，作为其制定税收总额的总原则。根据国家的财政支出数，匡算财政收入总额，再分摊给各地，向民户征收，意在限制滥征苛敛，减轻人民负担。

（2）征税对象。两税法将过去的租庸调和户税、地税及各项杂征合并，统一征收，以户税、地税为基础，规定"户无主客，以见居为簿"，即不分主户客户，也不分定居或行商，所有居民一律在所居之地征纳两税。

（3）征税标准。两税法的征收原则是"人无丁中，以贫富为差"，税额按照田亩和资产的多寡确定，废除以前的租庸和杂税。资产少者则其税少，资产多者则其税多。从理论上说，这种计资而税的制度，较按人丁平均摊派的旧制度合理得多，对无地少产的民户较为公平。因此，两税法在课税标准上的变革可以说是中国古代赋税史上的一大进步，对后世影响颇大。

（4）赋税的减免。两税法在纳税时间上规定"各有不便者正之"的灵活性，还特允"其鳏寡孤独不支济者，准制放免"。

（5）征收物品。两税法既以往日的户税、地税为基础，又融合了租庸调法往日的户税、地税，一为钱，一为谷粟。租庸调法，租征谷粟，庸调皆为布帛，而户税则向例征钱，故它所征收的物品包括了钱和谷粟两大类。钱按户等交纳，粟按田亩交纳，前者称为"两税钱"，后者称为"两税斛斗"。当时有所谓"两税斛斗、钱物"的说法。

（6）征收的税额及税率。两税法规定不分主户和客户，一律以定居为依据，交纳"居人之税"，至于行商则按三十分之一纳税。两税法税额的计算基础，是以大历十四年（公元 779 年）垦田总数所应交纳的钱谷总额分摊到各州县，按各户贫富等级征收。其中"田亩之税"部分，仍按上述规定由纳税人缴纳谷粟；其余各税一律折合货币交纳，并以此为嗣后各年应税额的标准。

（三）两税法的进步意义

两税法顺应了当时土地关系中私人地主土地占有制日益发达的变动趋势，也顺应了农民对封建国家的人身依附关系逐渐松弛的历史趋势，对封建经济的发展起到了促进作用。

（1）两税法的多项基本税制符合近代财政学说的理论和租税原则（如量出为入原则）。西方古典经济学派学者亚当·斯密在 18 世纪提出进步的财政原理和租税原则时，曾轰动一时，并成为后代财政学之经典学说。而早在 1 000 年以前，中国的杨炎就已经提出了这个理论。杨炎的财政思想之所以卓越，在于他能在封建社会全盛时期发现封建经济发展中新萌芽的因素，并为此而抛弃了尚在盛行的传统租税教条，这使他的财政观点特别是其租税部分在近代史以前都是无可比拟的。

（2）两税法统一了税目，简化了征管手续。两税法取代租庸调制，把户税、地税、租庸调和一切杂税合并统一征收，减少了纳税项目，集中了纳税时间，简化了纳税手续。它矫正了过去"科敛之名数百"以及"旬输月送无休息"之积弊，既便于农民缴纳，又便于政府征收，体现了合理税制所必须具备的确实性。

（3）"以见居为簿，以贫富为差"是两税法的精神。历代学者都对两税法以纳税人拥有确实资产的多寡和实际负担能力来决定其纳税数额的征税标准给予了很高的评价。两税法废除了前代长期实行的以丁为本的征税标准，改为以资产多寡决定税额，使兼并了大量土地的大地主分担相应数额的赋税，且规定官僚、贵族、僧侣等再也不享有免税的特权，而一律"以贫富为差"纳税，可以说是大幅度改革了租庸调制下以人身为本所产生的许多不公平、不合理的弊病，突破了租庸调制不再符合现实需求的局限，在很大的程度上，从税制运作机能方面缓和了贫富不均的现象。[①]

---

① 刘立霞. 略论唐代的两税法［J］. 黑龙江省政法管理干部学院学报，2005（1）.

第五章 宋元时期的财税

自后周殿前都检点赵匡胤发动陈桥兵变，废后周恭帝，建立宋朝（公元960年），至高宗南渡（公元1126年）的167年，史称北宋。自高宗南渡建都应天府（今河南商丘），又迁都杭州，至元兵攻占杭州（公元1279年）的154年，史称南宋。两宋建国320年，是中国历史上立国时间最长的朝代之一，但同时也是中国历史上积贫积弱至深的朝代之一。①

第一节 宋辽金元时期的政治经济背景

公元960年，北宋建立，结束了五代十国多年的分裂动乱局面，并陆续统一了中国绝大部分地区，为社会经济的发展创造了一个相对稳定的环境。由于国内政治经济稳定，人户从初期的96万户增加到兴盛时期（公元1109年）的200万户。人户的增加为农业、手工业、商业的发展奠定了基础，同时也反映了当时经济发展，人民生活稳定的状况。宋初，政府采取了奖励农业、发展经济的政策：废除苛捐杂税，新垦土地免地税，以奖励开荒；兴修水利和改进农具；南方除种水稻外，鼓励兼种其他作物；长江以北水利方便处，也奖励种稻。在上述种种措施的作用下，不仅使耕地面积扩大，而且也使粮食产量大幅提高，增加了国家田赋收入。熙宁十年（公元1078年）仅两税征收的粮食收入即达到1 789万石。按张方平的"大率中田亩收一石，输官一斗"推断，当时全国粮食产量不少于17 890万石。按熙宁十年人口数量计算，达到平均每人近600斤。农业的发展为工商业繁荣发展创造了条件：矿冶、丝织、瓷器制造以及印刷业都有显著提高，由于分工细密，出现了各种行业作坊，金银逐渐作为货币使用，纸币开始流通；商业不仅在城市中十分活跃，农村集市贸易也有明显的发展。国家来源于工商业的收入首次可以与田赋收入并列，成为财政收入的重要组成部分。

宋朝也是我国历史上颇具争议的一个王朝。两宋建国长达320年之久，在我国封建王朝历史上算是比较长久的一个王朝。然而，在300多年内，两宋无时无刻不受到周边少数民族的侵袭和威胁。通过政变方式登上权力顶峰的赵氏王朝企图通过一系列的改革来加强封建王权的统治，如在中央设立枢密院、削弱宰相权力；解除一大批开国武将的军权，军队实行"更戍法"；改革科举制度，吸纳大量文人入仕等。这些改革一方面加强了封建中央集权，另一方面也导致了机构重叠、官员冗余、军队战斗力下

---

① 孙文学，齐海鹏，等. 中国财政史［M］. 大连：东北财经大学出版社，2008.

降等诸多问题。因此从政治角度来看，宋朝是一个不折不扣的"弱国"。但也是这样一个政治上的弱国，却开创了经济上的全面繁荣局面，无论是在农业、手工业、造船业，还是商品经济的发展等各个方面，皆取得了重大成就，使得中国的综合实力在当时的世界上名列前茅。

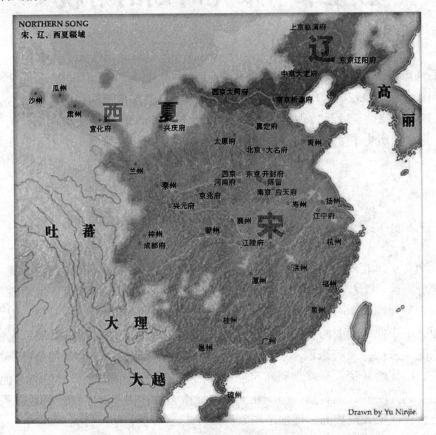

图 5-1 北宋疆域

辽与金分别是由契丹族和女真族在我国北方地区建立起来的两个国家，在政治局势上与宋朝形成对立局面。

辽国建国之前，契丹族内部实行部落联盟制，在东北南部地区过着游牧生活。公元 916 年，耶律阿保机统一契丹各部，建立契丹国，实行奴隶制。公元 943 年，契丹正式改国号为辽。契丹国建立之后，便开始不断蚕食周边其他弱小国家，扩大疆域，在政治上与宋朝形成对立局面。在长期的征战过程中，辽国统治者开始逐渐学习中原地区封建国家的管理模式和生产力发展经验，建立封建制的上层建筑，促进封建社会生产关系和生产力的发展，国力日益强盛。辽国是少数民族所建立，因此其经济发展方式主要以畜牧业为主，农业和手工业次之。在边境地区，辽国主要通过互市的方式与周边的宋朝、西夏等国交换自己所需的商品。

金原为辽国的属国，由于不堪辽国长期压迫，开始起来抗争。公元 1115 年，女真族部落联盟首领完颜阿骨打建立金国。金国建立之后，不断打击辽国政权，于公元 1125 年灭辽，公元 1127 年灭北宋，与南宋政权形成南北对立局面。金国建立之初也实行奴隶制，随着战争的不断深入，统治者逐渐接触汉文化，金国也开始朝着封建国家转变。

辽、金时期是我国北方少数民族大迁徙、大融合的时期。各民族之间相互融合，加强了彼此间的交流，有利于社会发展。辽、金统治时期，也曾经进行了一些改革，这些改革，一方面推动着辽和金向封建国家转变；另一方面，也为经济、文化、商业等的发展奠定了基础。

图 5-2　元朝著名君主

元朝是蒙古族建立的王朝。蒙古族骁勇善战，所向披靡，于1279年消灭南宋最后一支抵抗力量，建立了我国历史上疆域最为广阔的王朝。元朝统一全国之后，将其辖区之内的民众分成蒙古人、色目人、汉人和南人四等。① 在这四等人中，南人的社会地位最低，被当成奴隶一样买卖和驱使，这时的社会阶层仍保留了一些原始奴隶社会时期的特征。蒙古在生产发展和文明程度上较中原民族稍有落后，这在社会层级制的划分中就可以看出来。在地方行政区划上，元朝将全国划分为十一个行省，还专门设立了管理宗教事务和西藏地区事务的宣政院。行省制度的设立具有非凡的意义，它是我国行政制度上的一次重大变革，在以后的历史发展中，省作为地方最高行政级别被保留下来，并一直沿用至今。

元朝幅员辽阔，民族众多，国内的交通道路四通八达。发达的交通网络，加强了中外之间的联系，使得中西方之间的交流异常活跃；陆地上的商贩不绝于途，海上贸易的船只往来不绝，元朝的商业经济的发展也呈现出一片繁荣景象，大都、杭州、广州、泉州、庆元、温州等都是当时著名的国际大城市。

---

① 色目人，主要是指最早被蒙古征服的西部少数民族；汉人，指淮河以北原金朝境内的汉、契丹、女真等族以及较晚被蒙古征服的四川、云南（大理）人，东北的高丽人也为汉人；南人，指最后被元朝征服的原南宋境内的各族人民。

第二节 两宋时期的基本财政状况

一、两宋的财政收入制度

(一) 两宋时期的田制

两宋时期的土地大体有两大类，即公田和民田。

公田亦称官田，是指官压、屯田、营田、职田、学田、仓田等。官压是官田之一种，即官府直辖的庄园。两宋时期，所置官压多处。屯田与营田两者区别不大，在宋代，一般称军屯为屯田，民屯为营田。两宋时屡开屯田、营田，但均未取得预期的效果。职田是中央拨给各级官府作为经费开支的耕地，以其土地的收入作为官府的经费。拨给职田数量多少的标准，依照州县长官级别的大小从公田中划拨①。学田是从公田中拨给学校作为助学之田，仓田是从公田中拨给常平仓的土地。

民田是指官僚、地主、商人和自耕农所占有的农田。由于宋朝不立田制，不抑兼并，所以兼并之风十分严重，在疯狂的土地兼并之下，大多数自耕农失去了土地，而大官僚、大地主、大商人则占有大多数土地。他们占有的土地数量巨大，却不交纳田赋，致使国家赋税收入日益减少。统治者为了取得更多的财政收入，曾采纳有识之士的建议，多次实施均税措施。

1. 度田法

史载："周世宗始遣使君括诸州民田。太祖即位，循用其法，建隆以来，命官分诣诸道均田，苛暴失实者辄遣黜。"② 太宗时有直史馆陈靖请求实行丁口授田之法，后来也不了了之。

2. 限田法

仁宗即位后，曾有人建议实行限田法。史载："仁宗继之……上书者言赋役未均，田制不立，因诏限田：公卿以下毋过三十顷，牙前将吏应复役者毋过十五顷，止一州之内，过是者论如违制律，以田赏告者。既而三司言：限田一州，而卜葬者牵于阴阳之说，至不敢举事。又听数处置墓田五顷。而任事者终以限田不便，未几即废。"

3. 方田法

仁宗景祐中，郭谘曾按转运使杨偕的指令，在洺州实行千步方田法。神宗时，王安石曾在全国推行千步方田法。史载："神宗患田赋不均，熙宁五年（公元 1072 年），重修定方田法，诏司农以《均税条约并式》颁之天下。"具体内容是："以东西南北各千步，当四十一顷六十六亩一百六十步，为一方；岁以九月，县委令、佐分地计量，随陂原平泽而定其地，因赤淤黑垆而辩其色；方量毕，以地及色参定肥瘠而分五等，以定税则；至明年三月毕，揭以示民，一季无讼，即书户帖，连庄账付之，以为地符。"实施的方法是："有方账，有庄账，有甲帖，有户帖；其分田析产、典卖割移，

---

① 参见《续资治通鉴长编》卷四十五。
② 参见《宋史》卷一百七十四，《食货》之"方田"、"赋税"条。

官给契，县置簿，皆以今所方之田为正。"具体的实施步骤是："先自京东路行之，诸路皆仿焉。"从执行的情况看，效果是相当明显的。史载："天下之田已方而见于籍者，至是 2 484 349 顷云。"①虽然方田法效果明显，但在执行过程中，也出现了一系列的弊端。例如，官吏不认真负责，甚至与地主狼狈为奸，以多划少者有之②。此外，也有的土地土质难以区分，因而税赋难以划等，如一等的土地征收十分之税尚轻，而十等的土地征收一分之税，也觉得很重，等等。但这都是执行中的问题，或者是技术上的问题，与方田法制度本身无关。

4. 推排法

所谓推排法，即由县及都、由都及保，层层核实土地数量并载明土地肥瘠程度、应纳税等级、周边四邻，然后绘制成图册的一种均田措施。史载："推排之法，不过以县统都，以都统保，选任才富公平者，订田亩税色，载之图册，使民有定产，产有定税，税有定籍而已。"③

5. 手实法

手实法又称首实法，即许民自己申报土地数量，以均赋役，不得隐匿，如有隐匿，许人告发，并以其资产总额的三分之一充赏。这种方法初行于北宋中期王安石变法之时。当时，吕惠卿因方田法手续过繁，为简化手续，许民自报。其法为："制五等丁产簿，使民自供首实；尺椽寸土，检括无遗，至鸡豚亦遍抄之。隐匿者许首告，而以赀三之一充赏。"④这种方法使民不胜骚扰，未行一年即被废止。

6. 经界法

南宋清查与核实土地占有状况的措施。绍兴十二年（公元 1124 年）两浙转运副使李椿年上言经界不正十害，建议实行经界法。于是帝诏专委李椿年办理此事。遂设立经界所，从平江府（今江苏苏州）开始，逐渐推广至两浙，再推广至诸路。其具体措施有：丈量步亩（以乡都为单位，逐丘进行丈量，计算亩步大小，辨别土色肥瘦，均定苗税），造鱼鳞图（保各有图，大则山川道路，小则人户田宅，顷亩阔狭，皆一一描画，使之东西相连，南北相照，各得其实；然后合十保为一都之图，合诸都为一县之图），置砧基簿（每户置簿，逐一标明田产的田形地段，亩步四至，以及得产缘由，赴县印押，永充凭证；遇有典卖交易，须各持砧基簿和契书对行批凿）。到绍兴十九年冬，除淮东、淮西、京西、湖北四路属边境地区未行外，其余各路多数州军都已次第完成。经界法旨在保证官府赋税收入，不可能真正"均平赋税"。

(二) 两宋时期的田赋制度

据宋史《食货志》记载，两宋时期田赋制度仍依唐朝的两税法，但已经发生了很大的变化。从内容上看，宋代的两税法较之唐的两税法更为复杂。唐朝的两税法所含内容不过户税、地税、青苗钱和残存的租庸调而已，而两宋的两税法所含内容就不止这几种。

---

① 参见《宋史》卷一百七十四，《食货》之"方田"、"赋税"条。
② 参见《宋史》卷一百七十三，《食货》之"农田"条。
③ 参见《玉海》卷一百七十六，《食货》之"绍兴经界法"条。
④ 参见《宋史》卷四百七十一，《佞幸》。

（1）公田之赋，凡田之在官，赋民耕而收其租者，包括官庄、屯田、营田、职田、学田、仓田等，其田属官而租佃给百姓，官收其租，亦称税。

（2）民田之赋，百姓各得专之者，其田属民，官征其赋。正如南宋郑伯谦所说："公田以为税，私田以出赋。"①

（3）城郭之赋，宅税、地税之类，对城市居民的宅基地所课之宅税、地税。

（4）丁口之赋，百姓岁输身丁钱米，对成丁男子所课之税。

（三）两宋时期的徭役制度

宋代的徭役制度沿袭了唐两税法以来的制度，如力役基本上不再额外征发（淳化五年以前尚有春夫、急夫之征，淳化五年之后已经不再征发②）。兵役实行募兵制，只有职役循而未改。所谓职役就是官府当差，如"里正"、"户长"、"衙前"等。因宋代兵役实行募兵制，故无兵役之征，所以宋代的役法，即指职役之法，因这种职役又授以相应官衔，故又称吏役之法。

宋代的职役种类繁多，有衙前役，主管官物；有里正、户长、乡书手，主管督收赋税；有耆长、弓手、壮丁，主管维持地方治安；有承符、人力、手力、散从官，主管传送官府命令、文书。此外，县曹司至押、录，州曹司至孔目官，下至杂职、虞侯、拣、掏等人，均属州、县之杂役，各以乡户等第定差。衙前役主要是运送和保护官府的物资，包括保护官府的仓库。如果官物损失，衙前役须照价赔偿，故此项徭役的承担者负担最重，以至于"往往破产"。所以应役户设法规避此役，甚至"有媚母改嫁，亲族分局；或弃田与人，以免上等；或非命求死，以就单丁"。由于这项职役对百姓的扰害太大，所以有识之士曾多方呼吁改革，直至王安石变法始由差役改为募役（即雇役），以后司马光又改为差役，此后时募役时差役。职役在王安石变法时，亦改为募役。

宋代徭役的征发，按太祖建隆时的制度规定，将民户分为九等，一等至四等根据徭役的轻重派差，五等以下免疫。太宗淳化五年明确规定一等户为里正，二等户为户长。太宗至和中，采纳韩琦的建议，颁行五则法。大意是以县为单位，按资产多寡分为五等，衙前役也按轻重分为五等，如果一等重役有十项，应役者十人，那么就列一等户一百家；二等重役有五项，应役者五人，那么就列二等户五十家。十家应一役，轮流役使。五则法一度减轻了百姓的负担，但没有根除差役法的弊端。

（四）两宋时期的工商税收

商品经济的发展特别是商业和手工业的发展，为两宋时期工商税收的增加奠定了良好的物质基础，因而两宋时期的工商税收较前代大幅度增加，工商税收的总和已经超过赋役收入的总和。这是宋代以前的各代不曾出现过的特殊现象。

1. 商税制度

两宋时期的商税包括国内商税、国境海路关税和国境陆路关税等。

---

① 参见《太平经国书》，《税赋》。
② 春夫即春耕之前所征民夫，急夫即因紧急之事而征发之民夫。所征春夫、急夫，又合称乡役。

（1）商税则例及商税的征收

宋代商税较前代的进步之处，在于宋经常颁布商税则例，试图规范商税的征收。例如，太祖在建国之初的建隆元年（公元960年）就制定了商税则例。则例规定，过税每千钱算二十；同时规定对所课的名目、每件应税物品，都要写在板上，挂在所在官署的墙壁上，以便买卖双方共同遵守，并便于百姓监督。这既保证国家取得合法收入，又兼顾商人的正当利益。如有对应税货物隐瞒不纳税者，为官府所捕获，则没收其货物的三分之一，以其半偿给捕获者；贩鬻而不由官路者也要罚罪。[①] 这个则例可以说是我国第一个较为正规、具有法律约束力的商税税则。

（2）国境海路关税制度

两宋的市舶税较之唐朝更为发达，主要表现是：

其一，设置市舶司的城市显著增加。唐朝仅在广州设立市舶司，而两宋时期，先后在广州、杭州、明州、密州、泉州、秀州、温州、江阴八个城市设置市舶司。

其二，有海外贸易关系的国家和贸易的商品显著增加。

其三，国家获得的财政收入更加丰厚。两宋时期，市舶税收入在国家财政收入所占份额越来越大，所占地位越来越重要。特别是到绍兴末年，仅广州、泉州、两浙市舶司的抽解和博买所得就达到二百万缗，占到当时全国财政收入的二十二分之一。

（3）国境陆路关税制度

国境陆路关税，在统一江南之前，曾与江南贸易征税。平江南以后，北宋时曾与北方的辽、西北的西夏、西南各少数民族部落进行贸易并征税。南宋时与金也进行贸易并征税。宋朝陆路关税的称谓相同，皆称"过税"。凡过关者，不分境内还是国境，均征过税。此外，则有権货与博买，这两项是与市舶司相同的。但因当时边关战事不休，所以边关贸易时断时续。

2. 手工业税收制度

两宋时期的手工业税收包括盐、茶、酒、坑冶等手工业税收，税收制度则包括课税制度和专卖制度两大类。

（1）盐课制度。两宋时期的盐课制度已成为国家的主要收入之一，由于盐课收入在国家财政收入中占有至关重要的地位，所以统治者经常研究盐法，竭力苛剥人民。

（2）茶税制度。两宋时期，统治者十分重视茶课，并经常讨论茶课制度，制定茶课的征收办法，以增加国家的财政收入。终宋之世，茶课制度多次变革，但主要以禁権法为主。禁権法即完全官专卖，此外还有商专卖，又称通商法、不完全官专卖，商专卖含入中法（折中法）等不同形式，入中法、折中法统称"茶引法"等，其中入中法又分为沿边入中法、入中京师法。熙宁变法前后曾实行通商法，同时在部分地区也曾实行过征收制度，如在川、陕、粤曾实行过境内的自由贸易征税法。

（3）酒课制度。酒课虽起源于商鞅变法，但大兴酒课则是在唐后期，至宋酒课制度有三种：一是城内置务，官府酿造酤卖；二是三京之地，由官府造曲而卖与人民酿造。三是县镇乡间则人民自酿，官府征税，如有剩余，经官府批准，亦可出售。前二

---

① 参见《宋史》卷一百八十五，《食货》之"商税"条。

种属于官榷制，第三种属于征税制。

（4）矿税制度。宋朝的矿产品有金、银、铜、铅、锡、水银、朱砂、矾等品类。

（5）杂税、杂课与无名课。宋开国之初，一度废除若干种杂税，但时隔不久，这些废除的杂税便全部恢复了，于是，五代所有苛政杂敛之法，均被宋朝承袭，宋朝成为中国古代史上杂税最多的朝代之一。

二、两宋的财政支出制度

图5-3 宋朝货币

两宋时期的财政支出十分浩大，构成浩大财政支出的主要内容包括皇室支出、行政支出、军事支出、赏赐支出、经济建设支出、教育卫生支出、社会保障支出等。现在就其中主要制度分述如下。

（一）皇室支出制度

宋朝初期的几位皇帝尚属开明，常以内库佐国库，但自英宗以后，朝廷内外奢侈之风日盛，宫中费用日益增加。对此神宗也曾进行过批评。一次在研究财政问题时，他不满地说："今财赋非不多，但用不节，何由给足？宫中一私身之奉有及八十千者，嫁一公主至费七十万缗，沈贵妃料钱月八百缗。闻太宗时宫人惟系皂绸襦，元德皇后尝用金钱缘襦，太宗怒其奢。仁宗初定公主奉料，以问献穆，再三始言初仅得五贯尔，异时中宫止七百钱者。"[1] 此后，皇室的费用更加奢侈无度，类似太祖、太宗那样以内库佐国库的情况就难得一见了。

（二）官俸支出制度

宋立国之初，沿袭五代后周禄制，俸禄甚薄，至宋太祖开宝三年七月壬子下《省官益俸诏》，"益俸"遂定为国策。宋太宗继续执行"益俸"政策，增加食禄之给；宋王朝自开国以来官吏队伍不断膨胀，形成大量的冗官冗吏。庞大的官僚队伍和优厚的薪俸，造就了巨额的俸禄和行政费用，并成为国家财政的沉重负担。

两宋的职官分为两大类：一类是实职，这类官吏有职有权，正俸之外又有许多附加之俸；另一类是虚职，只是封一个官衔，并无实权，所以只给正俸。综观两宋时期

---

① 参见《宋史》卷一百七十九，《食货》之"会计"条。

的俸禄制度，虽几经变化，但其基本内容主要包括正俸、职钱、禄米、官吏随员侍从的费用、杂用支出食邑食实等项，此外还有一项大宗，就是各种名义下的赏赐、补贴。行政经费制度包括职田、公用钱、给券等。

（三）行政费用支出制度

对于官衙所需的行政经费，国家一般按属衙执政官的级别，给予公用钱、职田、给券等，对此也有详尽的规定。

1. 公用钱

公用钱属于官署的经费，主要用以接待来往各地宾客之费。这项费用，从来源上看，有国家直接拨给者，称正赐公使钱，有按国家规定存于本地者，称公使库钱；从拨款时间上看，有按月拨付者，有按年拨付者，例如，"京东在边要或加钱给者……皆随月给受，如禄奉焉"；从拨款的数量上看，一般按职官的职级拨款，例如，"自节度使兼使相，有给二万贯者，其次万贯至七千贯，凡四等……"

2. 给券

官吏出使外地，由中央政府给以凭证，凭证上注明出差人的级别、出差地等相关内容。官吏持这个凭证出差，沿途驿馆则按级别提供食宿，谓之给券。

3. 职田

职田是国家按官署长官的级别拨给官署的土地，官署将土地出租，所得收入作为本官署的行政经费，其中可能分给本官署的官员，这便成了变相俸禄，或是俸禄的补充。[①]

（四）军费支出制度

自太祖赵匡胤建宋之始，就依唐后期的军制，实行募兵制，又以唐及五代时期藩镇拥兵自重为训，实行了军制改革。这种改革就是将各方的军队大多数集中在京师，作为守备之师，对边疆的守卫工作则实行"更戍法"轮番屯戍边陲。将帅入朝食俸，百姓则收入军籍。这样就减少了将帅和百姓的造反机会，实现了军权的绝对集中。这种集中军权的改革固然有防止突发事变的可能性，但也造成了严重的负效应，军队的人数显著膨胀。如此庞大的军队，必然造成庞大的军费开支，从而成为国家财政的巨大压力，特别是在发生战事的时候，军费开支暴增，两宋时期财政往往会陷入严重的危机。

宋朝的兵制，有禁军、厢军、乡兵、蕃兵等不同兵种，军队的俸给则依不同兵种、不同的级别而制定不同的标准，而且这个标准还经常变动。

1. 禁军的俸给

禁军是天子之卫兵，以守京师，备征戍，其俸给最优厚。按宋朝的规定，"凡上军都校……月俸钱百千，粟五十斛；诸班直都虞候、诸军都指挥使遥领刺史者半之。自余诸班直将校，自三十七至二千，凡十二等；诸军将校，自三十千至三百，凡二十三等，上者有廉。"

---

① 本节所引均参见《宋史》卷一百七十二，《职官》之《俸禄制》。

2. 厢军的俸给

厢军属地方兵，其待遇稍差。其廪给规定："厢军将校，自十五千至三百五十，凡十七等，有食盐；诸班直至五千至七百，诸军自一千至三百，凡五等；厢军阅教者，有月俸钱五百至三百，凡三等，下者给酱菜钱或食盐而已。"

3. 乡兵

乡兵属差役之一种，国家不给廪禄，只给一些补贴或税赋减免之类，而且也无定式。

4. 蕃兵

蕃兵是乡兵的一种，是边远地区的大家族本族子弟为保护家族而集结的军队，国家原不给廪给，后来统治者发现蕃兵的战斗力远强于禁军，于是便给予廪禄，用其为国家效力，但国家所给廪禄只给有官职者，普通士兵则享受不到。[①]

除军队将士的俸给之外，还有数额巨大的装备费用如马匹、武器、船只等，战争时期的战费等。此外还有岁币即战争赔款，数额都十分巨大。

（五）社会保障支出制度

凡国家举办的社会保障事业，体现为国家的财政支出。

1. 宋朝的社会保障体系

宋朝的社会保障体系，就举办的主体而言，有官府举办者，其中又有中央政府举办者，有地方政府举办者；也有私家举办者，其中包括宗族举办者、富户巨室独家举办者。就其救助的对象而言，有的是赈灾救荒，有的是死葬相恤。就其机构而言，专门的婴幼救助机构出现于南宋中期以后，主要为婴儿局、慈幼局和慈幼庄等；理丧恤葬机构为漏泽园；贫病救济机构为安济坊、济民坊等。

2. 灾伤赈恤

宋朝主要采取以下几项措施赈恤灾民：第一，尽一切办法解决粮食问题。主要是发放常平仓、惠民仓的粮食救济灾民。如有不足，再将本省国库或将未遭灾的邻近路、郡的国库之粟急运至灾区；再不足，国家则实行卖官鬻爵、出卖度牒的办法募集粮食，解决灾民用粮问题；还不足，则取皇帝内库中的金帛换取粮食赈济灾民。[②] 第二，减免租赋徭役。第三，对于因灾逃亡的流民，沿路关津免受渡钱，入到京师，则安排食宿。第四，对遭水灾之县，官府设置船只救助灾民，并"置之水不到之地，运薪粮给之"。第五，对因灾疫而死者，官府另加赈恤。第六，在遭受蝗灾地区，官府鼓励百姓灭蝗。

3. 关于鳏寡老人的赡养

史载："京师旧置东、西福田院，以廪老疾孤穷丐者……英宗命增置南、北福田院，并东、西各广官舍，日廪三百人。岁出内藏钱五百万给其费，后易以泗州施利钱，增为八百万。"又诏："州县长吏遇大雨雪，蠲僦舍钱三日，岁毋过九日，着为令。"熙宁二年，京师雪寒，诏："老幼贫疾无依丐者，听于四福田院额外给钱收养，至春稍暖则止。"北宋初年，依唐代旧例，赡养鳏、寡、孤、独、癃老、疾废、贫乏的机构仍称

---

① 参见《宋史》卷一百九十一，《兵志》之"乡兵"条。
② 参见《宋史》卷一百七十八，《食货》。

"福田院"。

4. 关于贫病救治，由官府给之以医药

史载："仁宗在位，哀病者乏方药，为颁《庆历善救方》。知云安军王端请官为给钱和药予民，遂行于天下。尝因京师大疫，命太医和药。……又镯公私僦舍钱十日。令太医择善察脉者。"有安济坊为贫病者治病送药。安济坊除为贫病者治病送药外，也安置鳏、寡、孤、独、癃老、疾废不能自存者。浙西提刑在苏州买房三十五间，创济民药局，以资春疫的预防和治疗。

5. 关于济贫助学

宋朝规定，政府备有学田、膏火田等公产收入作为膳廪之费。而地方与宗族内部所建立的义学、贡士庄、希贤庄、青云庄则为本地或族内贫寒子弟完成学业解除了后顾之忧。

6. 关于理丧恤葬

在神宗时即规定："开封府界僧寺旅寄棺枢，贫不能葬，令县各度官不毛地三五顷，听人安厝，命僧主之。葬及三千人以上，度僧一人，三年与紫衣；有紫衣与师号，更使领事三年，愿复领者听之。"崇宁三年，又置漏泽园。

我国宋代蓬勃发展的社会保障事业，体现了在不立田制、不抑兼并的社会背景下，社会共同防范社会风险和救助社会弱势群体方面的意识。尽管由于生产力水平所限，社会保障能力还很低，社会保障理论也不发达，但在政府重视并主导下，调动了各方面积极因素，初步建立了多层次的社会保障体系，从而有力地稳定了社会秩序，在一定程度上缓解了阶级矛盾，促进了社会的稳定发展。

三、两宋的财政管理制度

（一）财政管理机构的设置

两宋时期，实行高度的中央集权制，中央政府的行政管理实行三权分置的管理体制。三权分别由三省掌管，并分别对皇帝负责，宰相不主持三省之事。所谓三司，即盐铁司、户部、度支。[①] 王安石变法时，于熙宁二年"制置三司条例司，掌经画邦计，议变旧法以通天下之利。以知枢密院陈升之参知政事为之，而苏辙、程颢等亦皆为属官"。不久，王安石升为宰相，于是在熙宁三年，三司"罢归中书"[②]。

在高度集中的行政管理体制下，宋朝的财政实行统收统支的管理体制，地方州、郡、县，依据中央的规定，将收纳的赋税，扣除应留给地方的钱物外，一律上解给中央或输纳到指定仓库。在这种体制下，财政管理机构当然也是高度集中的。当时中央的财政管理机构是三司，地方财政管理机构则为州郡和县两级的主管官吏。

三司沿袭唐、五代时期的旧制，负责全国的财政收支及管理事宜。三司号称计省，其地位十分显赫，仅次于宰相，而其实权却大于宰相。总领盐铁、度支、户部三个部门，这三个部门时分时合。此外，为了有针对性地管理某一方面的财政工作，还成立

---

① 参见《宋史》卷一百六十一，《职官》。
② 参见《宋史》卷一百六十一，《职官》。

了一些专门机构，中央还有派出机构即转运使。

上述这些机构的设置及其职责，在不同时期有所增删，但基本模式未有根本变化。两宋时期，因为实行财权高度集中的统收统支体制，所以地方财政只负责征收赋役、商税等具体事宜，并按中央的政策制度规定，扣除留给地方的钱、物之外，悉数上缴中央或运到指定仓库。地方并无管理赋税的实权，只是中央政府催征赋役的机构而已。

（二）预算、会计、审计制度

两宋时期，国家对预决算制度十分重视，在太祖赵匡胤开国之初，就"置使以总国计，应四方贡赋之入，朝廷之预，一归三司"①，这里的"朝廷之预"就含有预算、决算的意思。在国家确定财政管理职责时又做了具体规定，例如，三司下属机构度支的职责之一就是"每岁均其有无，制其出入，以计邦国之用"②。在元丰改制时，三司并入了户部，预决算工作也并入了户部。户部的职责之一是"以版籍考户口之登耗，以税赋持军国之岁计，以土贡辨郡县之物宜，以征榷抑兼并而佐调度"。由此可见，两宋的预决算制度在统治者的高度重视下，不断得到完善和发展。

两宋时期的会计制度较前朝更加完善。从管理机构来看，建国之初由三司下属的度支负责，而且在三司内部也设置官员从事会计、记账工作，三司并入户部之后则由户部下属的度支部主管；从管理方式看，两宋时期不仅各级财政部门设置账簿，而且在唐朝会计录的基础上，又有多部会计录问世，这些会计录成为了最高统治者了解和分析全国财政情况的工具。这些会计录不仅对当时官府制定预决算起到了重要作用，而且对后世研究两宋时期的财政经济状况也有不可代替的作用。

两宋时期的审计制度较前代有长足进步，主要表现有：一是在三司内部设立审计机构，以对所属部门的收支项目进行审计，此可谓内部审计。二是设立专门的审计机构，对天下的财政收支进行普遍稽核。这个独立的审计机构，就是设置于太府寺的审计司和刑部的比部。

（三）库藏制度

两宋时期的库藏制度分为三类：

第一类是公库，即左藏，属于国家仓库。左藏为东、西二库，储存各地收入的财赋，以待邦国之经费，给官吏、军兵俸禄、赐予。此外，还包括布库，掌受诸道输纳之布，辨其名物，以待给用。茶库，掌受江、浙、荆湖、建、剑茶茗，以给翰林诸司及赏赐、出鬻。杂物库，掌受内外杂输之物，以备用支。

第二类是皇帝亲自掌管的仓库，即内库，属于战备仓库。内库掌受岁计之余积，以待邦国非常之用。又称封桩库。这类仓库虽说是内库，但其储藏的物资并不只是专供皇室使用，而是为了收复燕云十六州而专门设置的专用仓库，所储备的物资财富，应属战备基金。这类仓库的储备往往重于国家的仓库，所以当国家财政发生危机时则会从这种内库中借用。

第三类是皇家仓库，属于皇家个人仓库。这类仓库的物资，都是专门供给皇室的，

---

① 参见《宋史》卷一百六十七，《职官》。
② 参见《宋史》卷一百六十二，《职官》。

主要是为了保证皇帝赐予和支出的需要。

两宋时期的仓库，有着严格的管理制度，出库要有手续，即"法式"，先给"历"，经有关部门检查，记录姓名和数量，再经主管人员考核、验证、处理好账目，然后才能支付。

（四）漕运制度

宋朝实施"强干弱枝"政策，大量军卒驻扎京师，又豢养了大批官吏，加之京师百姓众多，每年所消耗的粮食布帛数额巨大。为了保证京师军、民、吏的衣食供给，宋自建国以来就十分重视漕运建设。北宋初，以官船或雇民挽船，从汴河、黄河、惠民河、广济河四河漕运入京师，但因雇民与官吏"并缘为奸"，致使漕运制度遭到破坏，此后漕运制度曾经多次变革。

两宋时期的漕运制度有以下一些特点：

一是招募民船进行漕运。史载："熙宁二年，向为江、淮等路发运使，始募客舟与官舟分运，互相检察，旧弊乃去。"这是北宋首次招募民船进行漕运，并取得了良好的效果。

二是雇募制和纲运制得到了进一步发展。两宋时期不仅雇用民船进行漕运，而且雇募百姓挽船、押运，而且大都是实行纲运法。《宋史》中有许多相关的记载。雇募制和纲运制的发展，无疑是商品经济发展的结果。

三是转般法成为北宋时期实行时间最长的一项制度。转般法始于唐朝，北宋沿袭了唐代的转般法。关于转般法的优点与直行法的弊端，江西转运判官萧序辰做了深刻的说明。他说："转般道里不加远，而人力不劳卸纳，年丰可以广籴厚积，以待中都之用。自行直达，道里既远，情弊尤多，如大江东西、荆湖南北有终岁不能行一运者，有押米万石欠七八千石，有抛失舟船、兵梢逃散十不存一二者。折欠之弊生于稽留，而沿路官司多端阻节，至有一路漕司不自置舟船，截留他路回纲，尤为不便。"① 此后，转般法时兴时废。

第三节 元朝的基本财政状况

一、元朝的财政收入制度

（一）田赋

1．田制

元朝的土地如同宋朝一样，也分为官田和民田两种。这时的官田仍然包括职田、学田、屯田等，其职能与宋朝时期基本相同，此处不再赘述。值得说明的是，土地兼并现象在元朝依然存在，甚至比宋朝更加严重。元朝在入关之前实行的是游牧制度。统一中原后，曾经为朝廷立过汗马功劳的蒙古贵族开始大量圈占农耕地，建立牧场，

---

① 参见《宋史》卷一百七十五，《食货》之"漕运"条。

刚刚脱离了战争痛苦的农民，又不得不离开家园。这些失去土地的农民，一方面沦为了佃农，依靠租种地主的土地谋生；另一部分逐渐转向了手工业劳作，为明朝时期手工业的发展奠定了基础。

元仁宗之前，元朝土地兼并现象异常严重。元世祖时期，一方面下令禁止圈占土地，并释放奴隶，将荒地分给那些无地的农民；另一方面希望通过重新丈量土地，改变赋税不均的局面。然而结果却并不理想。在实行的过程中，执行官员与地方豪绅相勾结，故意隐瞒土地数量；有故意把熟田当荒地上报的；也有人家因为害怕科差制度而故意分家的；甚至有的富民强占了贫民土地之后，仍然依照原来的登记缴纳赋税。这次尝试以失败告终。到了仁宗延祐元年（公元1314年），为了改变"民之强者田多而税少，民之弱者田少而税多"的局面，进一步缓解阶级矛盾，朝廷开始实行经理法，派遣官员前往不同行省监督实施。

经理之法，顾名思义，就是通过重新核实每家实际占有的土地数量，来确定其所应当承担的徭役赋税。其具体的实施方法如下：

首先，由官府贴出榜文，将经理之法的具体实施办法告知百姓，并限定其在40日之内，将自家所拥有的田地数量如实上报官府。其次，对于那些以熟地当荒地、将农田作为废田、隐匿占有逃亡农户田产、盗取官田为民田以及将民田指为官田的人，准许百姓出面告发。如果举报情况属实，将对被告做以下惩处：隐匿田产在10亩以下者，田地的主人及佃户皆杖责77下；20亩以下者，在前面处罚基础上，罪加一等；100亩以下者，杖责107下；达到100亩以上者，流放到北部边境，其所隐藏的田地由官府没收。郡县官吏中，有核查不实及与地方豪绅相勾结者，依照情节轻重程度判定罪行；情况严重者，罢免其官职。

以上便是经理法的大概情况。仅从政策上来看，这种方法不失为解决土地兼并、赋税不均局面的一种良法。然而其中最大的弊端在于可操作性。经理法从出榜晓示，到完成土地数量申报仅有40天的时间，如此积累经久的问题在短短的40天内就要解决，其执行难度之大可想而知。在强大的政策压力下，有些官吏为了能够按时完成任务，对当地农户申报上来的土地数量不加核实即加以登记，也出现了官员与地方豪绅相勾结隐瞒土地数量的情况。朝廷允许百姓对申报不实的情况进行检举，其目的也是为了能够保证土地核实的公正性和准确性。这种情况与汉武帝时期准许百姓举报富户申报不实财产的情况有相同之处，实行之初或许会收到不错的效果，但是时间一长，有的农户为了官府的奖励或者是一些其他不当目的，就会举报不实的情况。所以经理之法若实施成功，确实可以起到平均税赋、缓和阶级矛盾的作用；但是执行不当，所产生的危害必然大于其法本身。

2. 田赋

元代的赋税体系包括蒙古本部、北方和南方三种不同的税制。太宗窝阔台即位后就制定了蒙古牧民的羊马抽分税法，即每马、牛、羊百匹（头）抽一，"永为制"，征收对象主要是草原上的蒙古牧民。广大汉地的赋税主要有两项——税粮和科差，南北异制，此外还有盐税、茶税、酒醋税、商税、市舶抽分、额外课以及金银铜铁课等诸色课目。

元朝的田赋制度又称为税粮科差。在江北地区实行的称为丁税、地税，类似于唐朝的租庸调制；在江南地区实行的称为夏税、秋税，类似于唐朝的两税法。科差在江北地区有丝料、包银、俸钞；在江南地区则为包银和户钞。

（1）税粮

①丁税、地税

元朝的丁税、地税制度始丁元太宗初年（公元1229年），主要在江北中原一带地区实行。国家税制确立之前，蒙古人以马、牛、羊为课征对象，100抽1；汉人以户为课征对象，每户课征粟2石（之后又以军队粮食供应不足为名，加征到了4石）。到了太宗八年（公元1236年），朝廷才正式制定赋税制度，对之前的课征对象、数额以及征收方式均做了调整。

调整之后的赋税形式主要有丁税、地税两种。丁税，也就是所谓的人头税，以成年男子的数量作为征收标准。诸路官府要详细核查其统辖区域内的民户成丁数量，每个成年男子每年遵照规定缴纳粟一石，奴仆缴纳五升；新户的成年男子和奴仆分别缴纳以上数额的一半，老弱幼小之人不包括在内。[①] 地税则依据土地的不同级别进行征收。上田每亩纳税3升半，中田3升，下田2月，水田5升。[②] 对丁从事耕种的农户来讲，如果丁税比地税多，则按照丁税缴纳；相反，如果地税比丁税多，则按地税缴纳。对于工匠、僧道则根据其拥有的土地数量征收地税。对于官吏、商贾则依据其家中成年男子和奴仆的数量缴纳丁税。

以上只是丁税、地税制度在初步确定时期的征收标准，此后这一政策也在不断调整。元世祖中统五年（公元1264年），国家对地税的征收标准进行了调整。国家境内的僧、道、也里可温（基督教徒、教士）、答失蛮（穆斯林教徒、教士）、儒人中凡是种地者，旱地每亩纳税3升，水地每亩纳税5升。军户、站户4顷之内免税，超过4顷部分皆纳税。至元三年（公元1266年）又规定，凡是逃亡外地种田的民户，在其户口登记地验丁征收丁税；在其种田之地，验田征收地税。

到了至元十七年（公元1280年），户部又重新调整了赋税征收政策，这一次调整最终使得元朝的税粮征收制度稳定下来。新税制主要有以下几点内容：

第一，凡是按照全额纳税的农户，丁税的征收标准为每丁纳粟3石，奴仆纳粟1石；地税每亩纳粟3升。减半纳税的农户，丁税为每丁纳粟1石。

第二，新收的交参户纳税标准为，第一年纳粟5斗，第二年7斗5升，第三年1石2斗5升，第四年1石5斗，第五年1石7斗5升，第六年进入到纳丁税户之列。协济户的丁税，每丁纳粟1石，地税每亩纳粟3升。

第三，各路的税粮要优先运往近仓缴纳；若需运往远仓者，每石课折纳轻钞2两。富户入远仓，下户纳入近仓，每一郡县要派遣官员一名统领此事。所纳税粮，每石要加征鼠耗3升，分例4升。粮食运到仓库，要按当时的价格进行收买。

第四，纳税的期限分为3个阶段：初限10月，中限11月，末限12月。凡是违法者，初犯打40鞭，再犯打80杖。

成宗大德六年，朝廷对上都和河间两地的纳税期限又做了调整。调整之后的上都

① 参见《元史》卷九十三，《志》第四十二，《食货一·税粮》。

② 参见苏天爵《元文类》卷五十七，《元故领中书省耶律公神道碑》。

纳税期限，初限为次年 6 月，中限 7 月，末限 8 月；河间则为初限 9 月，中限 10 月，末限 11 月。

②夏税、秋税

夏税、秋税制度主要在江南一带实行。太祖平南宋时期，除了江东、浙西之外，其余地区只征收秋税。到了成宗元贞二年（公元 1296 年），政府才最终制定了江南夏税之制。至此，秋税纳租，夏税以木棉、布卷、丝绵折纳。当时规定：缴纳数额依据粮食数量划分为不同等级。粮 1 石，有的纳钱 3 贯、2 贯、1 贯，也有的纳钱 1 贯 500 文、1 贯 700 文。每个地区依据当地土地的贫瘠程度、人口的多寡，取平均数收取。如江浙省常州等路、江西省龙兴等路，按照粮 1 石输钱 3 贯收取；福建省泉州路等五路，则是 2 贯；江浙省绍兴路、福建省漳州路等五路，则为 1 贯 500 文。折纳的实物要依照市价的高低来决定。

（2）科差

北方的科差包括丝料和包银两项，分别始于太宗丙申年和宪宗乙卯年，征收对象主要是一般民户。

太宗八年（公元 1236 年）开始施行科差制度，以户为课征对象，征收丝料、包银、俸钞等。中统元年（公元 1260 年）朝廷设立十路宣抚司，制定科差条例。当时的户等主要有元管户、交参户、漏籍户、协济户，在这四等户之内又各分为丝银全科户、减半科户、只纳丝户、只纳钞户；四等户之外又有摊丝、复业户等。户等不同，征收的丝料和包银数量也不同。元管户内，丝银全科系官户，每户输系官丝 1 斤 6 两 4 钱、包银 4 两；全科系官 5 户丝户，每户输系官丝 1 斤、5 户丝 6 两 4 钱，包银之数与系官户相同。减半科户，每户输系官丝 1 斤、5 户丝 3 两 2 钱、包银 2 两。只纳系官丝户，若上都、隆兴、西京等路 10 户 10 斤者，每户输系官丝 1 斤、5 户丝 6 两 4 钱。交参户内，丝银户每户输系官丝 1 斤 6 两 4 钱、包银 4 两。漏籍户内，只纳丝户每户输丝之数，与交参户内丝银户相同；只纳钞户，第一年科包银 1 两 5 钱，以后逐年递增 5 钱，直至增至 4 两为止，同时科以丝料。

中统二年，朝廷又增加了科差的期限，丝料限定在 8 月；历朝田赋除了正税之外，皆有附加，元朝也不例外。元朝规定民田税粮每石要附带鼠耗 3 升，分例 4 升，一共 7 升。这 7 升中有 1 升作为仓库管理官吏的费用，其余 6 升与正粮一同储存。除附加税外，地方官吏也往往进行额外加征，由此给农民带来了沉重负担。

（二）盐、茶、酒等课

1. 盐课

国家财政收入中，"利最广者莫如盐"。太宗二年（公元 1230 年），元朝开始实行盐引法，起初盐一引重 400 斤，价格为银 10 两；到了世宗中统二年（公元 1261 年），将盐引价降到了 7 两银。至元十三年（公元 1276 年），元朝灭掉南宋，江南的赋税收入全部归入元朝财政，每引盐的价格定为中统钞 9 贯。后来，由于盐课给国家带来丰厚的利润，财政收入越来越依赖于盐课收入。之后不断上调盐价，至元二十六年（公元 1289 年），将每引盐的价格增至 50 贯；元贞二年（公元 1296 年）又增加到了 65 贯；至大二年（公元 1309 年）到延祐二年（公元 1315 年）的 7 年中，盐价上涨累积额高达 150 贯。盐价的不断上调给国家带来了巨大的财政收入；另一方面也使得国家不得不增发更多的盐钞，期间的通货膨胀负担只能由老百姓承担。

元朝在盐课方面的法律制度是很严格的，凡是私造盐引者，准许其他人告发，一经查证属实，皆要处以死刑，将其家产没收并奖励给告发者；贩私盐者，判处两年监禁，杖打 70，同时没收一半财产；食盐的销售也是有规定的，凡是超越销售区域界限的，依照贩私盐罪减一等论处，没收其所贩私盐一半充公，另一半赏赐给告发者。

2. 茶课

元朝的茶课制度沿袭宋朝，后来随着国家的逐步统一，茶课制度也逐步完善。世祖至元五年（公元 1268 年），始课成都茶，在京兆等处设置茶局专卖，凡是有私制茶叶者其罪与犯私盐者同罪。第二年，开始设立西蜀四川监等机构专门掌管卖茶事宜。至元十三年（公元 1276 年），元朝平定南宋后，采用左丞相吕文焕等人建议，始课江西茶，总领江淮、荆湖、福广茶税。至元十九年（公元 1282 年），又设置江南茶局，准许商人购买茶引，然后再到产茶地区凭引领茶贩卖。至元二十五年（公元 1288 年），又改立江西等处转运司。至元三十年（公元 1291 年），更改江南茶法，负责江南茶税征收。延祐元年（公元 1314 年），改设批验茶由局官。天利二年（公元 1329 年），茶税征收归诸县管辖。

3. 酒课

元朝的酒课制度，始于太宗时期。太宗二年（公元 1230 年），制定各路课税。次年设立酒醋务坊场官，专门办理酒醋专卖及课税征收事宜，仍以各州府县长官充任提点官，隶属于征收课税所。各州府科额多寡依照本州府民户多少而定。太宗六年（公元 1234 年），颁布法令，凡是私造酒醋者依照本条例治罪。至元二十二年（公元 1284 年）二月，国家规定其他诸路酒税依照京师条例，每石征税 10 两。同年三月，采用丞相卢世荣等人建议，上都酒课实行政府专卖制度。令酒户自备工本，官府限制销售数量，每石输钞 5 两。这样一来，酒课收入比之前大大增加。

4. 商税

商税也是元朝国库的一项重要收入，由设在各地的税务机构负责征收。元朝初年，并无商税制度，始征于太宗六年（公元 1234 年）。世祖至元七年（公元 1270 年）定税率为三十取一，总额四万五千锭。统一全国后，商税不断提高。

5. 市舶税

市舶税是对海外贸易所征收的税课，起征于灭南宋之后，由市舶司负责征收。市舶税主要是货物抽分，从公元 1283 年起，细货十分抽一，粗货十五分抽一；公元 1314 年将抽分率提高了一倍。公元 1293 年起，除抽分以外，又加征三十分之一的市舶税。

此外，与百姓生活关系密切的茶、酒、醋以及金、银、珠、玉、铜、铁、水银、朱砂、铅、锡、矾、硝、竹、木等山林川泽之产都有各自的税制和税额。属于额外课的税种又有历日、契本、河泊、山场、窑冶等数十种之多，征收范围和税额也不相同。

（三）元代赋税的减免政策

图 5-4 元朝货币

在广泛征收摊派赋役、搜刮民财的同时，蒙古统治者还针对一些特殊人户和特殊情况实行赋税减免政策。

1. 赋税体系中的减免政策

元代赋税体系中的减免政策主要是根据户籍不同而制定的。元代主要按照职业的不同将全体居民划分为民户、军户、匠户、站户、盐户、儒户、医户和僧、道、也里可温（基督教徒、教士）、答失蛮（穆斯林教徒、教士）等宗教人户若干户种，统称"诸色户计"。不同户计承担着封建国家不同的封建义务，而其他封建义务可以得到减免和优待。

按照北方税制，元代的工匠、僧、道、也里可温（基督教徒、教士）、答失蛮（穆斯林教徒、教士）、儒户等都交纳地税。元代佛教的政治地位最高，相比之下，僧人享有更多更稳定的赋税优待，并形成了一定的制度。元刑法规定：江南寺院"除前宋所有常住及世祖所赐田土免纳税粮外，以后诸人布施并以己力典买者，依例纳粮"。河西僧人"有妻子者，当差发、税粮、铺马、次舍与庶民同。其无妻子者，蠲除之"。因此在江南地区，一些富户为了规避差税，往往寄名在寺院冒为僧人。寺院更是招收了大量佃户。大德三年的统计多达五十多万户。

军户和站户作为承担封建国家兵役和驿站徭役的两种重要人户，也享受较大程度的赋税优免政策。中统初年规定，军户按地税纳税粮并可蠲免四顷，科差一概优免。北方站户也纳地税，并可蠲免四顷。但实际上，军户的杂役只有在出征时才免征，平时不仅承担各种杂役，还受到管军官吏的层层克扣和剥削，生活十分困苦。站户也由于负担沉重，往往入不敷出，难以维持，需要政府救助和赈济。

在太宗丙申税制中，地位低下的驱丁和新户（指蒙古灭金后由河南迁到河北各地的民户）税额分别为民丁和旧户的一半。六十岁以上的老人和十五岁以下的孩子不征收赋税。

2. 为救灾赈济而减免赋税

元代最主要、最有效的救荒政策是赈恤制度。赈恤分为两种：一种是赈贷，即给以米粟钞薪等物资；另一种是蠲免，即免除一定的差税，有恩免之制和灾免之制两种。恩免之制中的"恩"强调的是皇帝的恩赐，赋税何时减免、如何减免由皇帝直接发布命令。有的是在灾害发生时，减免灾民和贫乏者的赋税。例如至大二年，东平、济宁两路发生饥荒，蠲免民户一半的差税，"下户悉免之"。有的是对战争中供给繁重地区的人户或受战乱侵扰损失严重的人户，减免一定的赋税。例如中统三年乙巳，"以北京、广宁、豪、懿州军兴劳弊，免今岁税赋"。至正十六年下诏："沿海州县为贼所残掠者，免田租三年。"而在立皇太子或皇帝即位改元时发布的赋税减免政策则是庆贺性的。例如延祐四年丙戌，因立皇太子诏告天下，"减免各路租税有差"。灾免之制中的"灾"，既包括水旱地震等天灾，又包括兵寇等人祸。从历史记载来看，蒙元时期天灾人祸都十分严重，可谓史不绝书。元刑法明确规定："诸郡县灾伤，过时而不申，或申不以实，及按治官不以时检踏，皆罪之。"对于遭遇水旱灾伤的人户，元代根据其损失程度实行赋税减免政策，至元二十八年奏准的至元新格规定，经地方官核查属实者，申报户部，"十分损八以上，其税全免；损七以下，止免所损分数，收及六分者，税既全征，不须申检"。

3. 为鼓励恢复农业生产而减免赋税

由于蒙古统治者不断加重对中原汉地民户的剥削，大批人口为了逃避赋役不得不离家逃亡。诚如刘秉忠所言："天下户过百万，自忽都那演断事之后，差徭甚大，加以军马调发，使臣烦扰，官吏乞取，民不能当，是以逃窜。"宪宗时流徙的人户经常占全体户数的三分之一甚至更多。人户逃散，土地抛荒，严重影响了统治者征收封建赋税。为此，蒙古统治者采取了种种招诱逃户和流民复业的措施，其中重要的一项就是减免赋税。忽必烈时复业流民可得到全部原来抛下的事产并蠲免拖欠的差税，大德十年（公元1361年）进一步规定复业者可免差税三年。

政府还以招募的形式开垦荒田，增加政府控制的人口。应招的屯田民户可以享受十分优惠的赋税减免政策。至元二十一年，官方募人开耕江淮间荒田，命司农司立屯田法，并免除六年租税和一切杂役。

此外，承担地方社会治安捕盗杂役的弓手，依法可以免征税粮，其自身的税粮由其他人户包纳。为照顾孤老残疾和奖励表彰孝子、义夫、节妇，政府也采取了一定的减免赋税政策。

综上所述，元代的赋税体系包括蒙古本部、北方和南方三种不同的税制。蒙古本部的税制的征收对象主要是草原上的蒙古牧民，税法为羊马抽分。汉地的赋税制度南北有别，项目主要有税粮和科差两项，此外还有盐税、茶税、酒醋税、商税、市舶抽分等诸色课目。南、北方赋役的根本差别在于，"南方赋役是按土田征收摊派的，北方赋役则是按户口征收摊派的"。元朝统治者还对一些特殊人户实行一定的优待和减免政策，如僧、道、军、站、儒、医、驱丁及新户、灾民、复业流民逃户、屯田户、归附军民、老幼残疾、孝子、义夫、节妇、捕盗弓手，等等。这些减免政策有的是制度性的，有的是临时性的，起到了区分封建义务、赈济灾民、恢复生产、照顾社会弱势群体和引导道德规范等作用。

二、元朝的财政支出制度

（一）官俸及行政费用支出

俸禄制是维系官僚体系正常运转的基本条件，它对国家和官吏的重要性决定了俸禄管理的重要性。所谓俸禄管理，是指国家在确定官僚机构运营成本、公共行政开支费用和财政收入与支出总体核算的前提下，根据所有官吏所提供的服务、在实际工作中显现的绩效来确定他们应当得到的俸禄总额、俸禄支付形式和俸禄结构的一个过程。在这一过程中，国家必须对官吏俸禄的体系、结构、支付形式以及特殊群体的俸禄作出决策。这个决策直接反映了皇权的价值取向，也决定了官吏的实际社会地位。同时，作为一种持续的组织过程，国家还要根据经常变化的国民经济收入持续不断地制定和调整俸禄计划、拟订俸禄总额预算，对俸禄系统本身的有效性作出评价后不断地予以完善，完善的程度和实施的实际效果反映了皇权强势或弱势的走向以及对官僚系统的驾驭能力。

俸禄制度首先遇到的是俸禄总额预算问题，它是以国家官吏编制数为核算基数，以官吏的品秩制度作为俸禄级差划分的标准，在俸禄管理过程中进行的一系列成本开支方面的权衡和取舍。在国家财政收入一定的情况下，国家在俸禄管理、机构编制、官吏实际人数控制和其他一些管理举措之间所投入的财政预算存在着一种此消彼长的关系。国家在制定俸禄政策时，需要综合考虑各种要素，如国家财政支付能力、官吏俸禄标准对社会平均生活水平的影响力、官吏俸禄折算历史延续性、官吏品级所对应的俸禄级差、官吏的工作绩效、生活成本指数、官吏俸禄增长比例以及所占总额的比例，等等。俸禄预算的规模大小可以很清晰地反映国家官吏配置的重心。

国家官僚体系的正常运转，都需要一定数量和质量的官吏组成的集合。他们在维持国家机器运转的同时，也为实现自己特定的个人目标而努力。因此，在俸禄预算时，合理控制官吏的流动率，同时降低国家所必须承担的俸禄成本，是预算的目标。和所有的交换一样，国家和官吏之间的俸禄与劳动力的交换也要遵循经济学中最基本的规律：在提供最小投入的情况下从对方处获得最大的产出。具体到俸禄制交换的时候，就是国家以官吏的努力付出为基础维持官僚系统良性运转的时候，它在购买官吏劳动力时所需要支付的成本也会上升。这样就需要寻找一个均衡点，即国家采取什么样的俸禄标准（寻找最低平衡值），才能充分刺激官吏心甘情愿地为国家效劳，以维持国家的长治久安。

因此，俸禄制度的制定有一个复杂的过程，它不可能产生于俸禄管理机构（中书省）之前。忽必烈即位后马上进行地方行政管理机构的设置，其所设十路宣抚司实际上是十路课税所的承继，属于向行省制度过渡的机构。随着行省在中统二年和中统三年广泛设置，地方州县机构逐步建立，地方行政管理机构才逐渐完备。元朝正式确定全国官俸应是中统三年姚枢制定有关俸禄制度的规定和实施方案之后。使臣分例创立于太宗元年（公元 1229 年）十一月，其数额为"北使臣每人日支肉一斤、面一斤、米一升、酒一瓶"。中统四年四月，正使臣的分例为"白米一升、面一斤、酒一升、油盐杂支钞一十文，冬月一日支炭五斤，十月一日为始，正月三十日终止；从人白米一升、面一斤"。使臣的分例显然不能成为支俸的标准。既然宣抚司是十路课税所的承继，那么其官员的俸禄也应比照原十路课税所官员俸禄施行。

（二）皇室支出

元朝自世祖皇帝之后，生活日渐靡费，日常开销逐渐增加，支出最大者如后宫日常开支费用、游宴费用及豢养奴仆费用等。世祖时期妻妾嫔妃众多，仅后宫中驱使的奴仆就达上万人之多。以皇后为例，文宗天利二年（公元 1329 年），皇后日用钞十万锭，布五万匹，锦五千斤。元朝皇帝喜爱游宴，因此游宴费用也所耗众多。据史书记载，仅元旦一天，皇帝的象队就达五千头。这些象队一字排开，全部都披上用金银丝绣成鸟兽图案的富丽堂皇的象衣。每年二月二十五日这天，皇帝还要游历皇城，执役人数就有成千上万人，队伍长达 30 余里，规模宏大，耗费不计其数。皇室还嗜好豢养珍禽异兽，还设有专门的机构管理，该机构一年用于喂养各种珍禽异兽的肉就需 30 余万斤，可见耗费之大。

（三）其他支出

1. 农田水利支出

元朝的农田水利支出，主要用于开凿会通河、广济渠、治理黄河、修建堤坝等水利工程建设。为了疏通南北交通，方便粮食北运，至元二十九年（公元 1292 年）郭守敬奉世祖之命开凿会通河。会通河全长 164 里，耗时两年之久，用工 285 万人，耗币 152 万锭，粮 38 700 石，木石耗费更是不计其数。据统计，至元二十七年（公元 1280 年）到至元二十八年（公元 1291 年），元朝共修建水利工程达 246 处，每一处工程都耗费巨大。

2. 赈灾抚恤支出

元朝时期的社会矛盾十分突出，为缓解日益激化的民族矛盾，元朝统治者沿袭了宋朝时期的常平仓和义仓等一系列社会救济制度。

常平仓和义仓均创制于元世祖至元六年（公元 1269 年），沿袭了古代常平仓、义仓的职能。常平仓置于各路府，具体的施行办法是：遇到丰年米价下跌时，官府便以高出市场价格的某一价格买入粮食；遇到歉年米贵的时候，便以一个较低的价格卖出。这样一买一卖，目的就在于平抑物价，打击投机取巧的商人。至元二十三年（公元 1286 年）义仓置于乡社，具体办法是：遇到丰年之时，每一成年男子需要纳粟 5 斗，奴仆纳粟 2 斗，没有粟米可纳者，准其以劳务替代；遇到歉年，开仓放粮，将义仓中的粮食拿出赈济灾民。

三、元朝的财政管理制度

元王朝的政治体制是蒙古草原游牧君主制与汉地传统的封建中央集权制度的融合体，又兼行省、宣慰司、路、府、州、县等地方行政建制多达五六级，元代中央与地方的财政关系，呈现出与以往封建王朝不尽相同的新情况。

在元代路府总领逐级科敛的征税体制下，税粮、科差及部分课程等，大都以路府州县为单位，规定数额，强制完成。元朝不仅规定路府州县"非奉朝省明文，不得骚扰科敛百姓"，各地因水旱等自然灾害蠲免钱粮，通常也是以皇帝诏书等形式颁布的。田赋增加等，多取决于朝廷的政令，在行省所辖区域内，行省也有权调整路府州县的赋税数额。行省对所属路府州县的赋税额，或许多半限于高低上下、此增彼减的调整权。若是蠲免税额，估计行省应咨请中书省批准，才能合理合法地付诸实施。至于路总管府一级的官府，是没有权力减免所辖民户税额的，越权行事，朝廷就会"罪其专擅"。

元朝在路府州县财赋支用权限方面，沿用了与赵宋王朝类似的政策，一直对路府州县经费支出和公格钱谷出纳等进行严格的管制。通常，路府州县官署日常办公经费数额固定，多来自本地赋税中的一小部分留成。因诸王部民留驻等，个别路及直隶州赋税收入有限而开销较大，其经费或由朝廷给赐颁发。其他多数路府州县不能享受此类待遇，日常办公经费严重不足。如世祖至元年间，临渔县衙"经用官给钱三可支一"。在负责征集税粮、科差及一部分课目过程中，路府州县管民官是可以暂时掌握相当可观的一部分财赋的。路总管府所属，也有仓库官的设置。估计路府州县所征财赋多半是先汇集、储存于路及直隶州所辖仓库，然后再解运行省或朝廷。但是，正如虞集《平江路重建虹桥记》所言："今日之制，自一钱以上，郡县毋得擅用府库。"路府州县官吏对所经办的财赋，对暂时存放在路府仓库中的钱谷，是没有独立支用权的。"经费不货，格藏有数"，地方官不敢擅自动用属于国家的府库帑藏，为满足本衙门费用之需，只能暗中向百姓征敛。世祖至元中期，成都路非法科敛收储的"羡余米"就多达五千石。临渔县由国家规定的经费仅足三分之一，"余悉赋之民"。为防备上司和监察官的纠弹，官府私自征敛，往往不颁发符信公文。这样一来，胥吏"旁缘为奸，胁持巧取"，又给境内庶民百姓造成很大的骚扰。

元朝廷对路府州县财赋收支的管制，还表现在严格实行岁终上计和钩考理算上。上计，战国官僚制建立之初就已有之。元代财赋高度集中于中央，路府州县支配权甚小，岁终上计，遂被赋予一些新的内容和含义。路府州县的上计，分为中书省直辖区和各行省两种情况。世祖中统元年十二月初一，中书省曾"集诸路计吏类校一岁簿账"，当是较早的路总管府首领官等赴中书省的财赋上计。而后，各路及直隶州"计吏岁一诣省会之"，成为定制。行省所属路及直隶州的上计，与之内容大致相同，只是按规定增加了"各处正官"每季度"照勘"和赴行省上计时行省官吏"稽考"虚实等细节。由于行省接受所属路及直隶州的上计，大体是代中书省行事，所以，上计稽考完毕，行省又需要"总其概、咨都省、台宪官阅实之"。岁终上计之外，路及直隶州官吏有责任随时将本衙门的财赋收入情况申报行省。发现累年"未申除钱粮，虚作实在，为数巨万"，也申报行省"销破"。上计和稽考财赋时，行省官员有权适当惩罚路州官吏。

理算和钩考，形异而义近，都是清查检核财赋的意思。蒙元较早的清查检核财赋，当是宪宗七年的阿兰答儿钩考。元朝建立以后，经常不定期地派遣官员分赴各地，对路府州县掌管的财赋进行理算钩考。世祖中统初年，中书省欲"置局磨勘""东平路民赋账册"，"会计前任官侵用财赋"。后因中书省吏员王挥等"力言其不可"，才搁置而不行。至元年间，钩考理算日渐增加。"真定、保定两路钱谷道负，屡岁不决"，翰林直学士唐仁祖曾受派遣"往阅其牍"。检覆结果，"皆中统旧案，还奏罢之"。在各路总管府与转运司并立之际，各路转运司也是朝廷理算、钩考的对象。"至元八年，罢诸路转运司，立局考核道欠。"户部令史刘正"掌其事"，发现"大都转运司负课银五百四十七锭"。按照道欠必须追征包偿的钩考旧例，立即"逮系倪运使等人征之"。后来，刘正"视本路岁入簿籍，实无所负，辞久不决"，又"遍阅吏牍，得至元五年李介甫关领课银文契七纸，适合其数，验其字画，皆司库辛德柔所书"。最终拘捕辛德柔归案，

"悉得课银"，洗清了倪运使等四人的冤枉。不难看出，钩考中既要追究主管官吏道欠等责任，又需稽察贪赃奸伪等弊病。而派遣和设置专门官吏（"立局"），检覆簿籍账册，追征道欠，必要时逮捕当事官吏，强制其赔偿等，乃是理算与钩考的基本程序和内容。

元代路府州县官府经费由朝廷规定，数额甚少，公帑钱谷不得擅自动用，财赋出纳不得留有羡余，还实行严格的岁终上计和不定期的钩考理算等，所有这些均将路府州县的财赋支用置于朝廷的严格管制之下。路府州县官府在财赋占有和使用方面的权力，与它们承担的征收赋税的繁重义务相比，实在是少得可怜。似乎可以说，元代路府州县的财政职能已很不完整，它们的财赋占有和使用数量很少，而且使用之际又常常秉命于朝廷或行省，无什么自主性。在这方面，可以说元代沿着两宋"外权始削，而利归公上"的路子，走得相当远了。

第六章 明代的财税

第一节 明代的政治经济背景

一、政治背景

图 6-1 明太祖朱元璋

明朝（公元 1368—1644 年）由明太祖朱元璋建立，历经十二世、十六位皇帝、十七朝，国祚 276 年，是中国历史上最后一个由汉族人建立的封建王朝。明朝初期定都于应天府（今南京），永乐十九年（公元 1421 年），明成祖朱棣迁都至顺天府（今北京），将应天府改称为南京。因明朝的皇帝姓朱，故又称朱明。公元 1644 年李自成攻入北京，明思宗朱由检于煤山自缢，明朝灭亡。公元 1415 年，明朝领土面积约 650 万平方千米。明朝是中国继周朝、汉朝和唐朝之后的盛世，史称"治隆唐宋"、"远迈汉唐"，也曾是手工业经济最繁荣的朝代之一。大明，无汉唐之和亲，无两宋之岁币，天子御国门，君主死社稷。

明初，专制主义的中央集权制有了进一步发展。中央废除中书省和丞相，分相权于六部，由皇帝总揽兵刑大权，地方设十三布政使，直辖中央。在军制上，建立卫所制度，卫、所遍布于全国各地。并建锦衣卫、东厂、西厂等保卫皇帝、从事侦缉活动的机构，以强化君主专制统治。同时，对人民的控制也有加强。明初在普查户口、田产的基础上，编制各种册籍，又行"保甲法"①与"关律法"，把人民牢固地束缚在土地上。

明中叶社会矛盾日益激化，国家政治日趋昏暗，明朝统治开始走下坡路。这个时期，土地兼并日趋激烈，土地急剧集中，皇帝的皇庄迅速增加，王公、勋戚、宦官的庄田远超过前代。官豪地主兼并土地的现象也十分严重。他们阡陌相连，一家而兼十家之产。屯田也多被宦官兼并，从而遭到严重破坏。百姓丧失土地到处流亡。正统时，从山东流亡到南阳的民户不下十万；天顺成化年间，流民几达二百万，有此地区，流亡过半，甚至十存其一。农民起义不断发生。在统治集团内部，矛盾也日益尖锐。英宗以后，宦官专权，残害人民。世宗嘉靖时，宦官势力受到排斥，又出现了阁臣之争，官僚之间联结朋党，互相倾轧，朝廷一片混乱。在边境关系上，自英宗以后，北有蒙古瓦剌、鞑靼部的侵扰，南部沿海一带有倭寇骚扰，兴起在东北的女真族也成了明政权的严重威胁。万历初（公元1567年），社会矛盾更加尖锐，为此，首辅张居正对经济、政治进行了一系列的整顿，试图通过整顿扭转明朝政治腐败、军备废弛、民穷财竭的状况，以缓和社会矛盾，挽救明朝统治的危机。张居正的整顿取得了一定的成绩，经济、政治危机一度得到缓和，社会经济得到一定恢复和发展。

明朝末年，潜伏着的社会危机，开始了总爆发。这个阶段，土地集中已经空前严重，王公、勋戚和地主几乎侵占了北京、直隶、山东、山西、河南、陕西、湖广的全部肥田沃土，广大农民逐渐失掉自己的土地，被迫为人佃种，或成为流民、饥民。而国家对农民的剥夺反而日益加重，有田者不负担或少负担赋役，无田或少田者却要负担绝大部分赋役，而且统治者日益侈靡，所费不赀；北边边防日益紧张，军费日增，这些负担又统统加在百姓身上。除了国家的剥夺之外，地主的剥削也日益残酷，百姓一年所收半入地主之仓，再加上地主阶级的其他盘剥，人民终岁辛劳，仍不免冻馁。在各种复杂矛盾的交互作用下，终于爆发了大规模的农民起义。明王朝就在农民起义的浪潮中覆亡了。

二、经济概况

明初经过70余年的休养生息，经济恢复很快。明中叶自英宗以后，进入了高度发展阶段。

（1）农业发展。这个阶段农具制造和农业生产技术都有了新的发展。闽、浙一带出现了双季稻，岭南则有三季稻，北方也推广了水稻种植。农业产量有了增加，稻田

---

① 保甲法，王安石变法措施之一。宋熙宁三年（公元1070年）司农寺制定《畿县保甲条例颁行》。乡村住户，每五家组一保，五保为一大保，十大保为一都保。以住户中最富有者担任保长、大保长、都保长。它主要用以防止农民的反抗，并节省军费。

亩产两石或三石，有些地区可达五六石。农业经济作物的品种增加，产量也相应提高，桑蚕业也比以前更加发达。这一切都为手工业和商业的发展奠定了良好基础。

（2）手工业发展。明代的手工业得到了进一步发展。全国产铁地区达一百余处，冶铁、铸铁的规模也较大，且大部分以煤为燃料。遵化的铁炉深一丈二尺，每炉可熔矿砂两千多斤；景德镇的瓷窑中，官窑五十八座，民窑超过九百座。丝织业、棉纺业更加发展。这个阶段，在一些手工业中，出现了较大的作坊，雇主与佣工的关系已不像是封建的人身依附关系或是宗族关系，而呈现着新型的资本主义的雇佣关系。无论从生产的规模上看，还是从生产关系上看，这个阶段的资本主义萌芽已经产生并缓慢发展着。

图6-2　明朝货币

（3）商业发展。随着农业和手工业的发展，商品货币经济也得到了发展。首先，商品的数量显著增加。农民、手工业者生产的粮、棉、生丝、蔗糖、烟草、绸缎、棉布、纸张、染料、油料、木材、铜器、瓷器等都成为重要的商品而投入市场，很多手工业产品行销海外。其次，商业资本逐渐活跃起来。全国出现了更多的商人，商业牙行比元朝大有增加，商业活动也更频繁，有些商业又投资手工业作坊。最后，工商业城镇逐步兴起。当时工商业发展的都会除南北两京外，东南沿海、运河两岸和江南都有一些工商业城市兴起，而江南苏、松、杭、嘉、湖五府，更是工商业荟萃之地。这时期，白银逐渐成为通货。钱庄也于这时出现，并成为独立的行业。商品货币经济的发展，为资本主义萌芽创造了有利条件，而资本主义萌芽也促进了商品货币经济的发展。但是，明朝已到了中国封建社会的晚期，封建统治更加腐朽，经济的发展使生产力与生产关系的矛盾更加尖锐。

第二节　明代时期的财政基本状况

一、财政收入

（一）田赋

明初田赋仍沿袭两税法，即按赋役黄册所载之田，按亩征税，分夏秋两次交纳；输纳日期，夏税不得过八月，秋税不得过次年二月（有时为当年十二月）。

明朝田赋征收的品种，夏税为米、大小麦，秋税为米，而丝、麻、棉为两税的附加。明朝田赋在征收时，往往将米、麦、丝、麻、棉、绢及麻棉布折合成国家需要的物资交纳，于是米、麦、丝、麻、棉、绢、麻棉布为"本色"，所折之物为"折色"，如本色米麦折成金、银、钞；棉苎折米、麦；麻布折米、麦，等等。折征按一定比率进行。如洪武九年，天下税粮，令民以银、钞、钱、绢代输。银一两、钱千文、钞一贯，皆折米一石，小麦则打八折。棉苎一匹，折米六斗、麦七斗；麻布一匹，折米四斗、麦五斗。

明朝田赋的税率，各地不一；土田的归属不同，来源不同，税率亦不相同，因而不免发生畸轻畸重的矛盾。一般说来，官田八升五合五勺，非官田一斗二升。苏、松、嘉、湖、常、杭诸州（浙西地区），因土地肥沃，又曾是张士诚统治之地，故田赋独重，亩税有的达二三石。而浙东之地，田赋极轻的现象也存在。"洪武元年有司奏，定处州七县田赋，亩税一升。"这个税已较一般民田田赋少二升三合五勺，但"帝以刘基故，命青田县只征其半"。刘基是朱元璋的得力谋臣，所以，朱元璋对他的家乡特别优免，每亩田赋只有零点五升。

明初的田赋，一度也曾由郡县吏督收。而太祖以郡县吏侵渔百姓，于是在洪武四年（公元1371年）实行粮长收解制度，即里甲催征，税户交纳，粮长收解，州县监收。粮长征收之制，使百姓不受胥吏的盘剥侵渔，于民于国皆有利。但粮长充任既久，亦不免贪污不法，因此，粮长征收制度后来也废置不用了。

除正常征收外，在国家遇突发事件时，还要进行田赋加派。明朝田赋的加派最早发生在武宗正德九年（公元1514年）十二月，当时乾清宫发生火灾，为复建乾清宫，全国加派田赋100万两。以后又有嘉靖三十年的加派120万两，嘉靖末的额外提编，仅江南即达40万两。实行"一条鞭法"之际，加派稍有收敛。至万历中，加派剧增，如万历二十年（公元1592年）平息宁夏总兵哱拜叛乱的加派，接着是援朝抗日的加派，然后是镇压播州杨应龙起义的加派，史称"三大征"加派。

明朝后期的田赋加派，主要有以下三种名义：

（1）辽饷加派。辽饷加派是以辽东战事紧急，军饷不足的名义而加派于民的赋税。万历四十六年（公元1618年），辽东努尔哈赤建后金后，向抚顺进攻。明王朝为加强辽东防御，便仿照援朝抗日加派之例，每亩加派三厘五毫，次年又亩加三厘五毫，第三年又亩加二厘，三年每亩累加至九厘，增赋520万两。只有京畿及贵州未加。崇祯三年（公元1630年），清兵劫掠永平、顺天等府，于是除永平、顺天府未征，京畿内其他六府减半征收外，全国普遍亩加三厘。自此，加派之赋，每亩达一钱二厘。总增赋达900万两。

（2）剿饷加派。崇祯时，农民起义遍及全国各地，明王朝为增加兵饷，镇压农民起义，遂于崇祯十年加派剿饷。剿饷每亩加米六合，每石折银八钱，嗣后又亩加一分四厘九丝，先后共加派330万两。

（3）练饷加派。剿饷加派定一年为期，但农民起义的烽火越燃越旺，为增收镇压农民起义的军饷，又另起名堂继续加派，即练饷加派。崇祯十二年亩加练饷银一分，共加派730余万两。

明朝的田赋加派，是明后期的突出弊病，加派虽出于田，但负税者是广大劳动人民，所以加速了农民的破产，也加速了社会经济的崩溃。从加派中得到好处的是官僚和将军，他们利用加派之机，侵吞税课，贪占军饷。结果尽管加派迭增，而军队欠饷累累，民不聊生，军怨沸腾。

(二) 徭役

明洪武元年（公元 1368 年）实行丁役法，其具体办法是每田一顷出丁夫一人，每年农隙赴京师供役三十日，田不足一顷者以其他土地补足，称"均工夫"，并在局部地区编制均工夫图。每年农闲时，应役者赴京供役三十日而归。"均工夫"徭役制度，只是一种过渡的役法。俟赋役黄册编成后，便依赋役黄册所载，按丁出役。明代规定，年 16 岁为成丁，开始服役，60 岁始得免。

里甲之役以户计，每年由里长一人和甲首一人应役，十年之中里长、甲首皆轮流一次；值役称当年，按次轮流称排年，十年清查一次，重新按丁口、资产增减情况编排里甲顺序。里甲之役主要负责一里税粮的督催、传达官府命令、编排各种差役等。充里甲之役的人，必须有丁、有产，无丁、无产者只作为代管而列于册后。所以里甲之役虽以户计，实以丁、产为基础。

均徭之役以丁为主，验丁粮多寡、产业厚薄以均其力，由里甲编造等第，均输徭役，故叫均役。均徭之役是供官府役使的差役，主要有袛侯、禁子、弓兵、厨役、解户、库子、包脚夫等。需亲身服役的称力差，由民户分别供给或以货币代输的，如岁贡、马匹、车船、草料、盘费、柴薪等公用之物称银差。以后力役常以银代输，于是银差范围日广。派役时一般以丁粮资产的厚薄即户等的高低为依据。户等高的充重役，户等低的充轻役。均徭的编审，一般与里甲编审的时间相同，即十年编审一次，也有五年、三年或二年编审一次者。

杂泛之役，或称杂差，即无一定名目，临时编签的徭役。一般包括三类内容：①兴修水利，如治水、修渠、筑坝等；②为中央政府充工役，如修城、建筑宫室、运粮、修筑边防工事等；③为地方政府充杂役，如斫薪、抬柴、喂马等。明初的赋役较轻，有利于经济的恢复和发展。

(三) 工商税收

1. 盐专卖

太祖朱元璋在称吴王时（公元 1367 年），即立盐法，实行征税制，令商人贩卖，税率为二十分之一，所得盐税，以充军饷。不久又加倍征税，后听胡深之议，税率复旧。建明之后，实行专卖之制。

(1) 盐的产、销制度

明朝盐的产制：制盐民户称灶户，按户计丁，称盐丁；按丁规定产盐定额，也称正盐或正课；正课之外所余之盐，称余盐。明初，为鼓励盐的生产，注意优恤灶户，给灶户划拨草场，以供樵采；可耕之地，许灶户开垦，并免灶户杂役。以后，盐场设立总催官，负责办盐课，督促生产。总催官多苛剥灶户，致使盐丁贫乏。英宗正统时（公元 1436—1449 年），灶户不堪总催官的剥削，纷纷逃亡，流移转徙。仅松江一地负盐课六十余万引，盐产量大减。

灶户生产的盐包括正盐、余盐，一律缴给官府，称为盐课；灶户纳盐课之后，官府给以工本米：正盐每引四百斤，支工本米一石；余盐每引二百斤，支工本米一石。洪武十七年（公元1384年），工本米折钞发给，但各地折钞比价不一，淮、浙每引二贯五百文，河间、广东、山东、福建、四川等地，每引二贯。

盐商向国家缴纳货币或实物，由官府发给引票，然后凭引就场支盐贩鬻。洪武初，每引四百斤，称大引；后改行小引，每引或一百斤，或二百斤。成祖永乐以后，由于灶户逃亡很多，盐产量供不应求，盐商不得不在盐场守候支盐，以后盐商渐减少。英宗正统五年（公元1440年），令两淮、两浙、长芦盐，实行常股、存积制度。所谓常股，即按正常手续，凭引支盐的份额。常股价钱便宜，但需依次排队，等候支盐。所谓积存，即事先准备好食盐，收集在官，待边防急需粮储，即令商人运粮于边，凭引到场支盐。这种存积之盐价钱较贵，但不需要等候，人到即支。常股、存积制度初行之时，以每年所收盐课正额的十分之八为常股，十分之二为存积。盐商苦于在场守候，多买存积，于是多次变更常股、存积比例。

武宗以后，盐法渐坏，积引日增，盐利日减。万历三十六年（公元1557年），袁世振议行"纲法"，即将淮北盐场，按顺序排为十纲，一纲卖积引，九纲卖现引，十年之内疏销完毕。并设置纲册，凡领引盐商，皆登记入册。纲册有名者，可赴本纲盐场领盐，纲册无名者不得加入，于是盐商成为专得某场盐利的专商。食盐专商制度自此始。

（2）盐专卖制度

明朝的盐专卖主要实行民制、官收、就场专卖办法。专卖制度主要有三种，即开中法、计口授盐法、商专卖法。

①开中法。所谓开中法，即招募商人输粮于边，由官府给盐的办法，也称纳米中盐法。此法源于宋代的折中法和元朝的入粟中盐法，实行此法的目的在于充实边疆的粮食储备。

②计口授盐法。在实行开中法的同时，曾实行计口授盐制度。洪武三年，令民在河南开封等处输米，以供军食，官府给盐以偿其价。每户大口给盐一斤，小口给大口之半；输米的多少，按地理远近定等差。

③商专卖。商专卖是盐专商直接与灶户进行交易。万历四十五年（公元1617年），又行"仓盐折价"之法，即官府不再向灶户收盐，而令灶户按引纳银，商人则直接向灶户购盐而不经官，此种专卖制度，即属商专卖。自此国家将收盐、运销之权全部交给商人，这是食盐产、销制度的一大变化。

除上述三种盐制外，在个别地区曾实行过盐票法。嘉靖十六年（公元1537年）两浙偏僻之地，官商不能到达，于是令土著商人纳银领票取盐，到偏僻之地贩卖，土著商人每百斤盐纳银八分。此种制度不同于官专卖，而且多侵正课。

2．茶税与茶专卖

明茶课制度起源于朱元璋建明以前。公元1366年，朱元璋令商人于产茶之地买茶，纳钱请引，每引茶百斤，输钱二百文。不够一引者，称畸零，给由贴。以后，又定每引茶一道，输钱千文，可贩茶一百斤；茶由一道，输钱六百文，可贩茶六十斤；以后又改令每引一道纳钞一贯，凭引可贩茶一百斤。建明以后，遂定官茶、商茶之制。

（1）官茶制度

所谓官茶，即官府对茶的生产者课征的实物（茶）。洪武初规定："芽茶、叶茶各验值纳课，贩茶不拘地方。"洪武四年规定陕西汉中诸县茶树，十株官取其一。无主茶园，令军士采摘，十取其八。所课之茶，以易番马。有时所课之茶，也改征折色，但不多见。

以茶易马，即实行茶马法。茶马法始行于唐。明代，在河州、秦州、洮州、甘肃、岩州等地设茶马司，茶马司以茶向少数民族商人换取马匹，以助边政。以茶易马的比例，因各地情况不同而有所不同。一般有茶马司的地方，上等马一匹易茶40斤，中等马一匹易茶30斤，下等马一匹易茶20斤。

实行茶马法的意义在于充实边疆马匹，减省百姓养马的徭役，所以是良法。

（2）商茶制度

所谓商茶，即茶商向官府交纳实物（或马、或米、或布），取得引目，凭引向茶户买茶。明朝商茶一律实行茶引制度，只是因时因地不同，运用不同的茶引形式。如以米易茶和以其他物资中茶的。以米易茶即纳米中茶法。此法行于洪武末。当时成都、重庆、保宁、播州设置茶仓四所，令商人纳米中茶。弘治七年，陕西发生饥荒，也曾实行纳米中茶之法，以备赈济。又有运茶支盐法，即令商人运茶于甘州、西宁，然后再以淮、浙的盐支付运费，此法行于宣德中期。

（3）贡茶制度

贡茶，即地方直接上贡给中央朝廷的茶。贡茶制度始于宋。明朝初年，天下贡额不固定。以宜兴贡茶为例，宣德时为29万斤，后来规定为4 000斤。

3. 坑冶课

明朝坑冶课主要包括金、银、铜、铁、铅、汞、朱砂、青绿（颜料）等。明初不主张开矿，轻坑冶政策一直持续到仁宗。到万历时，矿政渐趋混乱。

明朝金银之课，一般采用包税制，即规定某场一年应纳税额，责民交纳。明朝初年，金银之课甚轻，福建各银场税课仅2 670余两，浙江岁课2 800余两。永乐以后，福建银课岁额32 800余两。万历以后，由于商品货币经济的发展，对金银的追求越来越迫切，于是以开银矿的名义，大肆掠夺百姓，坑冶之法由此而滥，并成为扰民的渊薮。

明铁冶较宋元发达。洪武末，令民自由开采，国家抽课，三十分取二分，以后又禁民私贩，私贩铁者如私贩盐者同样定罪。

至于铜、汞、朱砂、青绿等矿，开采甚少，纳课甚微。

4. 酒醋课

明初实行禁酒政策，直到后期，酒的生产也没有多大发展。由于酒的生产没有发展起来，所以酒课不占重要位置。而且酒税不上缴中央，令收储于州县，以备其用，实质上是一种地方税，税率一般为2%左右。醋在明朝已不属禁榷之物，征税亦甚轻。

5. 商税

明朝初年，实行鼓励工商业发展的政策，所以商税制度简约。商税的征收机构为各地课税司局，国家对课税司局虽规定限额，但不务求增余。朱元璋认为："税有定额，若以恢办为能，是剥削下民，失吏职也。"对不能完成定额的税课司局，只核实而不问罪。课征办法因课征对象不同而异，对行商、坐贾贩卖的各类手工业品一般估算货物的价值，从价计征；对竹木柴薪之类，实行抽分；对河泊所产，征收鱼课。课征手段有本色，有折色。一般多以钞、钱缴纳。税率一般为三十分之一，且免税范围极广，凡嫁娶丧祭之物，自织布帛、农器、食物及既税之物，车船运自己的物品，以及鱼、蔬、杂果非市贩者皆可免税。只是买卖亩宅、牲畜要纳税，契纸要纳工本费（洪武二年规定每张契纸为工本费四十文）。为简化商税征收手续，还多次裁并税务机构。洪武十三年，一次裁并岁收额米不及五百石的税课司局三百六十四处，其税课由府州县代征。为了防止税课官吏的侵渔，规定在征收商税之地设置店历（即登记册），登记客商姓名、人数、行止日期等内容，以备核查；同时明示征收商税的货物名称，未标明需要征税的货物，均行免税。

明初还采取了一系列便于商人交易的措施，如洪武初年，南京（当时为京师）军民的住房，均由官府供给，因城内住户过多，无空地以供商人储存货物，商人皆储货于船舱内或城外。这样既不便于商人交易，又易受牙人（经纪人）要挟，于是国家在南京沿江地方筑屋，名为塌房，以储商货。凡至南京客商，皆储货于此。交易时，只准买卖双方进入塌房，禁止牙行出入。洪武二十四年（公元1391年）规定，在塌房储货的客货，以三十分为率，须纳二分官收钱，即后人所说的"塌房税"。另取三十分之一的免牙钱和三十分之一的房钱，此二者均用于支付看守塌房者的费用，而不属于税。永乐时，又将这种办法实行于北京。

明朝新增商税税目有如下诸种：

（1）市肆门摊税。市肆门摊税，始于仁宗洪熙元年（公元1425年）正月。当时，统治者认为钞法不通，是因为对客商所储之货不征税及售货门市阻挠所致，于是便对两京以贩卖为主的蔬果园不论官种或私种一律征税，对塌房、库房、店舍等储货者亦开始征税，对骡驴车受雇装载者也征税。这些税收均须以钞缴纳。这种税，称门肆门摊税，或称市肆门摊课钞。到宣德四年，市肆门摊课钞推行于全国，税课增加了五倍。此后，这种以流通钞法为目的而课征的商税，成为了经常性的税目。

（2）钞关科。钞关税行于宣德四年，目的也在于通行钞法。所钞关税，即在郭县、济宁、徐州、淮安、扬州、上新河、浒墅、九江、金沙州、临清、北新诸沿运河和沿江要地，设征税关卡，对"舟船受雇装载者，计所载料多寡、路近远纳钞"。所设的关，称钞关。钞关初设时，只征钞，后来时或征银，所征之钞或银，称钞关税。钞关税初行时，只对受雇装货的过往船只征税，税额按船的梁头座数和船身长度计算，这种税称船料或船钞。如遮阳船头长一丈一尺，梁头十六座，算作一百料。宣德四年规定每百料收钞百贯，后减为六十贯。成化时，船料钱钞兼收。嘉靖八年（公元1529

年），定制以银缴纳，每银五厘，折钞一贯；银一分，折钱一文。船钞税一般不税货，只税船，惟临清、北新兼收货税，其所榷本色钞、钱归于内库，以备赏赐；折色银两归于太仓，以备边储。

（3）工关税。工关税，系由工部派官，在芜湖、荆州、杭州三关置抽分竹木局，设官抽分竹木，以其税充工部船舶营缮之用，故名工关税。后抽分局属户部，但仍由工部代营。抽分竹木局的抽分对象为客商贩运的柴草、竹、藤、木、炭等；税率因时代不同而有高低，因品种不同而为等差。如柴草之属，一般三十分取一；黄白藤等，一般三十分取二；松木、松板、檀木、梨木、木竹、木炭，一般十取其二。英宗正统时三十分取四，天顺时二十分取六，宪宗成化时十分取一。工关税一般以实物缴纳，称本色；以后时有以银、钞缴纳者，称折色。

（4）商税杂敛。除上述三种主要税目外，尚有一些杂敛，如武宗正德十一年（公元 1516 年）始征泰山碧霞元君祠香钱。又有门税，即在京城九门征收通过税。嘉靖四十五年（公元 1566 年）于淮安征收过坝税，即对通过淮安坝之米麦杂粮所征之税，税额为一石征银一厘，以充军饷。

据史料记载，明商税税额，弘治时课钞 4 618 万贯，折银 138 540 两；嘉靖时，课钞 52 068 000 贯；万历以后，横征暴敛剧增，已无确切数目。

6. 市舶课

明朝市舶的含义与宋、元不同。宋、元对进行海上贸易的中外船只征税，均称市舶。明朝市舶专指在中国近海停泊之外国商船，而商舶则专指中国居民载土产运往海外贸易的商船。

明朝实行贡舶制度，即海外诸国来华贸易，必须向明朝廷进贡，进贡后则准其贸易，如不进贡则不准贸易。其市舶原则，既无财政目的，又无互通货物的意义，唯以通好、怀柔为原则。在这种原则指导下，明朝对海外诸国来华贸易的货物，不征市舶课，有时官府对市舶带来的货物实行抽分，却从优偿给其值，这种抽分实际上是官府以高价收买。对于贡品，国家亦高于原价给其值。至于国内商船则实行禁海政策，一般严禁出海，只有官府派官率船出海，如郑和七下西洋即属于此。但其目的不在于进行贸易，只是招抚远人。明代也设有市舶司，但只负责贡舶管理和监视，通报敌情，不负责商舶的管理和征税。

商舶的发展是在明后期万历年间。万历二年（公元 1574 年）巡抚刘尧海以船税充饷，"岁以六千两为额"，于是制定海税禁约十七章。自此，唯不准去日本贩日货通倭寇，去其他海外诸国皆可。

征税的原则，有水饷、陆饷、加增饷之分。所谓水饷，即以船的广狭为准，饷出于商船；所谓陆饷，即以货之多寡，计值征饷，饷出于铺商；所谓加增饷，即去吕宋岛（在今菲律宾）的商船返回时所携带的商品甚少，征收水饷、陆饷不多，故对这些船加征 150 两，称加增饷。

商船税课，万历四年为 10 000 两，万历十一年为 20 000 两，万历二十二年增为 29 000 两。

二、明代的财政支出

（一）皇室开支

1. 宫殿建筑

图 6 - 3　明代紫禁城

明朝营建的宫殿雄伟、华丽，靡费之多、耗日之久，历代少有，构成了明代皇室开支的大宗。明太祖在金陵定都，建奉天、华盖、谨身三殿。著名的北京故宫始建于明成祖永乐四年（公元1406年），至明永乐十八年（公元1420年）落成，故宫占地72万平方米，建筑面积约15万平方米，共有殿宇8 707间，都是砖木结构、黄琉璃瓦顶、青白石底座饰以金碧辉煌的彩绘，是世界上现存规模最大、最完整的古代皇家建筑群。建造这样雄伟的宫殿建筑群，支出巨大。据史料记载，仅乾清宫就用银2 000余万两，役匠3 000余人，一年用来支付工匠吃的米就有13 000石。此外，皇家陵寝、宗王、公主的府邸也是耗财无数。

2. 宫廷开支

明朝初年的几位皇帝厉行节俭，但是到了明中叶以后，宫廷开支不断上升，挪用其他费用的现象屡屡出现。明中叶，皇帝通过每年100万两的金花银，过着穷奢极侈的生活。万历六年，皇帝下令由太仓每年向内库进送20万两白银供"买办"之用，后成惯例。弘治中户部岁入白银243万两，内承运库岁入101万两。内府入银占户部岁额的29%。万历初年岁额1 461万两，内府岁入600万两，内府所入相当于户部岁入的41%。神宗大婚，提取济边银9万两作为制造费。万历五年，皇女降生，诏户部及兴禄寺各进银10万两。为皇长子及诸王举行册立、冠、婚礼用银934万两，而袍服之费又270多万两。营造宫殿，仅采木棚就用银930多万两。万历三十六年七公主下嫁，用银12万两。以上这些款项大部分向国库索取。皇室没有节制的开支破坏了国家财政的平衡，使得国家的财政运转日益困难。

3．宗室开支

明朝初年太祖规定宗藩世代享受国家提供的禄米，"初，太祖大封宗藩，令世世皆食岁禄，不授职任事，亲亲之谊甚厚"。洪武二十八年裁减了宗室的部分禄米，诏"以官吏军士俸给弥广，量减诸王岁给，以资军国之用。乃更定亲王万石，郡王二千石，镇国将军千石，辅国将军、奉国将军、镇国中尉以二百石处减，辅国中尉、奉国中尉以百石处减，公主及驸马二千石，郡主及仪宾八百石，县主、郡君及仪宾以二百石处减，县君、乡君及仪宾以百石处减。自后为永制"。虽然做了调整，但随着宗室人口不断增多，宗室的禄米越来越成为国家的财政负担。据黄仁宇先生统计，皇室成员在不断膨胀。"在公元1529年，就报告说玉牒中有8 203人，40年后这一数字达到28 492人，估计到明末，开国皇帝的直系男性后裔接近100 000人。"到了嘉靖四十一年，御史林润指出："天下之事，极弊而大可虑者，莫甚于宗藩禄廪。""天下岁供京师粮400万石，而诸府禄米凡853万石。以山西言，存留152万石，而诸府宗禄312万石。以河南言，存留843 000石，而宗禄192万石。是二省之粮，借令全输，不足供禄米之半，况吏禄、军饷皆出其中乎？"虽然嘉靖时也削减了这项支出，但这项供应还是要消耗大量的政府收入。据隆庆五年礼部报告，当时除宗女、仪宾外，仅亲王、郡王和各级将军、都尉，岁支禄米共870万石有奇，约占全国各地存留粮总数的80%。明宗室消费占财政开支比例之大，是历史上罕见的。无疑，藩王宗室确实是增加税收的一个重要影响因素。

（二）官吏薪俸

明代俸饷是国家财政支出最大的一宗。洪武四年（公元1371年）曾制定文武百官俸禄，最高正一品900石，最低从九品50石。洪武十三年（公元1380年），重定官吏俸禄，标准有所提高，给禄米俸钞，最高正一品每年禄米1 044石，俸钞300贯，最低从九品禄米60石，俸钞30贯；未入流36石。永乐登基（公元1403年）后，实行米钞本色折色兼支，规定五品以上米占2成钞占8成，六品以下米占3成钞占7成，这一政策因钞价贬值而使得官员的实际薪俸降低。明代薪俸虽低，但国家的俸禄支出并不少，究其原因，一是宗藩日益庞大；二是明朝的官吏人数众多。

（三）军费开支

明代初期创卫所制，自京师至郡县，设立卫327个，当时最大以5 600人为一卫，1 210人为千户所，112人为百户所，征调则统于诸卫，无事则散归各所。明初，军饷由屯田收入支付，财政补贴不大。明代中、后期，卫所制遭到了破坏，军屯土地大量被侵占，军屯粮食流入私人，国家必须承担军粮开支。随着军士大批逃亡、军屯收入减少、募兵制的出现，国家的财政负担又进一步加重了。首先，募兵需要募兵银，其次募兵的月粮和饷银比卫所要丰厚。据黄仁宇先生考证，在公元1500年前后，北方军营里以募兵来填补空额已经成为一个通行做法。开始时每个募兵可得津贴银五两，同时还为他们提供战马和服装。当然也要给这些募兵固定的饷银。16世纪中期每人每年可得白银六两，这并不算少。但是由于白银更加广泛的使用和倭难期间南方数省征兵计划的扩大，使这一数字不断增长。当16世纪70年代南方军队调到北方时，所有的北边军镇都普遍提高了饷银。到 16 世纪末，许多募兵年饷银为 18 两，这成为 17 世纪早期的通行标准。

随着军屯制废弛，边防缺乏粮食，米价日涨，政府为维持边军生活，必须输更多的现金前往接济，叫做年例。在正统年间年例不过 40 万两，嘉靖年间渐增至 280 万两，隆庆初年无大变动，万历中期就增到 380 万两。年例之外又有临时的战费，万历二十年后宁夏、朝鲜、播州三大征就用银 1 000 多万两，万历四十六年至天启七年（公元 1618—1627 年）前后十年间对后金的战费用银 6 000 多万两。

明末战事频繁，军费开支愈发巨大。辽饷经过前后四次加派总计达 685 万两，剿饷先后加派共 330 万两，练饷初为 400 万两，尔后增至 730 万两。到了崇祯十六年，户部左右二司新旧饷收支均呈赤字。户部左右二司额定收入该银 20 101 533 两，但实际收入 15 845 927 两，支出 21 221 487 两，赤字达 5 376 459 两。军费开支巨大，国库空虚由此可见一斑。

（四）工程支出

雄伟壮丽的明长城，是明代工程的代表之作。据黄仁宇先生在《十六世纪明代中国之财政与税收》中对明代的工程成本测算，嘉靖二十五年（公元 1546 年），在宣府和大同地区，每修筑城墙 1 千米，政府费银约 3 730 两，即每米造价 3. 73 两银子。以长城之雄阔，所费之资可以想象。此外，交通、水利等工程也在财政支出中占有一定比重。比如，明代建都北京之后，漕粮东南，运道 3 000 余里，疏通航道每年都要耗费大量民力财力；为了便利首都与各地大都市及险要之处的信息传递，政府出资不断扩充兴办传驿事业，凡三十里设驿，修建驿道、驿站、驿馆、配有驿马，著名的明末农民起义领袖李自成，就曾经是一名驿站的驿夫。为防御水患，政府还出资修筑堤坝、疏通河道，仅洪武八年，就发民夫 3 万堵塞开封决口；弘治三年，役夫 25 万，筑堤防洪；永乐八年，耗工费百万疏浚河道。以后大凡河工都动辄征发数十万民夫。

（五）教育及其他支出

明朝政府比较重视文化教育事业，实施了比唐宋更为完备的学校制度和科举制度。学校分为国子监和府学、州学、县学、卫所学，皆设儒学教官。明代进入太学读书的学生，有时多达千人，少时也有数百人；地方学府一般有人员定额，府学 40 人、州学 30 人、县学 20 人；官学师生每月由公家发给一定的食宿费和补助。科举（包括乡试、会试、殿试）的经费也均由政府开支，每年支出约数十万两。

另外，祭祀、赈灾、赏赐等均有一定开支，因年景情况不同，开支并无定数。

三、明代的财政管理

（一）赋税管理机构

明代仍为中央集权制财政，没有划分中央财政和地方财政。但从中央到府、州、县都设有赋税管理机构。

1. 中央赋税管理机构

中央赋税管理机构是户部，户部设尚书，主管天下户口、田赋、征役、盐政、钱谷、坑冶、关市等。明代不设丞相，户部直隶于皇帝，其属初设四个清吏司，即民部、度支、金部、仓部，后分十三清吏司，分管各省赋税，每清吏司下属民、度、金、仓四科。民部主管土地、户口、物产；度支部主管会计；金部主管天下渔盐、税课等工商税收；仓部主管两税的起运及仓库。

2. 地方赋税管理机构

（1）省的赋税管理机构

明设十三省，各省以承宣布政使司主管赋税。凡一省之赋役、钱谷，均由布政使司统管。

承宣布政使司下设都转运盐使司凡六司，即两淮、两浙、长芦、河东、山东、福建，主管盐课的征收和盐引的批验。都转运盐使司下设分司，分司辖各仓场盐课司。设盐课提举司凡七司，即四川、广东之海北、厦州之墨盐井、楚雄之白盐井、姚安之安宁和五井、大理之察罕脑儿、辽东。设市舶提举司凡三司，即福建、浙江、广东，主管海外诸番朝贡市易之事。设茶马司，主管茶马交易之事。以上诸名义上虽分隶行省，但直接由中央控制，等于中央（户部）的派出机构。

应天府直隶中央，属省级，共有二县，即宛平、大兴，县设都税司、宣课司、税课司、批验所，分管赋役和工商税的征解。

（2）府的赋税管理机构

府设知府，主管一府之政，包括赋税管理。下设税课司，专管赋税，包括工商税收、契税。有河泊之地，设河泊所官，主管渔课。洪武十五年定天下河泊所凡252所。产铁之地设铁冶所，主管铁冶之课。设批验所，掌握和验看茶引、盐引。

（3）县的赋税管理机构

县设知县，掌管一县之政，包括赋役、黄册登造和会计，如有重要的山海物产，可供国家使用，则按报告所载，及时进贡给中央。县设税课司，主管工商税收、契税。有河泊地设河泊所官，有冶铁之地设铁冶所，同时设茶引、盐引批验所。职掌同府。

此外，明有州一级政权，但有的州隶省，有的州属府。凡隶省的州，税务管理机构同府；属府的州，税务管理机构同县。

（二）会计与监察

1. 会计

明朝的会计制度较宋、元有所发展。从会计组织上看，明朝户部下的度支部负责主管会计工作，省、府、州、县都有主管会计。

明代的账簿也较前代有显著的进步，国家制定了统一的账簿格式，颁行全国。这种账簿称"印信文簿"，或称"印簿"或"文簿"，并规定每天登记，定期选官送到部里。账簿的格式是按"四柱式"设计的，而"四柱式黄册"、"四柱式清册"皆依据这种账簿编制。

印信文簿是国家的主要账簿，具有总账的性质，此外，中央各部门及地方府、州又设置专项分类账簿，诸如盐院的"红字簿"、"钞关文簿"等。账簿的记录以金额为主，这是会计核算上的新开端。账簿的登记或以货币度量；或既登记实数，又登记数量折银或钱的金额，这在前代是很少见的。

总之，明朝的会计制度，无论是会计组织，还是账簿的设置都较前代有明显的进步。

2. 监察

明朝为强化君主专制制度，进一步扩大了监察机关的权力。在中央设立都察院，都察院直属皇帝。都察院卜设监察御史。监察御史派出时为巡按御史，分巡十三道，即浙江道、江西道、河南道、山东道、福建道、四川道、广东道、广西道、贵州道、陕西道、湖广道、山西道、云南道。监察御史的职责范围很广，其中巡视盐、茶、马，查算钱粮是其重要职责之一。监察御史的权力很大，其奏书可直达皇帝。

明朝虽提高了监察的地位，但监察发挥的作用不大，尤其是在明后期，由于太监专权，都察院和监察御史形同虚设。

（三）违章处理

明朝有关赋税的刑罚较元为轻，但较元代系统，也较完备，各类赋税均有条例，尤其以盐、茶法较为详细。

1. 盐课罚则

明代为保证盐课收入，有下述情形之一者，必须受到惩处：

（1）凡各场灶丁将所煎余盐夹带出场及私盐货卖者绞（吊死）；百夫长知情纵容或通同货卖者，同罪；两邻知情不举，杖一百并充军。

（2）贩私盐被抓获，犯人绞；携带军器者斩（砍头），车及牲畜没官，有窝藏私盐者杖一百，发烟瘴之地充军；挑担驮载者杖一百，充军。自首者免罪。一般人抓获贩私盐者，赏银十两。盐运司拿获贩私盐者，随送至有关部门追断，不许擅自审讯。有关部门与贩私盐者通同作弊或纵放，同贩私盐罪。

（3）贩盐者的盐引，必须经过批验，如无批验盖印者，笞五十，押回盘验。

（4）军民权豪势要之人乘坐无引私盐船只而不让盘验者，杖一百，军民具发配烟瘴之地充军；有官者断罪罢职。

（5）盗取官盐或掺和沙土以换好盐者，计赃比一般盗窃罪加一等；盗取商贩之盐，同一般盗窃罪。客商买官盐而掺和沙土贩卖者，杖八十。

（6）客商贩盐不许盐、引相离，违者同贩私盐追断。如卖完盐，需在五天内缴纳退引，不退者杖六十；将旧引再去领盐者，同贩私盐罪。伪造盐引者处斩。

（7）如有买私盐食用，减贩私盐一等论罪，再去贩卖者绞。

（8）运载官盐必须用官船，如灶丁用别船装载，同贩私盐罪。

上述法规的基本精神是禁私盐。从灶丁生产，到商人贩运，直至消费者食用，均以禁私盐为原则。其法虽苛，但由于统治者管理不善，贩私盐仍然十分盛行。明末农民起义军中，曾经参与贩私盐活动者为数甚众。

2. 茶课罚则

（1）贩私茶者，同私盐法。如用已批验过的旧茶引进山购茶，同私茶论罪。

（2）贩茶客商，必须先赴产茶府具申报所贩重量，以便纳课买引，给凭证准其出境贩卖。卖毕即到所在官府缴纳原引，如藏旧引再去购茶，同贩私盐罪。

（3）茶户将茶卖给无引客商者，初犯笞三十，追原价没官；再犯笞五十；三犯杖八十，加倍追价没官。

（4）茶与引不许相离，有茶无引，或多余夹带，俱同私茶定罪。

（5）客商运茶经过批验所，依例批验，将引截角，验过别无夹带，方许放行。违制越过批验所者，笞二十。

（6）伪造茶引者，处死，籍没当房家产。告捉人，赏银二十两。

（7）卖茶去引，须赴宣课司依例三十分抽一，芽茶、叶茶，均验值纳课。

（8）手续完备的客商，贩茶没有地域限制。

总的来看，茶法较盐法稍宽，但亦以禁私茶为原则。

第三节　明代的重要财政变革

明代财税方面最引人瞩目、影响深远的改革是"一条鞭法"的制定与推行。本节将详尽介绍这一改革的背景、内容、推动者及其意义。

一、改革背景

明初实行的"与民休息"政策，使农业经济得到迅速恢复和发展，同时也促进了手工业和商业的发展，是中国封建社会自汉、唐以来的第三个鼎盛时期。但是历时不久，就爆发了日趋严重的社会危机。明自英宗以后，皇帝多深居皇宫，不理朝政，生活日益奢靡，宦官乘机把持朝政，如英宗正统时的王振、宪宗成化时的汪直、武宗正德时的刘瑾等；他们与贵戚、贪官相互勾结，朋比为奸，贪污受贿，抢占民田，甚至殴杀百姓，擅改刑律，致使民怨沸腾。与此同时，土地兼并之风，日甚一日，致使国家课田面积急剧减少。弘治十五年（公元1502年），课田面积不及洪武二十六年课田面积的一半，而且还在继续减少。加以连年灾荒，人民难以存活，不少人被迫离开自己的土地，辗转流亡，形成庞大的流民队伍。天顺、成化（公元1457—1487年）30年

图6-4　明朝官员出行图

间流民达一二百万。

在赋役册籍方面，进入明中期后，因久不登造赋役册籍，加之豪猾奸民为了逃避赋役，又与胥吏相互勾结，篡改图册，赋役册籍遭到破坏，赋役征收出现了混乱状况。从田赋方面看：土地版籍脱讹，疆界不清，官田变民田，民田负官田之税；产去税存，有田无税的现象十分严重；田赋的征解，弊端百出，粮长征解制度渐被破坏，致有粮长将自身的赋税令民包纳者；以富欺贫，以强凌弱，佃民百姓备受苛扰。从徭役方面看：官吏、里胥，上下其手，舍大取小，避强削弱。赋役负担严重不均。

明代中后期官府的苛敛、污吏的贪暴、豪强的兼并，使民不聊生，阶级矛盾激化，农民暴动此起彼伏。为了缓和阶级矛盾，增加政府财政收入，官吏中一些头脑较清醒的曾试图改变赋役制度。嘉靖二十六年（公元1547年），应天巡抚欧阳锋在履亩丈田，划定等别的基础上，实行"征一法"，即将一切应征的粮米，皆计亩均输，并以田定每年之役。此后又有细银法、"一串铃法"等办法实施。神宗万历初年，张居正为首辅，全面整顿军事、政治和经济，在财政上主张实行"一条鞭法"。

二、改革内容

张居正于万历元年出任首辅，他认为国家田额减少的原因是"豪强兼并，赋役不均，花分诡寄，偏累小民"。"豪民有田不赋，贫民曲输为累，民穷逃亡，故田额顿减"。为了抑制兼并，均平赋役，他于万历六年（公元1578年）下令清丈全国土地。"凡庄田、民田、职田、荡地、牧地，皆就疆理，无有隐。其扰法者，下诏切责之。"在清丈土地的过程中，户部尚书第学颜做了大量的工作，他"撰会计录以勾稽出纳。又奏列《清丈条例》厘两京、山东、陕西勋戚庄田，清益额、脱漏、诡借诸弊"。经过几年的努力，基本完成了清丈土地的工作，全国实有土地7 013 976顷，较弘治时增加300万顷。在丈量的过程中，有些官吏用小弓丈量等手段虚增田亩数额，致使田额不甚准确，但毕竟清出了一些隐田，这对防止豪民兼并，转嫁赋税起了重要作用。在清丈土地的基础上，于万历九年（公元1581年）全面推行"一条鞭法"。

"一条鞭法"亦称"一条编法"，此法在嘉靖十年（公元1531年）由御史傅汉臣奏行；嘉靖末，浙江巡抚庞尚鹏行于浙江；隆庆四年（公元1570年）海瑞行于江西；至万历九年通行全国。其主要内容是："总括一州县之赋役，量地计丁，丁粮毕输于官。一岁之役，官为金募。力差，则计其工食之费，量为增减；银差，则计其交纳之费，加以增耗。凡额办、派办、京库岁需与存留，供亿诸费，以及土贡方物，悉并为一条，皆计亩征银，折办于官，故谓之'一条鞭'。"

"一条鞭法"的基本精神是：

（1）赋役合一：各类徭役，随田赋一并征收。

（2）正杂统筹：正税与杂税、额办与派办、力差与银差等，均按田地、丁额均摊。

（3）官收官解：改粮长征解制为官府统一征收、解运之制，徭役也由官府统一雇募。

（4）实物征银：各种征派，皆计亩征银。

这种赋税制度手续简便，易于实行，同时能够在一定程度上延缓土地兼并的速度，对豪猾之民诡避赋役、转嫁赋税也有一定限制作用。而且，实行"一条鞭法"之后，只要有田，就要出役，实行赋役合征，这就限制了官僚的免役权，从而使国家的赋税收入大有增加。万历十年至十五年，太仓积粟得到充实，"公府庾廪，委粟红贯朽，足支九年"。

三、改革的主要人物

明王朝经过两百多年的风风雨雨，到了嘉靖年间已是百病丛生，危机四伏。紫禁城里每日设坛修醮，青烟缭绕。幻想长生不死的嘉靖皇帝陶醉于《庆云颂》的华丽辞藻，闭着眼睛将朝政托付给奸相严嵩。严嵩父子趁机为非作歹，贪赃枉法。在这样的时代背景下，平民出身的内阁首辅张居正被推上了历史的前台，以其非凡的魄力和智慧，整饬朝纲，巩固国防，使奄奄一息的明王朝重新获得了生机。

张居正，字叔大，号太岳。祖籍安徽凤阳，明朝名臣，明朝中后期政治家、改革家，万历初期的内阁首辅，辅佐万历皇帝进行了"万历新政"，使原已垂危的大明王朝生命得以延续，具有重大的历史功绩。

图6-5 张居正

明太祖封张居正先祖张关保到归州，为归州千户所。张居正曾祖系庶出，无法承世袭官职，迁到湖广江陵。张居正生于公元1525年5月24日，卒于公元1582年6月20日。5岁入学，7岁能通六经大义，12岁考中了秀才。13岁时就参加了乡试，写了一篇非常漂亮的文章，只因湖广巡抚顾璘有意让张居正多磨炼几年，才未中举。16岁中了举人，23岁中嘉靖二十六年（公元1547年）进士，由编修官至侍讲学士领翰林事。隆庆元年（公元1567年）任吏部左侍郎兼东阁大学士。后迁任内阁次辅，为吏部尚书、建极殿大学士。隆庆六年，万历皇帝登基后代高拱为首辅。当时明神宗年幼，一切军政大事均由张居正主持裁决。

张居正前后当国10年，实行了一系列改革措施，收到一定成效。他清查地主隐瞒的田地，推行"一条鞭"法，改变赋税制度，使明朝政府的财政状况有所改善；用名将戚继光、李成梁等练兵，加强北部边防，整饬边镇防务；用凌云翼、殷正茂等平定南方少数民族叛乱；严厉整肃朝廷上下。在张居正功成名就之时，他把矛头对准了曾给他带来巨大利益的阶层——文官集团。张居正除了推行"一条鞭法"，使得税收统一收钱不收物，节省了很多土地外，更对文官实行考成法，其具体实施方法类似于今天的考绩。比如一位知府（五品），年初时就要写好一份计划，内容不能太少，写好后自己留一份，给张居正一份。如计划内容过少，就要退回重写。计划通过后，以后的一年里这位知府就要为完成计划而努力。如果到了年末，核对后发现这位知府有什么事没有完成，那知府就会被贬职降为知县。如果到了县里还是如此，那就一直降下去，直到什么官职都被削去，回家当老百姓为止。

万历十年（公元 1582 年）六月二十日，内阁首辅、太师、太傅、中极殿大学士张居正卒，年 58。死后赠上柱国，谥文忠。死后不久即被宦官张诚及守旧官僚攻讦，抄没其家，至天启二年方恢复名誉。著有《张太岳集》、《书经直解》等。

四、改革的意义

"一条鞭法"的推行，主观上是为了维持明王朝的封建统治，客观上却起到了促进生产力发展的作用。这项制度是我国赋役史上的一大变革。

首先，"一条鞭法"将赋与役合并为一，这标志着中国沿袭二千余年的丁、产并行的赋役制度，正在向以物（田）为课税对象的租税制转化，自此，劳役制渐归消失。这是中国赋税史上的重要转折。

其次，"一条鞭法"规定计亩征银，从而大大扩展了货币之征的范围，这对明中期以后货币经济的发展有着重要作用。

最后，农民以银代役，使农民对国家的人身依附关系进一步削弱了；而国家出银雇役，则标志着劳动力商品化的趋势日益加强。

第七章 清代前期的财税

　　清代是我国历史上最后一个封建王朝，因其社会性质的变化，故把从清军入关统一中国（公元 1644 年），到鸦片战争爆发（公元 1840 年）这一阶段称为清代前期，而把自公元 1840 年后到辛亥革命（公元 1911 年）推翻清王朝统治为止这一阶段称为清代后期。清前期依然属于中国封建社会晚期，而清后期中国则日渐变成了半封建半殖民地的社会。本章讲述的是清代前期即鸦片战争爆发之前的财税情况，这一时期属于中国封建社会晚期，赋税制度虽与以前各代有所不同，但只是程度上的差异，并非本质上的区别。

第一节 清代前期的政治经济背景

一、政治背景

　　明万历四十四年（公元 1616 年），清太祖努尔哈赤建国称汗，国号大金，史称"后金"。公元 1636 年（明崇祯九年，清崇德元年），清太宗皇太极称帝，改国号为"大清"。公元 1644 年（明崇祯十七年、清顺治元年），李自成的大顺军攻占北京，明朝灭亡；驻守山海关的明将吴三桂降清，清摄政王多尔衮指挥清军入关，打败大顺农民军；同年清顺治帝迁都北京，从此清朝取代明朝成为全国的统治者。入关后 20 年时间里，清朝先后灭亡大顺、大西和南明等政权，基本统一全国。清朝成为中国历史上最后一个封建王朝，也是中国历史上第二个由少数民族（满族）建立并统治全国的封建王朝。

　　清朝奠定了我国今天疆域的基础，鼎盛时领土达 1 300 万平方千米。疆域西跨葱岭，西北达巴尔喀什湖，北接西伯利亚，东北至黑龙江以北的外兴安岭和库页岛，东临太平洋，东南到台湾及附属岛屿钓鱼岛、赤尾屿等，南至南海诸岛。清朝是中国历史上统一全国的大王朝之一。清朝的人口数也是历代封建王朝最高的，清末时达到四亿以上。清初为缓和阶级矛盾，实行奖励垦荒、减免捐税的政策，内地和边疆的社会经济都有所发展。至 18 世纪中叶，封建经济发展到一个新的高峰，史称"康乾盛世"。于是中央集权专制体制更加严密，国力强大，秩序稳定，清代人口至 18 世纪后期，已达到三亿左右。康熙年间，收回了台湾，并与俄国签订《尼布楚条约》，划定了中俄东段边界；乾隆中叶，平定准噶尔、回部，统一了新疆。这不仅一举解决了中国历史上游牧民族和农耕民族之间旷日持久的冲突，而且采取了一系列政策，发展边疆地区的经济、文化和交通，巩固了中国多民族国家的统一，奠定了现代中国的版图，增强了中华民族的凝聚力。在文化上，康乾时期编纂了几部集大成之作，如《四库全书》、《古今图书集成》等，对清理和总结中国历史文化遗产做出了重大贡献。

清朝也有很多弊病。明代后期的君权有一定的松懈，而清朝把封建专制推向了最高峰。清朝初期大力推行圈地（圈占土地）投充（强迫平民为奴）等恶政，极大地破坏了中原地区的经济；重农抑商，制约了资本主义萌芽的发展；制造了多起文字狱，加强对文人思想控制，导致思想上"万马齐喑"；在编撰古籍时又大肆销毁古籍；剃发易服，一定程度上割裂了汉族的文化传统；给旗人寄养的特权，使其迅速腐化；统治者轻视科技，实行闭关锁国，导致中国的科技极大地落后于西方。公元 1840 年后帝国主义入侵，使清廷与侵略者分别缔结了大量不平等条约，割地赔款，开放通商口岸，中国的主权受到严重损害，逐步沦为半封建半殖民地社会，人民负担更加沉重，处于水深火热之中。

二、经济概况

清朝人口大增，乾隆时期已达三亿，使得对粮食的需要大大增加。清朝采取开垦荒地、移民边区及推广新作物等政策以提高生产量。由于国内与国外的贸易提升，经济农业也相对发达。手工业方面改工匠的徭役制为代税役制。产业以纺织和瓷器业为重，棉织业超越丝织业，瓷器以珐琅画在瓷胎上，江西景德镇为瓷器中心。清朝商业发达，形成十大商帮。其中晋商、徽商支配中国的金融业，闽商、潮商掌握海外贸易。清朝曾实施海禁政策，直到收回台湾后，沿海贸易才稍为活络。货币方面采行银铜双本位制。康熙晚期为防止民变，推行禁矿政策，在一定程度上阻碍了工商业的发展。

图 7-1　清代居民生活

1. 农业生产

清朝前期农业生产的恢复和发展突出表现在以下三个方面：

（1）耕地面积扩大，人口增长。清朝前期的 100 年间，耕地面积增加了 40% 以上；清朝前期的 100 多年间，人口迅速增长到 3.6 亿。

（2）粮食产量大幅度提高。政府提倡各省因地制宜，采用多种种植方法，使粮食产量大幅度提高。高产作物甘薯的种植，从福建、浙江等省推广到长江流域和黄河流域。经济作物桑、茶、棉花、甘蔗、烟草，种植面积扩大了，当时已成为商品。康熙帝从中南海丰泽园旁边的水田里选育了一种早熟的稻种——"御稻种"。他下令在江南地区推广，令苏州织造李煦在苏州试种，第二年又派有经验、懂技术的农民李英贵前去指导。这种稻种第一季的成熟时间平均不到 100 天，最短的只有 70 天左右，收获后还可以再种一季，一年两熟。试种结果，每年平均亩产都在 6 石以上。康熙曾将双季稻的栽培，推广在江北部分地区。

（3）经济作物种植面积扩大。清朝时候，专门从事蔬菜生产的农民增多了。北京郊区的菜农，利用"火室"、"地窖"等设备，在冬季栽培韭黄、黄瓜等新鲜蔬菜，拿到市场上出卖。乾隆年间，原来不种棉花的河北一些地区，栽培棉花的占十分之八九。清朝前期，甘蔗种植遍及东南沿海各省。广东一些地方种植的甘蔗，往往上千顷连成一片，远远望去像芦苇一样。

2．手工业生产

清朝前期的手工业生产比明朝更加发达，其表现：

（1）鼓励商人开矿。顺治时，政府严禁民间开矿，后来不断放宽开矿政策。乾隆时，政府鼓励商人开矿，矿冶业迅速发展。云南的铜矿，数量多，规模大，乾隆年间有 500 余处。

（2）南京、广州等地的丝织业后来居上，超过了苏州丝织业。在明代以苏州最为著名，明清之际遭到破坏，康熙时得到恢复，到雍、乾时有所发展。南京的丝织业发展更快，超过苏州而跃居全国之冠。南京有织机 3 万多台，所产绸缎行销全国。所产"江绸"、"贡缎"，时人称"江绸贡缎之名甲天下"。广州的丝织业发展也很迅速，到乾隆时有织工数万人，所产纱绸之精良已远胜于南京及苏州，博得了"广纱甲天下"的盛誉。

（3）景德镇制瓷业的规模比过去扩大。景德镇的制瓷业在明末清初曾遇到严重破坏，后来逐步恢复，到雍乾时期该镇已"广袤数十里，业陶数千户"，重新恢复全国制瓷业中心的地位。景德镇的制瓷业有官窑和民窑两种经营形式。官窑于康熙十九年（公元 1680 年）重建，有"窑五十八座，除缸窑三十余座烧鱼缸外，内有青窑，系烧小器；有色窑，造颜色"。

（4）边疆少数民族的手工业也发展起来。在农业和手工业发展的基础上，商业逐步繁荣起来。

图 7-2　清朝货币

3. 商业发展

商业发展和商业城市出现，北京是当时全国性的贸易市场，东南的苏州、扬州等城镇都很繁华。西北、西南各地也出现了不少商业城市。

4. 海外贸易

清廷对于民间海外贸易厉行海禁政策；对于外国来华贸易，仍沿袭明代的朝贡制度加以控制。最初与清朝发生朝贡关系的，主要还是南洋和东南亚诸国，但有许多限制，如对贡期和随贡贸易的监视等都做了严格的规定。对于西方殖民国家来华商船的限制就更严，只许它们停泊澳门，与澳门商人进行贸易，每年来华贸易的大小船只，不得超过 25 只。公元 1685 年清廷放宽海禁后，准许外商在指定口岸通商后，逐步建立了一套管理外商来华贸易的制度，主要有公行制度和商馆制度。浙江、福建与广东地区盛行海外贸易，人民时常与日本、琉球、东南亚各国及葡萄牙、西班牙与荷兰等西洋各国展开贸易。到 18 世纪还有英国、法国与美国，其中英国几乎独占对华贸易。西洋各国对清朝的丝绸、茶叶与甘蔗的需求与日俱增，然而清朝对西洋事物需求不大，使得中国对外贸易呈现大幅出超的情形。大量银元流入中国，增加货币流通量，刺激物价上涨，促进商业繁荣。在此期间，中国沿海以泉州、漳州、厦门、福州与广州先后崛起，成为贸易大城，操控对外国际贸易。乾隆二十二年（公元 1757 年），由于外商不断的掠夺和违法行为，清廷只保留广州一地为通商出口。

第二节　清代前期的财政基本状况

一、清代前期的财政收入

清前期国家的财政收入主要来自各种税收，有田赋、盐课、关税、杂赋几项。其中田赋称"正赋"，是国家最重要的税收；其他在广义上均称"杂赋"，与正赋相对。不过因盐课和关税数量较大，分别另设专官征管，一般不将其包括在狭义的"杂赋"即"杂项税课"概念之内。税收之外，"捐输"即卖官鬻爵也是清前期的重要财政收入之一。

（一）田赋征收

田赋是按土地田亩征收的土地税，征于民田，即民间私人所有，可以自由买卖、继承、转让之土地。除民田外，清代另有"旗地"、"屯田"、"官田"三种土地，法令上属于"官有"，一般不负担国家的赋税和徭差。

民田也有许多种，如民赋田、更名田、归并卫所地、退圈地、农桑地、芦课地、河淤地、山荡地、草地、田塘、灶地、官折田地等，均属国家征派赋役的民田。对于民田，各州县有丈量册（"鱼鳞册"）登录其情况，册内详绘州县都图（里甲）各户田地的方圆形状，写明丈尺亩数、四至疆界及高低、旱涝、肥瘠，次以字号，系以主名，作为征收赋税的地籍依据。对于政府册籍所载土地情况不清、不实以及随时变动诸情形，规定有司予以清丈勘实；清丈须在农隙时进行，禁止滋扰及徇私。

田赋有正税，有加征。正税为地丁，加征为随地丁征收的耗羡。加收耗羡的理由是民间以散碎银两纳税，需经官将其熔铸成统一规格的元宝才能解运交库，不无损耗（"火耗"），而且解运亦需费用，故而加征。加征耗羡在清初原不合法，但朝廷予以默认，各地官府更往往在实际耗费之外多取盈余，以之充地方办公经费及中饱官吏私囊。雍正时实行"耗羡归公"，各省规定加征分数，所征银两提解司库，用给各官养廉及充地方公费，且纳入奏销，于是耗羡便成了地丁正税之外的法定加征。耗羡的征率，一般为正税额的十分之一左右。

田赋征额以《赋役全书》为依据。清初入关，豁除明季三饷等项加派，以明万历旧额为准，于顺治年间编成《赋役全书》，总载地亩、人丁、赋税定额及荒、亡、开垦、招徕之数，颁示全国，以为征敛之大纲，其后各代皇帝均有修改。与《赋役全书》相辅而行的，有黄册和丈量册。黄册为户口册，登载户口人丁之数，以田亩系于户下，丁税据之以定（摊丁入地以后，黄册失去作用）。丈量册是登载土地田亩情况，据以征收田赋的地籍册。田赋系按亩派征，又根据土地类别（民赋田、更名田、归并卫所地及田、地、山、荡等）和肥瘠等次高下分别规定不同科则，但各地的科则规定各不相同，并无统一标准。在全国范围内，最低科则每亩征银仅以丝、忽计，征粮以抄、撮计；高的科则每亩征银达数钱，征粮达数斗。

清前期田赋以征银为主，也征收一定的米、麦、豆、草等实物。田赋收数，顺治十八年（公元 1661 年）为银 2 157 万两、粮 648 万石；康熙二十四年（公元 1685 年）为银 2 445 万两、粮 433 万石；雍正二年（公元 1724 年）为银 2 636 万两、粮 473 万石；乾隆、嘉庆、道光时期，因丁银并入田赋，征额合计地丁增至 3 000 万两上下，粮数连漕粮在内共 800 余万石。作为田赋附加随地丁征收的耗羡，乾隆时为 300 余万两，嘉庆时达到 400 余万两。民田赋之外，还有由州县征收，隶于各省布政司下的屯田赋。据《清朝文献通考》记载，雍正二年为银 43 万两、粮 106 万石；乾隆十八年为银 50 万两、粮 373 万石；乾隆三十一年为银 78 万两、粮 109 万石。

（二）漕粮和漕运

漕粮也是清代田赋的一部分，征于山东、河南、江苏、安徽、江西、浙江、湖北、湖南八省，岁额 400 万石。其中，330 万石输京仓，为"正兑"；70 万石输通仓，为"改兑"。漕粮原额以粮米计，实际征收有部分折收银两，称"折征"；还有将原定本色改收他种实物的，称"改征"。普通漕粮之外，在江苏苏州、松江、常州、太仓四府州及浙江嘉兴、湖州二府另征有"白粮"（糯米），随漕解运京、通，供内府奉祭、藩属廪饩及王公百官食用。白粮原额 21.7 万石，乾隆后实征 10 万石左右，其余征收折色、民折官办或改征漕米。

漕粮也有随征耗费，谓之"漕项"，以补漕运、仓储折耗并充各项经费之用。漕项的名目很多，如"随正耗米"、"轻赍银"、"易米折银"、"席木竹板"、"运军行月钱粮"、"赠贴"等，都是漕项。这些正式的漕粮附加税之外，随漕加征的费用还有给运军作漕运帮船开销的各种"帮费"和地方刁徒勒索的各种"漕规"，名堂繁多，征数往往过于漕项。例征的漕项以及不断加增的种种额外漕费和陋规使国家每征正漕一石，税户往往要出数石才能完纳，成为农民的一种苛重负担。嘉庆、道光之后，这个问题尤其严重。

漕运是一项耗费巨大的工程，不但要长年维持一支庞大的专业运输队伍即卫所运军、供养一大批经理漕运的漕务官员和整治疏浚河道的河务官员，而且要经常修造保养相应的工具、设备，特别是多达数千余只的漕船。这些花费作为清政府的沉重财政负担，最终都转嫁到人民身上，其数额远远超过每年征数仅几百万石的漕粮的价值。嘉庆、道光以后，漕务日坏，每年漕粮的征收和运输对民间的滋扰更甚。同时，这一时期黄河淤积日渐严重，导致运道梗阻，漕运不畅，遂使漕运改革趋于迫切。不过，直到太平天国起义以前，除曾在道光六年和二十八年（公元 1826 年、公元 1848 年）海运过部分江南漕粮外，整个漕运制度变化不大。

（三）工商税

清前期的工商税较前代有所发展。其中盐、茶、矿既征税又有专卖收入。

1. 盐课

清前期盐税收入较多。盐法沿用明制，稍有改变，在不同地方，不同时期有所不同。清代盐法，主要采取官督商办、官运商销、商运商销、商运民销、民运民销、官督民销、官督商销七种形式。各省盐政，多由总督（巡抚）兼任，还有都转运盐使、司运使、盐道、盐课提举司等，官制比较复杂。清前期的盐法种类虽多，但行之既广且久的是官督商销，即引岸制，也称纲法。纲法规定灶户纳税后，才允许制盐。所制之盐不能擅自销售。盐商纳税后，领得引票（政府批准贩盐的凭证），取得贩运盐的专利权。税收管理机关将运商的姓名，所销引数、销区在纲册上注册登记。盐商原非世袭，为获厚利，贿赂官吏，成为世袭，并划分地盘，垄断经营。

清盐引岸制本沿袭前代盐法，只是在清代更加成熟。所谓"引"，是盐商纳税后准许贩运的凭证。由户部颁发的称为部引。每引运盐斤数，多则 800 斤（两浙），少则250 斤，一般为 300 斤到 400 斤。所谓"岸"，是指销盐区域，即引界、引地，是专卖地域之意。因盐商认引地时，曾费巨金，所以运商所认定的销区是独立的，故又叫"引窝"，或叫"根窝"。凡不领引或越境销售，都算违法，称为私盐。由于食盐被盐商专利独占，所以食盐价高利厚，给消费者带来沉重负担。

清代盐税，初期较轻。顺治元年的一则诏书说："运司盐法递年增加，有新饷、练饷杂项加派等银，深为厉商，尽行蠲免，本年仍免额引三分之一。"顺治八年皇帝又谕各盐运司："只许征解额课，不许分外勒索余银。"盐税的税额后来有所增加，如淮南每引征银由六钱七分增至一两一钱七分，淮北由五钱五分增至一两五分。清代的盐税收入，初期约 200 万两，中叶为 550 万两，清末为 1 300 余万两。清乾隆、嘉庆两朝，是盐商势力鼎盛的时期，每遇国家有重大的军事行动，或大灾大赈，或河防工需，盐商就捐输巨款。如两淮盐商捐输额高达 38 266 000 两，美其名曰"报效"，实则为取得皇帝的恩遇，"召对赐宴，时颁殊典"。不仅能得到世袭垄断权、长获厚利，还可以少纳税或延期纳税，并可自定盐价。有的盐商甚至能干预朝政。

2. 茶税

清代初期，沿用明代茶法，有官茶，用于储边易马；商茶，给引征课；贡茶，供皇室用。官茶征收实物，大小引均按十分之五征纳，在陕西、甘肃一带交换马匹，设专员办理，称为巡视茶马御史。交换比例是：上马给茶十二篦（十斤为一篦，十篦为一引），中马给九篦，下马给七篦。康熙年间，因清统一后，马已足用，停止巡视茶马专员，归巡抚兼管，于是，官茶的需要减少，而茶税的征收渐有定制。

3. 矿税

清初，朝廷禁止开矿。顺治四年，甘肃巡抚张尚奏言："凉州上古城堡，旧有小矿，历朝开采，以资本赏贵之需，后……封闭，今复开采，……计获税银三百余两，成效足稽，仍请饬部酌议定额，以充军饷。"清廷下旨："开采重务，未经奏闻，何得擅自举行？"清廷入关后所以如此，是鉴于明末广收矿利，弊端丛生，担心开矿会聚众生事，危及统治，也不合当时重本抑末的原则。但民间却不断偷采，迫于形势，康熙年间清廷不得不放宽限制，许民开采，由政府派官吏监督。矿产品大部分上缴政府或由政府统销。允许由商人买卖的数限定在40%之内。在云南，把冶铜和煮盐均改为私营或官督商办，几斤以下的铜、铅允许自由买卖，并停止税收。湖广山西等地，有商人王纲等雇土人开矿，官吏想禁止，康熙下诏"姑免禁止"，提出"天地自然之利，当与民主之！"并不许豪强霸占，以缓和阶级矛盾，防止地方生事。禁令一开，以铜矿而言，公元1701—1702年，仅云南就有场坊18处，有工人70万~100万人之多。

清代在采矿问题上，时禁时开，矿税的征收，在不同时间、不同地方轻重不同。康熙十九年，各省开采的金银，四分解部，六分抵还工本。二十一年，定云南银矿官收四分，给民六分。五十二年，定湖南郴州黑铅矿，取出母银，官收半税。五十九年，贵州银铅矿，实行"二八"收税（税20%）。雍正以后，大半按二八定例收，即官税十分之二，其余四分发价官收，另四分听其贩运。

4. 酒税

清前期禁止酿酒贩卖。歉收之年，禁酿更严。但丰收年稍有放宽。边区地寒，借酒御寒，不在禁列。乾隆二年，直隶、河南、山东、山西、陕西五省禁造烧酒。违禁酿酒，照律杖一百。清初因禁酒，故不对酒征税。许可酿造时，酒税收入也不列入国家财政收入。自雍正五年后，对通州酒铺每月征营业税。上户征银一钱五分，中户一钱，下户八分。乾隆二十二年下旨，令地方官发执照，征酤税；乾隆四十五年，奏准杭州照北新关收税旧例，酒十坛，约计两百斤，税银二分。可见，清前期的酒税是很轻的。

5. 内地关税

清代鸦片战争以前的内地关税，即后世所谓"常关税"，包括正税、商税、船料三种。正税在产地征收，属货物税；商税从价征收，属货物征通过税。船料沿袭明代的钞关，按船的梁头大小征税。

清前期常关，分设户、工两关。户关由户部主管，如京师的崇文门、直隶的天津关、山西的杀虎口、安徽的凤阳关、江西九江关、湖北的武昌关等四十多个关（乾隆时数）。工关主要收竹木税。工关由工部主管，关税收入供建造粮船及战船、修缮费之需。但有的关，如盛京浑河、直隶的大河口、山西杀虎口等关，由户关兼办。

清初地方常关组织，有特设监督的，有以外官兼管的，也有由督抚巡道监收的。内地关税隶属关系不甚统一。

税制方面，清初比较严谨，如罢抽税溢额之利，以减轻税负；议准刊刻关税条例，竖立木榜于直省关口孔道，晓谕商民；还屡次制定各关征收税则，划定税率标准。可是，到乾隆初年，已出现私增口岸，滥设税房之事。又有铺户代客完税、包揽居奇积习。常关积弊又出现。常关税率，依雍乾年间户部则例，以从价百分之五为标准，但未能贯彻。各关自定税率，一般说来，都以货物通过税为主，还有附加及手续费。

6. 国境关税

清初，实行闭关锁国的政策。顺治时，为了防范以郑成功为首的东南沿海汉族人民的抗清斗争，采取严厉的海禁政策，严禁国内人民出海，并不准外国商船前来贸易，对外通商口岸只限在澳门一地。康熙二十二年（公元 1683 年），台湾回归，与大陆重告统一。第二年清廷开放了海禁，准许外商到广州、漳州、宁波、云台山（今江苏连云港）四个口岸进行贸易。由于西方海盗式商人的违法行为，乾隆二十二年（公元 1757 年），清朝决定取消其他几个通商口岸，只许在广州一口通商，直到《南京条约》签订后，情况才发生变化。

清初的对外贸易，沿袭明代的随贡贸易制度。康熙令开放"海禁"后到鸦片战争以前，来中国贸易的国家主要有英、法、荷兰、丹麦、瑞典等，其中英国占主要地位。英国为打开中国的贸易大门，在通过外交手段、军事恫吓仍未达到目的后，就向中国大量倾销鸦片，这一着果然使英国获得厚利，中国的白银因此大量外流。

海关征税，分货税和船钞两部分。货税征收无一定税则，除正税之外，另征各项规银及附加。一般说来，正税较轻，但外加部分有时竟倍于正额。康熙二十八年颁行的海关征收则例分衣物、食物、用物、杂物四类课税，进口税率为百分之四、出口税为百分之一点六，均系从价。按物课税外，每船征银两千两，此为吨税之始。雍正六年又定洋船出入期及带米粮货物之数，司关权者对于外商入口所携货物现银，另抽一分，名叫"缴送"。乾隆二十二年，西洋船到定海。为抵制外货，浙江海洋船税加征一倍。

清前期，海关土权完整，但征税假手于行商。外商来关贸易须经官方核准的行商间接代售。行商借以居中牟利，于售价每两征银三分作为行用。此外，还有陋规，勒索荷重。于是外商只好以公开行贿的手段，进行大规模走私，使国家关税损失严重。

（四）杂税

1. 落地税

清前期，商品经济较前代有所发展，以商品流通为基础的货物税也随之发达。落地税是商人购得货物到店发卖时所征的税。

清前期落地税，全国没有统一税法，由地方官随时酌收，无定地、定额。一般来说在各市集乡镇，附于关税征收。其收入之款交由地方留作公费，不入国税正项。实际上，留作地方公费不过是虚有其名，其收入被官吏贪占殆尽。史载："各地方官征收落地税银，交公者甚少，所有盈余，皆入私囊。雍正三年，……广西梧州一年收税银四五万两不等，只解正项银 11 800 两；浔州一年收税银 20 000 两，只解正项银 2 600 两。"

落地税的课税品种非常广泛，"凡锄、箕帚、鱼虾、蔬菜之属，其值无几，必查明上税，方许交易。且贩于东市既已纳课，货于西市又复征。至于乡村僻远之地，有司耳目所不及，或差役征收，或令牙行总缴。"雍正十三年，为了平息民愤，清廷规定落地税只在府州县城内人烟密集、贸易众多且官员易于稽查之处照旧征收。乡镇村落，则尽行禁革，其弊稍改，但变相的征收是仍然存在的。

2. 牙税

牙税是牙行或牙商征收的税。牙行和牙商是当时城乡市场中为买卖双方说合交易或代客买卖货物抽取佣金的中间商人。

清初，由藩司颁发牙贴，报户部存案，不许州县滥发。要求选择市民中的良者，为牙侩，将牙帖交他，命他辨物平价，沟通买卖双方。官府在发给牙帖时，则对牙帖收费，叫牙税。后来，州县衙门出于某种需要，任意增发牙帖。一些市井无赖、地痞流氓自称经纪，到州县衙门领取牙帖，每纸仅费二三钱，而持帖至市，把持抽分，强制从事任何大小粗细货物的买卖者交纳牙帖税。从而，市场多一牙户，商民多一苦累。雍正十一年，令各藩司因地制宜，著为定额，报户部存案，不许有司任意增发。其后又规定牙帖由户部颁发，各省按所领多寡，以其税解户部。

牙帖税率，因地区而异，一般依资本或营业额分为数级。如江西规定上级纳银三两，中级纳银二两，下级纳银一两；湖北规定上级纳银二两，中级纳银一两，下级纳银五钱。偏僻村镇，上级纳银一两，中级纳银五钱，下级纳银三钱，纳银多少因负担能力而异。除牙帖税外，还要交年捐，即牙行开业之后，每年分两期，依营业额大小分等，税银约50～1 000两之间。

3. 当税

当税为清初所创，系当铺营业税。当税由当帖而生。当帖与牙帖一样，均为营业许可证。一般当铺或小抵押铺，于领取当帖获得营业许可权时，需缴当税，每年一次。顺治九年，制定当铺税例，各当铺每年课银五两。康熙三年，规定依照营业规模大小年纳银五两、三两、二两五钱不等。雍正六年，清廷制定了当帖规则，凡营当铺业者，须呈明县知事，转呈藩司请帖（执照）按年纳税，其税率较康熙时约高一倍。其后，正税之外，因海防筹款，责令当商另捐银饷，称为帖捐。捐率各地不同。此外，领当帖时，各衙署层递核改，规费也很重。

4. 契税

契税也称为田房契税，是对买卖、典押土地及房屋等不动产所课的税。清初，只课买契，不课典契，后来渐课及典契。

顺治四年规定，民间买卖土地房屋者，由买主依卖价每一两课税银三分，官于契尾钤盖官印为证。雍正七年，规定契税每两纳三分以外，加征一分，作为科场经费。由于最初契尾盖印后，交与业主，官方没有存据，不法者乘机模仿捏造，其后改为契纸契根法，由布政司造备，发给州县，验契纳税后，将契纸与业主，契根保存于官，以防伪造。但此法实行后也有弊端，官吏"贪缘为奸，需索之费数倍于从前"。至雍正十三年，停用此法，买卖田房，许由人民自作契据而纳税。乾隆十四年，又定税契之法，由布政司发给契尾，于契尾附以连续号次，其前半部记载买卖者的姓名及买卖田房的数目、价格并税银额，后半部为空白。纳税时，以大写数字填写买卖价格及税银，加盖官印，将前半部给买方作为契据，后半部同期者集为一册，送布政司。对不纳税、无契尾者，照漏税论罪。此法税率，买契为百分之九，典契为百分之四点五。

5. 牲畜税

清初规定，凡买卖牲畜，按价征收百分之三。乾隆、嘉庆以后，各省先后征牲畜税，但仅对贸易开征，尚未对屠宰牲畜征税。清末始有屠宰税。

6. 其他杂税

清初，地方杂税如大兴、宛平两县的铺面行税；有的地方有间架房税；江宁有布廛输钞；京师有琉璃、亮瓦两厂计檁输税。这些都类似房捐。至乾隆年间，逐渐废止。此外，还有其他临时加征的杂税，如车税、花捐、灯捐、妓捐等。各省新设立的名目大致相同，此类杂税，没有定制，故苛扰之弊，在所难免。

二、清代前期的财政支出

清前期国家的财政支出主要有军费、官员薪俸与养廉、行政经费、驿站经费、廪膳膏火及科场经费、工程费、采办与织造经费、保息与救荒经费等项目，分别简介如下。

（一）军费

军费是清前期国家支出的最大项，分为经常性军费和战争经费两类。经常性军费有一定数额，主要是用于八旗和绿营这两种常备军的兵饷支出。清自入关以后，八旗兵额包括京师禁旅和外地驻防都在内，总共维持在 20 万人左右。

图 7-3 清朝军队服饰

绿营兵连京师巡捕营合计，康熙时约 60 万人，乾隆以后超过 60 万人，嘉庆时最高额达到 66 万人。八旗、绿营每年的兵饷开支，乾隆中期时为银 1 700 余万两。乾隆四十六年（公元 1781 年），各省武职照文职例一律支给养廉，其原来所扣兵饷空额令挑补足数，又令将赏恤兵丁红白银两以正项开支，共岁增正饷支出 200 余万两。这次增加的军费，连同原来的额兵饷及早已成为定例的每年加赏旗兵一月钱粮、八旗养育兵饷银等项合计，乾隆后期每年的经常军费支出达到 2 000 万两以上。嘉庆、道光时期清政府财政困难，屡有裁兵节饷之议，但效果有限。

战争经费是临时性军费支出，时称"军需"。与作为"经制支出"的兵饷不同，军需费用没有定额，支出多少全视战争需要而定，事后专案奏销。乾隆以后，清政府屡次进行内外战争，耗费巨大。仅据《清史稿》记载的乾隆十二年至道光十年间（公元 1747—1830 年）十余次大的军事战役报销军需款统计，总额已达 38 272 万两以上，平均每年 455 万两，相当于其时岁入的十分之一。这巨大的战争费开支在乾隆时期凭借着雄厚的国库财力，以及开例捐输、商人报效等临时筹款手段的搜刮，尚足以应付。但是到嘉庆、道光时期，随着国势日渐衰微，收入减少，各方面支出增多，就成为一项沉重的负担了，并直接导致了清王朝财政状况的恶化。尤其是嘉庆初年镇压川陕楚白莲教之役，耗银逾亿两。

（二）官俸及养廉

官俸即官员俸禄，养廉是官俸之外按官员品级另行支给的津贴。清代官俸有八类，分别为宗室之俸、公主格格之俸、世爵之俸、文职官员之俸、八旗武职之俸、绿营武职之俸、外藩蒙古之俸及回疆之俸，各分别等级规定俸额。俸有支银，曰"俸银"；有支米，曰"禄米"（通常指宗室世爵所支者）或"俸米"（官员所支）。作为正薪，清代官俸不高。如文职官俸，正、从一品官仅岁支俸银 180 两，京官另支俸米 90 石（在外文职无俸米），即一品大员也不过每月俸银 15 两、俸米 7.5 石；品级最低的从九品官及未入流者，更仅岁支银 31.5 两，京官另支米 15.75 石，平均每月银 2.6 两余、米 1.3 石余。武职官俸，在京者同文职，外官更低于同品文职。不过，八旗驻防官员在正俸外另有按规定的家口数（如将军、都统 40 口，副都统 35 口，协领 30 口，等等）支给的口粮，每口每月给米 2.5 斗；绿营官在俸银外另支"薪银"、"蔬菜烛炭银"、"心红纸张银"等，其数额高于俸银。乾隆以后，在京文职于应得正俸外，另加增一倍赏给"恩俸"。

在官俸外另给养廉银是雍正以后实行的制度。清初因官俸低，地方官普遍在田赋正额外加征耗羡，以其盈余各级摊分，大部分入于私囊。此举虽不合法，但中央政府予以默认。雍正二年（公元 1724 年）以后各省实行"耗羡归公"，各级官员在原支正俸外按官位高低加给数额不等的津贴，谓之"养廉银"。养廉银的数额各省不同。大体上，总督、巡抚岁给 1 万~2 万两，以下布政使、按察使、道员、知府、知州、知县等按级递减，知县少的给 500~600 两，多的达 2 000 两。养廉制度最初仅实行于各省文职，后来八旗及绿营军官也先后得到养廉。乾隆时期，全国文、武职养廉银支出每年 400 余万两，俸、廉总数则要超过 500 万两。

（三）行政经费

行政经费包括各级衙署按例支取的"公费"、"役食"及各种名目的公务用项等开支。公费是官员的办公费用，按品级支给，每月给银 1~5 两不等，实际是官员的一种俸外津贴。乾隆时，京官公费计岁支银 10 余万两，各省公费约支 20 万两。役食是衙署官役的工价饭食，按月或按季、按年发给。乾隆时，京师衙署的役食支出为每年 8 万余两，各省支数不详。公务用项包括衙署的办公费如心红纸张银、经费银等，还包括一些特别的支出如内务府、工部、太常寺、光禄寺、理藩院有祭祀、宾客备用银，兵部有馆所钱粮，刑部有朝审银，钦天监有时宪书银，各官牧机构有马牛羊象刍秣银，等等；各省支出中的祭祀、仪宪及一些赏恤、杂支等款，亦属此类。清前期的行政经费开支数额不大，不计各省外销，总数每年百余万两。

（四）驿站经费

清代为传递文书，由京师至各省乃至边地交通要道设置有驿、站、台、塘、铺等机构，负责供应传递文书的官员和兵役中途食宿及夫马车船之需。驿站经费包括夫役工食、买补牛马价银、车船费、驿舍租银以及过往官员、兵役人等的廪给口粮等项，均于田赋内编征，每年约计 200 万两，由兵部、户部会核具题奏销。

（五）廪膳膏火及科场经费

清代各省府、州、县、卫学及八旗均设有一定名额的廪膳生，官给银米以作为生活费用，是为"廪膳"，或称"廪银"、"廪粮"。廪生名额各省不同，廪粮银米的给发标准亦各省不一。全国总计，此项支出每年计为银 10 余万两。"膏火"也是官给的学生生活津贴，国子监、八旗官学及各省学校、书院的学生均可按例领取。如国子监六堂内班肄业生每人每月领膏火银 1 两，外班肄业生每人每月领 2 钱，八旗官学生之满洲、蒙古籍者每人每月领 1.5 两，汉军籍者每人每月领 1 两，等等。科场经费是用于科举考试的支出，包括科场供应费、主考官川资、花红筵宴银、旗匾银、坊价银、公车费等，每年不下 20 万两。

（六）工程费

图 7-4 清朝宫殿（局部）

工程费包括用于坛庙、城垣、府第、公廨、仓廒、营房等的营造和修缮支出，但最多者为河工支出。河工主要为黄河及运河的修治，也包括南北其他河流的疏浚治理。清代于各河事务设河道总督总理，下设管河道及管河同知、通判、州同、州判等官分理。河工费有经常费和临时费两种。经常费用于"岁修"和"抢修"，有规定数额，一般不允许超支。乾、嘉时岁修工程大体每段用银数千两至一二万两，抢修每段五百两至千余两。岁修、抢修用银总数，乾隆时规定每年不得超过 50 万两，嘉庆时命加二倍，每年实际达到 140 万两。临时费用于"大工"和"另案"。大工指堵筑漫口、启闭闸坝等非常有的工程；另案为新增工段，不在岁修、抢修之内的工程。大工和另案工程无经费定额，而是临时根据情况具奏兴工，工竣题销。嘉庆时期，每年开支的河工另案经费约为银 200 万两，是河员虚报浮销的一大利薮。河工之外，江浙海塘工程也每年需费不少。海塘岁修于每年大汛后进行，经费由江浙二省拨解，工竣由地方官申报督抚咨部题销。雍正、乾隆时大力整治江浙海塘，经常一处工程之费即达数百万两。

清代凡兴建工程由工部管理。在京工程由各衙门报工部勘估兴办，工价银超过 50 两、料价超过 200 两者奏请皇帝批准，工、料超过 1 000 两者奏委大臣督修。各省工程在 1 000 两以上的，工部有例案可循者随时咨报工部，年终汇奏；无例案可循者须先经奏准，再造册报部审核估销。工程经费有定款、筹款、借款、摊款四种情况："定款"为指定动用的款项；"筹款"指定款不足或向无定款时于别项钱粮内动拨款项，交商生息及酌留地租、房租备用也属此类；"借款"为临时酌借某种款项，事竣分期归还；"摊款"为民修工程先由官府垫款兴办，竣工后摊征归款。各项工程均规定有保固期限，未到限期损坏的，由负责官员赔修。

（七）采办和织造经费

采办和织造费也是清政府的经制岁出项目。采办的物品主要有颜料、牛筋、黄蜡、白蜡、桐油、纸张及茶、木、铜、铁、铅、布、丝、麻等，各依土宜在各省采买，于正项钱粮内支销。乾隆时此项开支，每年为银 12 万两。织造经费用于江宁、苏州、杭州三织造处供办御用和官用的绸缎、绫罗、布匹及祭帛、诰轴等物。乾隆初，三个织造处共有织机 1 800 张，机匠 5 500 名，其他匠役 1 500 名，每年支销工价、水脚、机匠口粮等项银 10 万两。采办和织造经费不完全是国用开支，其中相当一部分是为皇室内用开支的。前述行政、工程等费中，也有些属皇室用费。不过，在清前期，内廷用费从国库开支的尚属有限，大部分在内务府收入中解决，与同治、光绪时期的情况不同。当时的内务府用费也较节俭，乾隆时的岁支仅约为银 60 万两。

（八）保息及救荒支出

此为社会救济支出，时称"赏恤"。清代的社会救济分为两类，一类称"保息之政"，另一类称"救荒之政"。这两类救济的施予对象和制度规定不同，经费支出的特点也不同。

1. 保息之政

保息之政是对鳏寡孤独、残疾无告、弃养婴儿、节孝妇女等社会特殊群体的救助和抚恤。主要包括如下内容：

（1）恤孤贫。清前期，自京师至各省，凡通都大邑，普遍设立养济院，以收养鳏寡孤独、残疾无告之人，有额设的口粮银米及冬衣等项生活供给。各省收养孤贫人数，乾隆以后皆有定额，多的数千名，少的四五百名，浮于限额收养者为"额外孤贫"。孤贫供养有规定的动支款项，每年将支用情况造册送上司查核。官设养济院之外，另有由官绅士民捐建的民间此类机构，其经费自行经理。

（2）养幼孤。对于被遗弃的婴儿，官设育婴堂以养育之，长大后准士民收养；本家有访求者，核实后准许归宗。育婴堂之设，在京师者建于康熙六年（公元 1667 年），以后各省也大都设立。育婴堂经费，或给官帑置产，岁取租息，或在指定款项内动支，主要用于乳妇工食及医药等项。

（3）收羁穷。顺治十年（公元 1653 年），京师五城设栖流所，以司坊官管理，收留贫病无依之流民，日给钱米，冬给棉被，病者扶持之，死者棺瘗之，费用从户部开支。又五城自每年十月至次年三月设粥厂煮赈贫民，用米由通仓开支。京师之外，各省地方亦有栖流所及粥（饭）厂之设，主要是在隆冬季节收留、赈济贫病流民，春暖则资遣之。各地的普济堂亦多收留此等穷民。

（4）安节孝。节孝妇女无遗孤或贫无以自存者，令地方官给口粮以养之，每年将动用款项、数目造册报户部。

（5）恤薄宦。乾隆元年（公元 1736 年）定例：各省县丞、主簿、典史、巡检等微员离任而无力回籍者酌给路费，身故者给归丧之费，每年造册报销。乾隆十年又规定：各省教官原籍相隔本地 500 里以外，实系艰窘者，一例赏给路费。州县以上官之贫乏者也有给路费的，但属例外施恩，费用不在存公银内动支，而于同府或通省养廉内捐给。

（6）矜罪囚。京师及各省监狱囚犯，例给口粮及灯油、柴薪、盐菜、冬衣、药饵等项费用，死者另给棺木。雍正以后，各省相继奏定囚粮及各项费用给发标准。乾隆时，定发遣军流及递解人犯口粮定额。囚粮经费多在赃赎及存公银内动支，年底造册咨送刑部，转咨户部核销。

（7）抚难夷。对于遇风漂流至内洋海岸的外国人，由该地督抚督率有司抚恤，动用存公银赏给衣粮，助其修理舟楫，使其能安全回国。

保息经费是各地方的经常性支出，大都有一定的数额或规定标准。动用款项一般也是固定的，或在正项钱粮内动支，或于生息款（发官款交商生息）内解决，也有的来自于士民捐助。

2. 救荒之政

此指发生自然灾害情况下的社会救济。清制，凡地方遇灾，地方官必须迅文申报，督抚一面奏闻，一面派员会同地方官踏勘灾情，确查被灾分数，在规定期限内题报，以作为国家推行荒政的依据。荒政措施主要有：

（1）救灾。遇到川泽水溢、山洪暴发及地震、飓风等突然性灾害，以至于淹没田禾、损坏庐舍、死伤人畜的时候，政府采取紧急措施救助，谓之"救灾"。救灾自乾隆以后有一定成规。

（2）蠲免。荒歉之岁，按照灾情轻重，免征部分额赋，叫做"蠲免"，也叫"灾蠲"，以别于因国家庆典、皇帝巡幸、用兵等而实行的"恩蠲"。蠲免之实行与否及蠲免多少，根据被灾分数确定。

（3）缓征。即将应征钱粮暂缓征收，于以后年份附带征收完纳。缓征的适用比蠲免要广。勘不成灾（被灾分数不足五分）例不予蠲，但一般缓征；乾隆四十六年（公元 1781 年）更规定成灾五分以上州县之成熟乡庄一体缓征。

（4）赈饥。发仓储向饥民施米施粥叫"赈饥"。与蠲、缓不同，赈饥的对象不是"有田之业户"，而是"务农力田之佃户、无业孤寡之穷民"。"凡有地可种者，不在应赈之列。但有地亩之家，现在无收，实与无地者同受饥馁，应查验酌赈。"

（5）借贷。此指灾荒后或逢青黄不接时向农户贷放口粮、籽种。清代各省府州县乡普遍设有常平、社、义等仓，所储米谷用于赈、贷、粜等。灾荒时三者并行，平年只行借、粜。借贷一般在春耕夏种、民间乏食缺种时进行，秋收后征还。

（6）平粜。常平仓谷主要用来平抑粮价，"米贱则增价以籴，米贵则减价以粜"。一般在每年春夏间粜出，秋冬时籴还，存七粜三，既接济春荒，又出陈易新。

（7）通商。荒年乏食、米价腾贵时，禁邻省遏粜，允许并鼓励商贾运贩米谷至灾区，以济官米之不足，谓之"通商"。通商是与平粜相辅而行的一项措施，目的也在平抑粮价。

（8）兴土工。在灾荒年景，由地方官相时地之宜，发官帑兴工程，召集饥民佣赁糊口，以此作为赈济的一种方式，亦称"以工代赈"。以工代赈工程的工价一般按半价给发，但也有时准给全价。

（9）返流亡。对灾年饥民外出逃荒，清统治者的基本政策是尽量防止，规定地方官于灾后即应出示晓谕，令其毋远行谋食，轻去乡土。已经外出者，则令所过州县量行抚恤，并劝谕还乡，以就赈贷，称之为"返流亡"。

（10）劝输。灾荒之年，政府鼓励官绅士民出粟出银助政府救荒，视其所输多寡，官予加级记录，民予品衔或花红匾额旌奖，名之曰"劝输"。

上述措施互相补充，遭逢重大灾荒时往往同时实行，因之而支出者即为救荒经费。救荒与保息不同，一是开支浩大，二是没有固定数额，支出多少视灾情而定。救荒经费一般由地方库储支出，事竣奏销；但也常由户部特拨专款，还往往截留漕粮。清前期，救荒是国家一项大的支出，几乎年年都有，往往动辄花费白银数十万两乃至数百万两。

三、清代前期的财政管理

（一）征管机构

清前期国家税务征管机构，在中央主要是户部。户部掌天下户口、土田之籍，是一切经费出入的统理。户部尚书为长官，左右侍郎（满、汉各一人）为副长官，其下有14清吏司，按各省分，职掌该省的民赋及八旗诸司廪禄、军士饷糈、各仓盐课、钞关杂税。除户部管理外，有部分关税（竹木）属工部管理。

皇室掌财用出入的是内务府。下有广储、会计等七司。其中广储司管理六库，即银库、裘库、缎库、衣库、磁闸、茶库。会计司，掌内务府帑项、庄园、地亩、启口徭役之事。皇室财源包括：内务府所征钱物，户部支拨、各地进献等。

地方省、道、府、县行政机构也就是税务征管机构。各省均设承宣布政司掌钱谷出纳，督抚行使督察考成之责。道由分守道专管钱谷。府、县长官亲理钱谷等民事。重要的税务工作则由中央委派专门的官吏管理，如漕运总督专掌漕政，巡视盐政专掌盐政。

（二）库藏

户部库藏包括：银库，为国家财赋总汇，各省岁输田赋、漕赋、盐课、关税、杂赋，除存留本省支用外，凡起运至京的，都入此库；缎匹库，凡各省所输绸缎、绢布、丝棉、棉麻之类，都入此库；颜料库，凡各省所输铜、铁、铅、砂、黄丹、沉香、黄茶、白蜡、桐油、并花等，都入此库。

地方库藏主要包括：盛京的户部银库，收储金银、币帛、颜料诸物；直省布政使司库，为一省财赋总汇，各州县的田赋、杂赋，除存留支用外，其余都输入此库；粮储道督道库，储漕赋银，由州县征输此库；盐运使司盐法道库，储盐课；州县卫所库，储本色正杂赋银，存留者照数坐支，运输者输布政使司库。

（三）管理制度和方法

1. 管理制度

清前期财政赋税管理之权完全集中于中央。地方虽然也征赋计入，开支动帑，但必须照户部的规定或得到户部的允许。当然地方有加征的陋规，而朝廷一般只是发官样文件禁止。地方存留经费须按实奏销，每年要上报赋税的原额、新增或减少，实征的收入数字和起运、存留、支给、协拨的数字，由巡抚达于户部，户部核对汇总后向皇帝汇报。有的省入不敷出，户部从邻省拨助。

2. 赋税册籍

顺治年间，清廷在万历旧籍的基础上，编纂了《赋役全书》。内容包括：地亩、人丁原额；逃亡人丁及抛荒地亩数；开荒地亩及招募人丁数；赋税的实征、起运、存留数等。每州县发二本，一存有司，一存学宫。还有丈量册和黄册作为《赋役全书》的附件。丈量册又称"鱼鳞册"，详载上中下田则，也记载田地所有者的姓名。黄册以记载户口为主，也记载各户的田亩数。黄册与鱼鳞册互为表里，都作为征收赋税的依据。康熙二十四年，修订《赋役全书》，只记切要项目，改名为《简明赋役全书》。

为了加强赋役管理，清前期除编订赋役全书外，还颁行有赤历册、流水簿、会计册、奏销册等。

赤历册是省级财政机关稽核各地官府钱粮的册籍。每年由官府颁发空白册籍，令百姓自登所纳钱粮数字，编订成册，交布政司，留备检查。赤历册经核对无误后，发县追征。康熙十八年，使用流水簿，停用赤历册。

流水簿始用于康熙十八年，是州县记载日收钱粮的簿籍，每岁送司核对。

会计册是备载州县正项本折钱粮数和钱粮起解到部日期的册籍。康熙七年，并入奏销册。

奏销册是各省详列钱粮起运存留、拨充兵饷、办买颜料等数字上报户部核销的册子，始于康熙七年。

3. 征收办法

清前期田赋的征收方法较前有所改进，曾颁行过下列几种方法：

易知由单法：由单之式，每州县开列上中下田亩，人丁、正杂本折钱粮，起运存留各项总数，还开列各户人丁田亩数和应纳税额，在开征前一月发给各纳税户，令其按期缴纳。此法始于顺治六年，终于康熙二十六年。

截票法：截票也称"串票"。始于顺治十年。票上开列地丁钱粮实数，分为十限，月完一分，完则截法。票中盖印，从印字中分为两半，一半存官府，一半给纳税户。康熙二十八年，改为三联串票，一联存官府，一联给差役，一联交纳税户。雍正三年实行四联串票，至雍正八年又改为三联。形式上常有变动。

滚单法：此法行于康熙三十九年。每里之中或五户或十户共用一单，于纳户名下注明田地若干、银米若干、春秋各应完若干，分为十限，发给甲首，依次滚催，自封投柜。不交或迟交者，予以严惩。

顺庄编里法：此法是为防止漏税而设立的。始于雍正六年。其法是据田地定户，从户而征税。例如某人在几甲几县有田，立为数户者，应归为一户；原为一户而实系数人所有者，则应各户分立；有人未卖田亩，而移居于他处者，于收粮时令其改正；人居本县，田地在他县者，依本籍之名，另立限单催输。

张贴榜示法：雍正年间，诏令各总督、巡抚、布政使，饬州县官每年将各乡里完欠之数，呈送总督，张贴本里，让民周知。如有中饱，许人民执串票具控。其分年附带征收之项，也将每年应完之数详列榜示，使官吏不得额外溢征。

第三节　清代前期的重要财政变革

一、摊丁入亩

（一）改革的基本情况

摊丁入亩，又称"摊丁入地"或"地丁合一"，草创于明代，是大体完成于中国清朝雍正帝统治时的一项重大的税制改革，将中国实行两千多年的人头税（丁税）废除，而并入土地税。

中国自秦汉以来即有征收人头税的传统，对于一个家庭中的人口尤其是丁男课税，此外，丁男必须服行差役。明代后期实行的"一条鞭法"是摊丁入亩的最初阶段，规定免行差役，以现金代替，并与田赋一起征收，使税赋征收更为简便，同时也减少了无田地者的负担，部分地区亦有摊丁入亩的举措。

清初的丁银或称丁赋是明后期"一条鞭法"改革赋役合并不彻底的遗留，在内容上兼有人头税和代役银的性质；因其包含了徭役折银在内，故又称"丁徭银"、"徭里银"。丁银以"丁"即年16～60岁的成年男子为征收对象，有民丁银、屯丁银、灶丁银、匠班银等不同种类，向各类人丁分别派征。不同类别人丁的丁银征收科则不同，同一类人丁的丁银科则轻重也因省份、地区不同而各异，差别很大。征收方法亦各地异制：北方地区因丁银较重，通常按人丁贫富分等则（一般分为三等九则）征收；南方丁银较轻，以不分等则"一条鞭"征者居多。此外，虽然多数地方的丁银系按丁派征，但也有一些地方或沿明代旧制，或在清初改制，实行"丁随地派"。

清初的丁银征收极其混乱。主要问题是胥吏和地主豪绅操纵编审，转嫁负担，致使丁银征派贫富倒置。穷苦之丁不堪编审派费和富者的负担转嫁，大量逃亡漏籍，而政府为保证征收额数，便以现丁包赔逃亡，从而引起了更大混乱。这种情况既激化了社会阶级矛盾，也十分不利于国家的财政收入，因而在康熙五十一年（公元1712年）规定以康熙五十年丁册的人丁数为额，"滋生人丁永不加赋"。丁额的固定使丁银征数也稳定下来，为摊丁入地创造了条件。随着征丁矛盾的进一步发展，康熙五十五年广东省经清政府批准，首先实行了全省摊丁。雍正前期，改革进一步在全国展开，从雍正元年到雍正七年（公元1723—1729年），大多数省份相继改行新制。剩下来的个别省份和地区，除山西外，于乾隆时期实施。山西摊丁于乾隆时起步，到光绪五年（公元 1879 年）完成。摊丁入地以后，五年一次的人丁编审失去意义，于乾隆三十七年（公元 1773 年）谕令废止。此后，只对有运漕任务的卫所军丁四年编审一次。

摊丁入地总计向地亩田赋摊派了 300 余万两丁银，约占当时田赋征数（白银 2 600 万两上下）的 12%。摊派的办法，有以省为单位统一摊派的（即总计一省丁银，平均摊入一省地亩田赋之内），也有省内州县各自分别摊派的。计摊标准有按田赋银一两、粮米一石、田地一亩计摊若干丁银的，也有按田赋银若干两、粮米若干石、田地若干亩计摊一丁的。不同种类的丁银（民、屯、灶等）有合并摊征的，也有分别摊入各该类地亩的。种种不同办法，均由各地的丁、粮情况及历史传统等因素决定。要之，摊丁入地的实施只要求内容上的统一，至于具体办法，则因地制宜，不强求一律。

清初除征收丁银外，还存在差役，有的且为力役，如治河、修城、修仓等。对于各种名目的差役征调，清初各朝也进行了整理、改革，总的精神是裁革冗差，改力役为雇役，改差役折银向户丁或丁、粮派征为一律向地亩田赋派征，即实行赋役合并。摊丁入地并废除编审以后，徭役制度从法令上废止了，但各地仍存在着一些地方性、临时性的差役征发，属于徭役制度的残余形态。

（二）改革的主要人物

清圣祖仁皇帝爱新觉罗·玄烨（公元 1654 年 5 月 4 日—公元 1722 年 12 月 20 日），即康熙帝，清朝第四位皇帝、清定都北京后第二位皇帝。年号康熙：康即安宁，熙即兴盛，取"万民康宁、天下兴盛"的意思。他 8 岁登基，在位 61 年，是中国历史上在位时间最长的皇帝。他是中国统一的多民族国家的捍卫者，奠下了清朝兴盛的根基，开创出康乾盛世的大局面。谥号：合天弘运文武睿哲恭俭宽裕孝敬诚信功德大成仁皇帝。

图 7 - 5　清圣祖康熙皇帝

（三）改革的重要影响

"摊丁入亩"政策的实行，一方面是清朝皇帝希望借减少赋税而体现"仁政"，一方面是由于清初人口大量增加，户口难以掌握，造成按人口计算税收十分困难，因此采行此方式以减少征收所需成本。摊丁入地的实施，使得无产者没有纳税负担，而地主的负担增加，对于清朝人口的持续增加、减缓土地兼并以及促进工商业的发展有一定的作用。

概括起来，摊丁入地的意义包括以下五点：

第一，完成了我国历史上赋役合并，即人头税归并于财产的过程。从原则上讲，无地的农民和工商业者不再负担丁银，相对减轻了困扰，有利于工商业的发展。

第二，人头税并入田亩以后，使税负与负担能力挂钩，田多则赋税多，而且无论豪绅富户，不分等则一例负担，较以前均平。地丁制实行初期，遭到豪绅富户的反对，说明此法对他们的兼并活动有一定的限制和约束作用。

第三，纳地丁银的人，名义上不再服徭役。"官有兴作，悉出雇募"，从此，在正常情况下，基本上不再按丁派役，又取消了户丁编审，封建国家对劳动人民的人身束缚相对削弱了，雇佣关系有所发展。这是生产关系方面的一个重大变化，有利于资本主义的萌芽和发展。

第四，将丁税确定为一个固定的数额，既有利于封建国家财政收入稳定，又使征收手续简便。

第五，宣布"滋生人丁永不加赋"有利于人口的增长、人民的安居、生产的发展。有人说摊丁入地后，"保甲无所藏、里户不逃亡、贫农免敲扑"。这虽是颂扬之词，但也多少反映了一些当时的情况。

二、火耗归公

（一）改革的基本情况

火耗：明代"一条鞭法"后，赋税普遍征银，百姓所缴的银子由于纳税量不太多，大多以小块的碎银为主。而各州县衙府汇总上缴国库时，要将碎银熔炼成大块，在碎银熔炼过程中发生的损耗，州县官吏要求百姓补足。于是在应缴税银之外，纳税人还要多缴一些，这多缴的部分就叫"火耗"，用来补偿熔炼碎银损耗和运输费用。

清初，征收火耗比明代有过之而无不及。据文献记载，康熙后期各省征收火耗一般省份达到三四钱，最高的达到七八钱，百姓不堪重负。清代火耗征派量加大，除地方官吏贪得无厌，借火耗之由巧取豪夺外，还与清初官员实行低薪制度、允许地方官吏加征火耗补其不足有关。清初，一般知县年俸仅银45两，远远不够养家糊口、聘用师爷、贿赂上司、迎来送往的开销，唯一的办法就是从火耗征收上打主意，火耗也就越征越多。州县官吏对多征的火耗也不敢独吞，他们还要给知府、道员、按察使、布政使、巡抚、总督及其管家、门客送礼，而地方官员则要给中央衙门和大臣个人送礼。火耗的狂征，一方面腐蚀着整个官僚队伍，另一方面加重着人民的负担，同时也影响了国家税收的增长，导致财政亏空。滥征火耗，侵蚀税收，动摇国本，危害极大。康熙前期曾诏令禁止州县官吏私征火耗，但由于地方官员的反对和抵制，屡禁不止，朝廷也就默许了。到雍正时，雍正果断决定：各省将所征火耗提解归公，另外发放养廉银作为官员的财政补贴。

（二）改革的主要人物

　　清世宗爱新觉罗·胤禛（公元 1678—1735 年），满族，是清朝第五位皇帝，入关后第三位皇帝，清圣祖康熙第四子，母为孝恭仁皇后即德妃乌雅氏，公元 1722—1735年在位，年号雍正。雍正在位时期，平定了罗卜藏丹津叛乱，为处理西北军务设军机处加强皇权，推出"火耗归公"与"打击贪腐"等一系列铁腕改革政策，在西南地区实行"改土归流"，对"康乾盛世"的延续具有承前启后的关键性作用。庙号世宗，谥号"敬天昌运建中表正文武英明宽仁信毅睿圣大孝至诚宪皇帝"，葬清西陵之泰陵。

图 7−6　清世宗雍正皇帝

（三）改革的重要影响

　　火耗归公制度的改革，收到了明显的成效：一是加强了中央集权，削弱了地方财权，一向由地方支配的火耗收入转为中央集中控制和管理，增加了地方政府对中央的依赖程度；二是遏制了地方官吏私自滥征加派的歪风，澄清了吏治，养廉银促使地方官吏大大减少了腐败行为；三是减轻了百姓负担；四是大幅增加了中央财政收入。据统计，仅仅十几年的时间，国库的财政结余就由康熙末年（公元 1722 年）的 800 万两增加到雍正末年（公元 1735 年）的 6 000 多万两。

第八章　晚清时期的财税

第一节　晚清时期的政治经济背景

一、晚清的政治背景

从 1840 年鸦片战争开始到 1911 年辛亥革命为止，这段时期为晚清。鸦片战争以后，中国由封建社会逐步变为半殖民地半封建社会。中国在明代就产生了资本主义萌芽，但由于封建统治者长期实行重农抑商的政策，地主、商人、高利贷者牢固地结合，用积累的财富投资于土地进行封建剥削，而不用于扩大工商业的扩大再生产；在残酷的封建剥削下，广大农民只能维持狭小的生产规模，这种自给自足的自然经济，排斥社会分工和商品经济的发展，阻挠生产力的发展和资本主义生产条件的出现。在同一时期，西方一些资本主义国家却迅速发展起来，为了寻求和开拓殖民地，地大物博而国势日衰的中国自然成了它们掠夺的重要对象。

早在 16 世纪初，西方一些国家就开始到中国进行海盗式的掠夺。葡萄牙、西班牙、荷兰、英国等国先后到中国沿海各地进行海盗式的抢劫、烧杀和强行买卖。但在 18 世纪以前，它们还处在资本的原始积累时期，还不具备大规模入侵中国的力量。18 世纪中叶以后，英、法、德、美等国先后进行了产业革命，工业生产的飞跃发展、新式交通工具的使用，使它们输出商品的能力和欲望大大增加。英国资产阶级在巩固了对印度的殖民统治以后，变中国为殖民地的欲望更加迫切。

清朝政府为防御海盗式的掠夺，保护封建经济，维持封建秩序，实行闭关锁国的政策，对中外商人的活动加以种种限制。英国资产阶级在对华贸易不利的情况下，罪恶地采取了以鸦片套取中国白银的办法，获得了巨额的利润。而大量的鸦片输入给中国造成了一系列社会问题：官民吸毒，身心受害，财力耗损，经济萎缩，白银外流，银贵钱贱，人民加重了负担，国家财政收入日益枯竭，国内阶级矛盾加剧。在此情况下，清政府不得不实行禁烟政策。

英国侵略者为了维护其鸦片利益，于 1840 年发动武装侵略中国的第一次鸦片战争，强迫清朝政府签订了中国历史上第一个不平等条约，即《南京条约》，中国的领土和主权的完整从此遭到破坏。

为了瓜分中国，继第一次鸦片战争以后，外国侵略者又多次对中国发动侵略战争，主要有：1856 年的第二次鸦片战争，1894 年的中日战争，1900 年的八国联军战争。每次战争的结果都是中国战败，腐败的清政府只好签订丧权辱国的条约。从这些条约中，外国侵略者取得了在中国开商埠、辟租界、管理海关，在中国内地开矿、设厂、造铁路、办银行以及在中国沿海和内河自由航运等特权。中国财政经济命脉日渐为他们控制，中国的政治、经济、财政等自主权逐渐丧失，中国逐渐沦为半封建半殖民地社会。

鸦片战争以后，中国人民承受着外国侵略者和本国封建统治阶级的双重压迫和剥削，民族矛盾和阶级矛盾日益尖锐。各地不断发生反对外国侵略和反抗封建统治的斗争和起义。其中规模较大的有太平天国革命运动，捻军起义，贵州苗族、云南回族、陕甘回族等农民起义和义和团运动。这些农民起义和农民斗争严重地动摇了封建统治基础，打击了外国侵略者，中国人民反帝、反封建的斗争从此开始了。

二、晚清的经济背景

鸦片战争以后，中国自给自足的封建自然经济在外国商品倾销下逐步解体。对此，近代改良主义者郑观应在《盛世危言》一书中做过如下评述："洋布、洋纱、洋花边、洋袜、洋巾入中国，而女工失业；煤油、洋烛、洋电灯入中国，而东南数省之柏树皆弃为不材；洋铁、洋针、洋钉入中国而业冶者多无事投闲，此大者。尚有小者不胜枚举。所以然者，外国用机制，中国用人工，华人生计，皆为外人所夺矣。"外国侵略者在大量输入商品的同时，又控制了中国的农产品市场，大量掠夺农产品。农民在家庭手工业受到破坏后，不得不种植市场需要的茶、棉花、大豆、烟、桑等，农产品商品化有所发展。这就是说，西方国家的入侵，不仅对中国封建基础起了解体作用，同时又给资本主义生产的发展造成了某些客观可能。"因为自然经济的破坏，给资本主义造成了商品的市场，而大量的农民和手工业者的破产，又给资本主义造成了劳动力的市场"，使中国的资本主义也开始发展起来。但作为资本主义生产核心的近代工业，其性质极为复杂，有外国侵略者所办的企业，有清政府洋务派所办的企业，也有早期民族资产阶级所办的企业。这就决定了中国近代工业的发生和发展，其速度是缓慢的，道路是崎岖的。鸦片战争后，外国列强相继在中国设厂、开矿、兴办轻重工业。从1843年至1894年的50多年时间里，他们在中国设立的企业就有191个，工业资本将近2 000万元。就官办工业来说，19世纪60年代清政府洋务派官僚曾国藩、李鸿章、左宗棠等在"自强"的口号下，创办了军事工业。许多省的督抚相继设立机器局，制造洋枪、洋炮和轮船。70年代以后，洋务派在"求富"的口号下，兴办了一些民用工业和开矿事业。其经营形式有官办、官督商办、官商合办三种，主要是官督商办。这些企业是"官"与"商"、封建主义与资本主义相结合的产物。官督商办的企业享有某些特权，如拨借官款、免税、减税和专利垄断等。它们在生产和经营方面有民族资本工业所无法比拟的优越条件。

中国民族资本主义工业出现得晚，19世纪70年代才有部分商人和地主官僚投资于近代工业。这些企业一般规模狭小，投资不多，以轻工业为主。中国民族资产阶级与外国资本主义势力和本国封建势力既有矛盾而又不得不依赖它们。外国资本主义和本国封建主义不希望中国民族资本主义工业成长。英国人说过："机器（向中国）进口，恐非西国之福。""中国多织一匹（布），即我国少销一匹。"他们或者利用先进的技术设备，或者利用他们在政治上的特权和雄厚的资本，排挤和阻挠中国民族资本主义工业的发展。中国的封建政府对民族资本主义近代工业除了其他限制之外，并课以重税，以阻挠其发展。而民族资产阶级因自身力量薄弱，却不能不依赖外国资本主义和本国封建政权，某些企业的投资人本身就是买办，企业的机器和原料要向外国购买，技术人员要向外国聘请，有的企业还要向外国借资金，开办企业要取得政府和官僚的支持，否则就难以办成。因此，民族资产阶级既具有与外国资本主义和本国封建主义斗争的一面，又有妥协的一面，带有半殖民地半封建色彩，但它毕竟代表着当时中国社会发展进程中的一种新的生产方式。

西方资本主义列强对中国经济命脉的控制，主要表现在以下几个方面：①对中国财政金融的控制。西方列强在中国开设银行，发行纸币，垄断中国的国际汇兑，利用中国政府的战争赔款，控制着中国的关税、盐税、厘金等，从而控制着中国清政府的财政和金融。②对中国海关的控制。西方列强资本主义首先夺取了海关关税税率的控制权，进而控制了中国海关行政管理权和税金的分配使用权，进一步把持了中国的海关。③垄断了中国的工业行业。西方列强在中国开办工厂，修建铁路，实行行业垄断。中国民族工商业没有受到保护，反而受到西方的控制和管制，这样更加阻碍了中国工商业的发展。④促进买办资本的形成。买办资本就是中国的资本主义者，和外国垄断资本主义者相结合，并竭力为其服务，成为国外垄断资本主义的帮凶；他们又和中国的封建势力、官僚资本相结合，对中国底层人民进行残酷的剥削和掠夺，从而迅速积累财富。⑤外国资本与买办资本的结合，压制民族工业的发展。中国民族工业起步较晚，生产规模小，主要是一些轻工业。西方列强看到中国晚清政府无能，利用其帮凶性质，对中国民族工商业大力压制，收重税，阻止进入相关行业，造成了中国民族工商业在当时发展很缓慢。这个对中国后来的经济发展有很大的影响。

第二节　晚清时期的财政基本状况

一、晚清时期的财政收入

（一）田赋

清初，田赋多以银两缴纳，各州县收入田赋银后，要把所收纳的零碎银两熔化成规定重量的银锭，才能入库。由于在熔铸时，重量有所亏耗，因此，各地征收时都会适当多征一些，以补亏耗之数。但地方官吏往往借此苛索，成为剥削人民财富的一种手段。雍正时，四川的不法官员在征收赋税时，暗将戥头加重，以增收银两。乾隆三年，为整饬暗中加重之弊，准四川在火耗之外，每百两提解六钱，称平余。以后各省仿行，成为田赋的加征。漕粮加赋，是指向京城运送漕粮的各种加征浮收。漕粮是清代田赋的一部分，以实物缴纳。清后期政府为支付不断增加的对外赔款，以"分赔"、"摊赔"、"代赔"等名目将沉重的赔款负担分散给地方。地方无款可筹，只好以附加税的形式，附加于田赋，且名目繁多，如随征津贴、亩捐、按粮捐/输等。其中同治、光绪时，田赋亩捐已超过正赋。由于田赋附加无一定章法，故成为当时财政搜刮的一种重要手段。北洋政府成立后，田赋加征更加严重。除将清代末期田赋之外的一切附征条目归并于正税之中外，又开征新的附加税目。1912年北洋政府规定，地方征收的田赋附加税不得超过田赋正额的30%，但这一规定不久就被各省相继突破，致使附加税超过田赋正税，有的地方甚至超过若干倍。田赋附加泛滥，使人民背上了沉重的负担，造成农村经济萎缩，民不聊生。

晚清时期的田赋，仍为正供。鸦片战争以后，清廷原有的收入满足不了急剧增加的支出需要。由于田赋征收面广，人民有纳税的习惯，易于征收，就被清王朝作为主要搜刮形式。而这一时期，地方政府又取得了自由筹款的权力，所以田赋加征的名目日益繁多而苛重。晚清时期田赋附加，名目繁多，主要有：①按粮津贴。咸丰初年，太平天国起义声势浩大，席卷大半个中国。为了镇压太平天国，各省官府都要筹集资金，为军队提供军饷。四川省率先创办按粮食随征津贴，即每田赋银子1两，加征津贴1两，此后各个省份竞相仿行。经过这次改型以后，田赋成为正式税收。②亩捐。亩捐主要流行于江苏、安徽等省。1853年，雷以诚在江北里下河开办亩捐。为了增加军饷，次年就推广到扬州、通州两府各州县。当时情况大致每亩起捐20~80文。其后江南各州县都有举办，一般作为本地团练经费，每亩捐钱400文，也有每亩捐款2斗的。③捐输。捐输一般称为"按粮捐输"。1862年，四川总督办理，按粮食捐输，即按其田赋纳粮多少，强行摊派多少，一般按钱粮1两加征捐输银子2两，有时候会多征，其后各个省份竞相效仿。捐输包括丁漕加捐、赔款加捐、沙田捐、警学亩捐、新加粮捐。丁漕加捐，主要运用于江西、安徽、江苏等省，税率为钱银1两，加征100~300文，或者粮食每石加征100~300文，其用途为筹集战争赔款和举办新政。赔款加捐，主要在山西省，税率为钱银一两加征一钱二分五厘，主要用途就是筹措赔款。广东沿海因涨沙而成的田，名为沙田。东莞、香山等县在1862—1863年间，因办理防务，开办沙田捐，于正赋之外，每亩加征银二钱，由地主和佃农按"主八佃二"分担缴纳。此外，战时广东各州县办理捐输，有派捐、包捐等名目，大率按亩派捐，视同加赋。警学亩捐，主要用于收集地方治安费，一般在东北实行。除了以上所述这些，还有其他一些捐输。光绪以后，为赔款和举办新政，清廷任各省自由筹款，以充地方经费，各地又增征田赋。奉天、吉林、黑龙江的警学亩捐，安徽、江西、浙江等省的丁漕加捐，山西的本省赔款加捐，新疆的加收耗羡，四川的新加粮捐，广东的新加三成粮捐，云南的随粮捐收团费等，各省加派的名目不同，税率也不同。清后期的田赋加派是苛重的，以四川为例："地丁原定征额银669 131两，遇闰加银23 290余两……至咸丰四年，定按粮津贴其率为每粮一两，征津贴一两，则加原额一倍矣。同治元年，又加按粮捐输，为数180余万两，是原数两三倍矣。光绪二十七年，所谓新加捐输者，又按亩捐银100万两，于是四川之田赋共数为350余万两，为原数之五倍强。"④厘谷（或义谷），主要行于云贵地区。1865年，云南由于钱粮不能照额征收，田赋收入不足供本省军粮之用。为了添资军粮，清廷在田赋之外征收厘谷，并从1868年起，改变过去漫无定章的做法，规定按州县大小和收成情况，"酌量征派"，税率为10%~20%，全省皆然。

漕粮改折也是晚清时期重要的田赋之一。漕粮是我国封建时代由东南地区漕运京师的税粮，起于两汉，盛行于唐宋，明清遂成定制。漕粮改折是指将应缴纳税粮改用银两来替代。征收漕粮本色时要附加折耗、轻赍及运军行粮等漕项。折耗是用银子折算的所征漕粮正项外的加征部分，用以弥补漕粮在称量、储藏等方面的损失；轻赍是漕粮耗米中扣除运军行粮后所剩折收银两的部分；运军行粮即运军的路费耗米。如果将漕粮折算为银两，那么附征的折耗、轻赍、运军行粮也都被改折为银两。然后将这笔附征的银两用在当地急需的地方，"既不敢取之内帑，又可宽东南民力"。为维持漕运，一般严格限制漕粮改折，只许在重灾、缺船或漕运受阻等严重情况下才实行部分的改折。清代漕粮流弊甚多，屡议改革，但多恐影响军民食粮而作罢。嘉、道年间，准收折色，也是本折并行。太平天国定都南京后，清漕运路线阻塞，漕粮无法北运，原征本色的各省遂实行折色用银两折纳。由于当时银价昂贵，直接对纳税人形成重敛，就连曾国藩也承认这一点。他在上疏中说："东南产米之区，大率石米三千。昔日两银换钱一千，则石米得银三两，今日两银换钱二千，则石米仅得银一两五钱。昔日卖米三千，输一亩之课有余。今日卖米六斗，输一亩之课而不足。……小民暗加一倍之赋。"

晚清时期，地丁也是田赋中比较重要的一种，亦称"摊丁入亩"或"地丁合一"，即将丁银摊入田赋中一并征收，是清雍正年间赋役制度的一次重要改革措施。从雍正年间开始，正式将丁税废除，将康熙末年已经固定的丁银数目，分摊入田赋，使得没有田产的人可以不纳赋税。但这个政策在各地区实行先后不一，最早如广东在康熙五十五年（1717年）即开始实行，大多数省份在雍正四年至七年之间实行，少数边区省份如贵州、台湾、东北则到乾隆以后才实行，最晚的吉林在光绪八年（1883年）才完成了摊丁入地。为了支付《南京条约》的战争赔款，晚清政府将筹措任务摊派给广东、江苏、浙江和安徽四省，各个省的情况当时也不是很好，在筹措赔款时，晚清政府默认了它们对人民的无限搜刮，各个省就趁机加重田赋。据记载，道光时期的田赋，后十年比前二十年增加了一倍。自从加征田赋得以执行之后，后面就实行了很多加征，主要是为了战争赔款，外加后来镇压太平天国的战争费用，还有一些官员的徇私舞弊，农民的田赋负担越来越重。

晚清时期的差役依然是农民的沉重负担。前面已经说过，差役已经摊丁入亩，农民既然交了银子，就应该没有差役了。但当时官员腐败，在遇到很多大事的时候，都是硬性摊派，多次摊派以后就成为定制，这样更加重了农民的负担。

（二）盐税

盐税包括盐课和盐厘，盐课又分为正课、杂课、包课，其中正课就是对盐商运销盐所征收的税，杂课和包课是盐课的附加税。盐税历来是各个朝代政权的主要财政收入，其最大的特点就是政府垄断盐的各个流程，而且盐具有不可替代性。清朝时期，盐税也是主要的财政收入之一，其后不断增长。到了咸丰年间，由于国家对外防御和镇压太平天国起义，军费大增，清政府决定在对盐征收盐课的同时再加征盐厘。咸丰年间，清政府为了筹集军饷，举办厘金，盐也成为抽厘的对象。从此，既征盐课，又征盐厘。例如，淮盐出江，自仪征到西楚，层层设卡报税，每引完厘在15两以上。咸丰五年，定花盐每引一万斤，抽厘八两，后因商贩私加至一万七千斤，川督骆秉章请每引加抽17两，其正厘25两，后各省皆加。此外，如奉天等另有行引办法。同治六年，将军都兴阿奏准榷厘法，每盐一引榷东钱千，为本地军需。光绪三年，将军崇厚请加作2 400文；八年，将军崇琦再请加2 400文；十七年，户部筹饷加2 400文；二十四年，将军依克唐阿加 1 200 文，谓之加价。从以上几例看出，各地抽厘的多少和次数不同，一般是运盐越远，课厘越多；时间越久，增课越多。因盐厘收入较大，所以不入厘金项目，而合于盐课之中。

盐税除了以上所述盐课和盐厘之外，还有盐税附加。晚清时期，盐税附加多如牛毛，例如告费银、缉私费、行政费、盐捐、临时捐输等。道光年间整理盐税，几乎都是增加税收；咸丰、同治年间因为军饷需要，外加当时自然光景不好，政府收入减少，从而又增加盐税。光绪时行铜圆，盐价已暗增，而厘金外更议加价。二十二年，每斤加收二文。二十七年因筹还赔款，加四文。清代的盐税收入，清初为 200 万两，至道光年间为 495 万两白银，光绪后期为 1 300 万两，已经是清初期的六倍之多。1911 年，盐税高达 4 500 万两白银，仅次于田赋与官业收入，排在第三位。

在盐税的征收管理上，从道光年间开始，政府就着手改革。道光初期，当时两江总督建议与淮北改行"票盐"，就是盐商自己去交款，然后领票卖盐。后来推广到淮南，然后推广到全国。由于清后期盐产销改为"票法"，再加上各省对盐厘的自行加征，盐税在晚清时期的财政收入中不断增长。

（三）关税

（1）常关税

晚清时期的关税，主要包括常关税和海关税。常关税为内地货物通过税，分为衣物税、食物税、用物税、杂税四项。在行船的地方，兼收船税。常关税税率没有统一规定，各关不同，一般有正税和附加税。创设厘金后，关税日益苛重，但对救灾物资有时免税。中央每年向各地下达常关税征收额，上解不足于定额，由其常关监督负责赔偿。清代常关税收入定额，康熙二十五年为 117 万两，道光二十九年达 470 万两。其后因设置海关，收入减少，至光绪十一年为 249 万两。光绪二十年为 277 万两。这仅仅是正式报告的数目，至于附加税收，为数可能不少，但记载不详。

常关税在正税之外，还有各种各样的附加税，如盖印费、单费、验货费、补水费、办公费等，附加税有的是正税的 10%，有的是正税的几倍。1887 年，割除广东"额外加平、办用官钱、船钱、厘头、黑钱"等陋规就有七项，可见关税中的附加和滥征是很严重的现象。

清政府为了确保国家财政收入，对各个关口都卜了定额。完成不了的，则由常关监督负责赔偿：300 两以下，半年还完；300 两以上，一年还完；1 000 两以上，二年还完；5 000 两以上，三年还完；50 000 两以下，六年还完；50 000 两以上，八年还完；不能赔偿者，撤职查办，以其家里所有财产充公；家里财产不够的，让其子孙赔偿。当然，如果常关税超过了国家规定的限额，主管官吏会得到一定的赏赐，比如升职或者财物。常关税的收入比较大，道光年间达到 470 万两，后来洋人开始设置关卡，不断染指国内关税，导致常关税日益减少，光绪年间只有 250 万两左右。

常关税本是国内各种关税，和外国无关，但是《辛丑条约》签订以后，国外资本主义国家开始进入中国常关，到处设置关卡，而且规定在沿海一带享有一定的征收权限。这个导致了晚清常关税不断减少，晚清政府大大丧失其主权。

（2）海关税

晚清时期的关税中，除了常关税，就主要是海关税了。1840年，鸦片战争失败后，晚清政府同英国签订了《南京条约》，其条约规定中国开放广州、福州、厦门、上海和宁波五处通商口岸，并在这些口岸设置了新海关，中国几千年的封闭社会被打开。随着后来的战争失败，不平等条约的签订，资本主义国家在中国开设的通商口岸越来越多，在中国取得的海关收入也越来越多。晚清时期的海关税主要包括进口税、出口税、子口税、复进口税、吨税和洋药厘金。

①进口税。进口税是指外国货物进入关境或国境时所课的关税，也称输入税。道光二十三年，"定洋货税值百征五，先于广州、上海开市洋货进口，按则输纳。"当时，清政府的代表耆英与英国的代麦璞鼎查在香港签订"税则协约"，规定进口货48种，出口货61种，均采取了从量课税，进口的洋米、洋麦、五谷则予免税。此外，税则附录：凡属进口货不能核载者，即按价值每百两抽银五两。由于当时税则表中所列货名有限，以后新增的贸易品就一律按值百抽五来定税率。璞鼎查在审阅助手新拟的税则时，曾担心这个有利于对华进行商品入侵的税率未必能被中国政府接受，岂料清朝的皇帝却完全同意了。

②出口税。出口税是指本国货物出口时，对经过关境的货物所课的关税，也称输出税。出口税根据条例同进口税一样，税率也是值百抽五，这对土产外销，保护本国产品是不利的。中英协定税则列出口货税目61种，均为从量计征。税则附录：凡出口货不能核载者，即论价值若干，每百两抽银五两。鸦片战争以后重要商品税率发生了很大变化。进口货基本上为5.56%，出口货除茶叶是12.87%外，其余多为4%。尽管第一次鸦片战争后所订的税率已经这样低，外商仍不按章纳税，他们利用一切机会，偷漏正税，甚至逃避全部税课；以多报少是极普遍现象；改报货名，把某一品类货物改为另一低税品目，这是极寻常的事。清丝的单位是一包，但外商经常把两包捆成一包，海官税吏假装不知，以折半的重量纳税。直接的走私，即洋货入口、土货出口一概不报关不纳税，也是惯例。有时是借助于疏通胥吏，但在不少的情形下，并不依靠他们的帮助，简直是存心藐视清政府胥吏松懈的监视。总之，外商经常干着走私漏税的勾当。外国侵略者还从自身的利益出发，根据货物价格波动情况来决定是否改订税则。物价上涨时便不同意改订，物价下降时则提出改订。如1858年因物价下降而修订税则，进口货税目增至83种，出口税目达104种，许多货品税率大减。物价的下跌只是短暂现象，一般情形却是物价上涨。《天津条约》签订10年后，中英会议于北京，改订进口税则子目十余项，双方代表已签字，但英政府不予批准，议案被迫作废。《天津条约》签订后40年间，物价不断上涨，税则丝毫未变，实际税率远在值百抽五以下。直至1902年，帝国主义为了中国的"庚子赔款"有保障起见，才同意进口货税率增至值百抽五的水平，但实际执行中仍在值百抽五以下。

③子口税。子口税是指进口洋货运销中国内地或出口土货从内地运销国外，除在口岸海关完纳进出口税外，另缴2.5%的内地过境税，以代替沿途所经各内地关卡应征的税。当时以海关口岸为"母口"，内地常关、厘卡所在地为"子口"，因此把这种一次缴纳的过境税称为子口税。又因其税率是进出口税税率的一半，故又称"子口半税"。进口洋货的子口税在运销内地的起运口岸缴纳，出口土货的子口税在运销出国时

的所达口岸缴纳。因此，子口税仍系海关税。子口税的产生始于《南京条约》，成于《天津条约》。《南京条约》第十条规定："今议定英国货物在某港按例纳税后，即准中国商人遍运天下，而路所经过税关，不得加重税例，只可照估价则例若干，每两加税不过某分。"英方签订《南京条约》的璞鼎查认为限制中国内地关税非常重要，所以他在与耆英签订《五港出进口应完税则协约》时声明："今复议明内地各关收纳洋货各税，一切照旧轻纳，不得加增。"1853 年，清政府开征厘金，中国内地的商品流通，逢关（常关）纳税、遇卡抽厘。如对洋商从内地购土货和洋货入内地也照此办理，显然不符外国列强的利益。为了改变这种情况，英国侵略者在《天津条约》中获得了如下特权："英商已在内地买卖，欲运赴口下载，或在口有洋货欲进售内地，倘愿一次纳税，免各子口征收纷繁，则准照行。此一次之课，其内地货则在路上首经之子口输交，洋货则在海口完纳给票，为他子口毫不另征之据。所征若干，综算货价为率，每百两征银二两五钱。……海口关税仍照例完纳。"从此以后，外国商人享有只纳一次子口税的特权，而中国商人长期处于苛征重负之下，无法与之竞争。实行子口税以后，外国商人为了扩大他们在中国的贸易，委托买办性的中国商人代销代购，并向中国商人出卖半税单，使清朝廷关税收入遭受更大损失。

④复进口税。复进口税也称沿岸贸易税，是指对国产土货从一个通商口岸由商船运往另一个通商口岸所征收的国内关税。税率定为出口税的一半，即 2.5%，故又称"复进口半税"。复进口税始于咸丰十一年（1861 年）。《长江通税章程》中规定：洋商由上海运土货进长江，该货应在上海交本地出口之正税，并先完长江复进口之半税。1862 年，复进口税改在土货到达的口岸交纳，不在起运的口岸交纳。1898 年，总税务司署颁行的《华洋轮船驶赴中国内港章程》第二条规定：华洋轮船在内河装运土货，除在起运货物港口一律交纳值百抽五的出口税外，"在内港各处起货下货，应照该处定章遵纳各项税厘，凡洋商之船应照条约税则比例办理"。这里明确地规定，华商轮船必须交纳各项税厘，而洋商轮船则只照"条约税则"，也就是只纳 2.5%的复进口税。所以复进口税同子口税一样，使洋商享有免纳厘金重征的特权。

⑤吨税。吨税，也称船钞，是各通商口岸向往来船舶所征收的税。因其按吨数计算（一吨为 122 斗），所以叫吨税。为使用费的性质，由海关征收。此税税额先由中国确定，后来由各通商条约规定，并多次变更。1843 年，《中英五口通商章程》规定：凡英国进口商船，应查照船牌，开明共载若干，定输银之多寡。计每吨输银五钱，所有的纳钞旧例，及出口进口"日月规"各项费用，均行停止。《中英虎门条约》中规定小船在 150 吨以内"按吨纳钞一钱"，比鸦片战争以前的船钞大大减少了。《天津条约》签订以后又有减少。

⑥洋药厘金。鸦片输入中国，其初概称药材。所谓洋药税厘，实为对鸦片进口时所课的正税和厘金。第一次鸦片战争以后，为了更大规模地向中国倾销鸦片，英国主张清政府对鸦片课税。参加谈判的清廷代表耆英未敢擅定，最后道光皇帝给耆英一道重申禁令的谕旨，但鸦片的输入并未因此停止，最后在《天津条约》中以洋药的别名混入了进口商品之列。每 100 斤纳银 30 两，税率还是以值百抽五为依据。光绪五年（1879 年），李鸿章认为鸦片难骤禁，只可先加税厘，烟价增则吸者渐减。他建议土药每 100 斤征正税和附加税计 110 两（免内地厘金），洋药每 100 斤征 40 两（进口时输

纳），清政府采纳了他的建议。光绪九年，如其所议与英国订约。光绪十年，又决定实行坐部票的制度，凡华商运烟，必须持有行票，每票限 10 斤，每斤捐银二钱，经过关卡，另纳税厘；无票不得运烟。开店必须有坐票，无论资本大小年捐 20 两，每年换领票一次，无票不得发售。

晚清政府的海关税收入，随着中国世界贸易的发展、大量外国商品输入和中国的原材料输出而增加。1861 年海关税收入为 490 万两，1874 年增至 1 140 万两，到 1911 年已经达到 3 600 万两白银。晚清时期的关税收入快速增加，约占到清后期税收收入的四分之一，是晚清政府的主要收入来源。

（四）厘金

厘金也称"厘捐"或"厘金税"，创行于咸丰三年（1853 年），实即一种值百抽一的商业税，1% 为一厘故称厘金。在全国通行后，不仅课税对象广，税率也极不一致，且不限于 1%。有的高达 20% 以上，有部分货物实行从量抽厘。咸丰三年（1853 年）为江北大营筹措镇压太平军的军饷，在扬州里下河设局劝捐，其亩捐按地亩肥瘠和业田多寡，照地丁银数分别抽捐，大致每亩起捐 20～80 文不等。同时，对米行商贾推行捐厘之法，向扬州附近的仙女庙、邵伯镇等米行，规定每米一石捐钱 50 文助饷。咸丰四年三月起，此法推行到里下河各州县米行，并对其他各业大行铺户，一律照捐抽厘，大致值百抽一。捐厘行业渐次增多，遍及百货，抽捐地区也渐次扩展到扬州和通州（今南通）两府所属各地。当年下半年，江南大营在镇江、丹阳等县相继设卡抽厘。截至同治元年（1862 年），除云南（同治十三年设）和黑龙江（光绪十一年设）外，厘金制度已遍行于全国各地。

厘金最初一般分行厘（活厘）和坐厘（板厘）。前者为通过税，征于转运中的货物，抽之于行商；后者为交易税，在产地或销地征收，抽之于坐商。行厘一般是货物在起运地征收一次厘金后，在转运途中又重复征课，有所谓遇卡纳税及一起一验或两起两验的办法。有些省则在货物起运地及到达地各征一次。坐厘有"埠厘"、"门市月厘"、"铺捐"、"落地厘"等名称，是对商店征收的交易税。此外，还有先捐后售的出产地厘金，如对丝、茶、土布在出产地所征收的产地捐。如按商品分类，厘金以百货厘为主要部分，征课的范围很广，名目繁多。百货厘之外，还有盐厘、洋药厘及土药厘。盐厘为盐课以外征税，洋药厘是对外国进口鸦片征收关税以外的厘金征课；土药厘是对本国自产鸦片的课厘。据同治八年至光绪三十四年（1869—1908 年）全国各省厘金收入分类计算，其中百货厘约占总收入的 92%，茶税约占 1.8%，盐厘约占 0.8%，洋药厘约占 3.3%，土药厘约占 2.1%。

厘金就其课税品种的不同，可分为百货厘、盐厘、洋药厘、土药厘四类。其中以百货厘举办最早、范围最大，故所谓厘金，主要指百货厘而言。百货厘的课税对象，多为日用必需品，一切日用所需之物，无不在被征之列。百货厘金若以课税之地为标准，可分为三种：①出产地厘金，即在出产地对所产物品所抽的厘金。出产地厘金有"出产税"、"出户税"、"出山税"及各种"土产税"、"落地税"等名称。②通过地厘金，是以货物由某地至某地之一次搬运行为作为对象，课征于行商的通过税，又称为"活厘"或"行厘"。它是厘金收入的主要部分。③销售地厘金，是抽之于坐商的交易税。销售地厘金有"坐厘"、"埠厘"、"门市厘"、"铺捐"、"日捐"、"落地厘"等不同名称。

厘金税率在开办之初为1%，以后逐渐提高，至光绪年间，多数省份的税率在5%以上。如：浙江、江西、福建三省为10%，已是较高的税率，而江苏负担更重，其一般货物所纳额均在10%以上。因为遇卡抽厘，如定率为5%，只要通过四卡，即为20%。上面说的还只是法定的税率，"其额外征收，或且较此为多"。清代厘金收入，光绪十三年为1 600余万两。宣统三年为4 300余万两（预算数），为当年预算总收入29 600余万两的14%，可见厘金在清政府财政中占有相当重要的地位。

各省征收厘金的制度有两种，一是官征，一是包缴，前者为各省通行的办法，后者仅为部分出产较繁的省份采用。官征制度是由各省官府设立局卡，按各省所定税率征税。商人运货到卡，由船户或本人前往局卡报验，经查验后，核算收税，开票放行。坐厘之官征，大都以各行店一月的营业额为课税根据，按所定税率征收。包缴制度，即出同业商人或非同业人承总认定或承包诸业捐额，经理其事，负责缴纳。前者称为"认捐"，后者称为"包捐"。认捐因经理人为同行之人，能维护本行商人的利益，对政府也有利，既无偷漏之虞，又可节省征收之费。

厘金这一新税从创办开始就繁琐苛刻，弊病百出，具有浓厚的封建性和反人民性。①厘金课征苛重，一物数征，危害国民。厘金制度杂乱无章，各个地方官各自为政，没有一个统一的标准，变动很随意。各个地方政府为了取得厘金收入，到处设立关卡，水陆交通要道、城镇要道甚至乡间小道都有设置关卡，有的地方更是一处数个关卡。关卡太多，货物经过，层层剥夺，大大降低了物流交通效率。厘金的征收，不仅人为地阻碍了商品货物的流通，更是妨碍了商品经济的发展。②官吏苛索、中饱私囊，百姓苦不堪言。对于厘金的征收，清廷中央没有制定统一的税则，而是由各省自定税则，任意征收。收入除以一定数额上缴中央外，很大一部分由地方当局自由处置，表现出封建地方割据性。地方所得的厘金税收，不列入正式收入，其中很大一部分被地方官吏假公济私，变相中饱私囊。清代厘金各省自留部分的数额是很大的。宣统三年，中央在预算编制中对各省财政情况稍加核实，厘金预算数一跃而为4 300多万两，比前一年增一倍，增长额只是各省自留厘金总额中的一部分，肯定不是全部。

（五）茶税及茶厘

晚清时期的茶税，因晚清政府财政的需要，在不同地区又增设了茶厘、茶捐、落地税等，使得当时的茶税负担日益严重。晚清时期的茶税一般包括三种：包商制、以票代引和厘金制。包商制，主要流行于闽台地区，那里土地适宜种茶。1887年开始创办包商制征收。后来因实际效果比较好，所以就得以成制。以票代引，就是茶商先在官府领取票引，然后承接茶务。在同治年间，很多商人已经欠税很多，他们怕政府追责，就不愿继续贩茶。于是，1872年实行茶税改革，以票代引，此法定为三年一案，即三年一个周转期。以票代引制实行后，西北茶税收入大增，效果显著，所以此法得以传至辛亥革命之后。厘金制，就是长江中下游地区，以厘金代替茶税。茶厘则是逢关纳税，因为关口很多，至于最后征收多少厘金，也没有记录可循。在生产茶叶的大省如安徽、浙江，茶一引为 120 斤，每引纳税银三钱，公费三分；厘捐银九钱，又公费五分；另外捐钱银六钱，共一两八钱八分。甲午中日战争以后，茶税又继续增加，厘金收入远远超过课银。

晚清时期的茶税收入比较可观，1766 年为 7.3 万两，1894 年后茶厘收入为 90 万两，宣统年间达到 307 万两，茶税收入不断增长。

（六）烟酒税

晚清时期的烟酒税属于地方政府收入，当时各省地方政府因为财政支出不断增加，特别是军费开支更是日益膨胀，于是地方政府就在烟酒税上肆意苛索。当时情况特殊，为了掩盖增税事实，政府采取了开辟税源、增加税目、不改变税率的方式，以增加当时的财政收入。因此，晚清时期烟酒税名目繁多，例如，有酒酿造税、烟叶税等出产税，有烧锅税、烟丝税等制造税，有厘金等通过税，还有行卖税、门销捐等营业税。总之，当时烟酒税名目繁多，税目税率各不相同，征收管理也多种多样，税收收入也不断增加，人民负担不断加重。晚清时期的烟酒税管理是无章可循的。

（七）矿税

晚清时期，清廷因财政需要，转向鼓励开矿。咸丰二年，以军饷浩繁，库藏支绌，招商开采热河、新疆及各省金银诸矿。明令："各督抚务当权衡缓急，于矿苗丰旺之处，奏明试办。"晚清的矿税，因矿种不同、时间地点不同，税率也不相同。

晚清的矿税，按照光绪二十四年公布的《大清矿务章程》规定，矿税分为矿界年租和矿产出井税。清朝一代，矿税极其混乱，变化无常。

（八）当税、契税、牙税等其他杂税

当税是清代杂税中的一个税目，数额不大，往往是州县官征收存留起解。晚清时期典当业税制发生了很大变化，尤其是光绪朝。光绪朝因灾害、战争所迫，税率有所增加，当税也在其列，当税 5～50 两不等，而且增加了各种形式的当捐，这成为遏制典当业发展的瓶颈，以至于清末民国时期典当行渐渐歇业。1888 年，全国当铺 7 000 多家，对当铺征税，不管规模大小，一律捐银 100 两。到了 1894 年，改为一家 200 两。当税的各种附加也没有一个统一的标准，各个地方政府自主征税，故征税比较混乱。

晚清时期的契税，是对当时买卖和典当所订契约而课征的税收。课税范围主要是田房买卖或典当契约。晚清时，沿袭前制，但至少税率不一样，而且征管方法也不一样。有买契从价每两征收九分的；有典契征收半额的；有买契、典契同额征收的；有的在正税之外还附带征收杂税。

牙税，就是向牙行或牙商征收的税收。牙行或牙商是指那些处于买卖双方的中间人，有时候撮合生意，从交易中抽取一定的佣金的商人。晚清时期，凡是设立行号开牙行的人，都要缴纳一定的税收，其实这个就是一种营业税。

（九）公共事业收入

晚清时期的公共事业收入主要包括铁路、轮船、电报、邮政和军事工业等，这些部门都是发展资本主义经济的基础事业。本来这些公共事业的收入都是国家收入，但是由于当时的情况，主要是受到资本主义列强的压迫和绑架，导致了很多公共事业单位并没有为国家提供收入，反而给国家财政带来负担。铁路方面，甲午战争后，大力兴办铁路，共修建了几十条铁路，不过这些大部分都是举外债修建的。这些铁路确实为政府带来了收入，当时大概为 2 000 万两。轮船方面，晚清开通海上航道以后，轮船业逐渐发达，不过因为在这个方面，清政府不是很在行，经营不善，也不是国外竞争者的对手，尽管政府给予补助，亏损还是比较严重。

电报事业和邮政事业在晚清时期发展迅速，收入也相当可观。晚清时期主要以电报为主，每年盈利五六百万两之多。1911 年，全国共设有邮政局 6 201 处，各种邮路 38 万里，年收入 600 万两。

（十）债务收入

晚清时期的债务收入主要包括外债和内债。外债始于 1864 年，主要是因为签订了《伊犁条约》向俄国支付巨额战争赔款，而向英国借债 143 万英镑，期限 20 年。从 1864 年到 1894 年共 30 年中，大规模的外债共六次，收入确实不小。晚清时期的内债，主要始于偿付《马关条约》规定的赔款，清政府以田赋、盐税作为担保发行"昭信股票"，总额 10 000 万两，为期 20 年，股票可以自由买卖。由于当时政府信誉不高，募集的资金不多。晚清政府总共发行三次内债，都以失败告终，主要原因还是当时财政收入不稳定，政府信誉不高。

二、晚清时期的财政支出

（一）军费开支

晚清时期，军费支出是最大的一项支出。此时外来军事侵略及国内农民起义不断，使得军事行动所需的开支日益庞大。从 1840 年鸦片战争开始到 1911 年辛亥革命爆发为止，帝国主义列强对中国进行了多次侵略，其中两次鸦片战争、收复新疆、中法战争、中日战争、抗击八国联军、抗击沙俄等，这些战争，花费巨大，加重了晚清政府的财政负担。军费支出主要包括养兵费、装备费和战争费。晚清时期的军队，有八旗兵、绿营兵、各省招募的防兵练勇以及水师兵等。同治、光绪时期的绿营兵力达到了 46 万之多，各省的防兵练勇达到 36 万，常备兵力不下 90 万人。为了战事需要，必须维持这支庞大的军队，这样使得当时的军饷支出相当巨大，军费中的装备费也比较多。晚清时期的军备费主要花费在海军建设上面。为了装备海军，晚清政府从国外购入了大量的军舰，并且投资建设各种先进兵船。同治年间，向英、法、美等国购入兵船 14 艘、炮船 2 艘，共花费白银 132 万两。光绪年间，向英、德、日等国购入炮船 20 艘、铁甲舰 2 艘、巡洋舰 9 艘、鱼雷艇 4 艘，共耗费白银 650 万两、德国马克 620 万、英镑 114 万、日元 546 万。还有其他一些军需购入，不在其列。

图 8-1　漫画（列强分割中国）

战争费是军费开支中重要的一项，其耗费相当巨大。例如，中英鸦片战争总共花费白银 1 000 多万两，中法战争消耗白银 3 000 多万两，加上后来的中日战争以及八国联军侵华战争等总共耗费白银近一亿两白银。战争费除了抵御外国入侵外，还有镇压国内农民起义的战费。晚清时期，各地农民起义和农民革命风起云涌，遍及全国。清政府为了维护其统治，不得不调集大量的军队来镇压和屠杀，促使其战争开支大幅度增加。对太平天国前期的镇压就花费了白银 1 800 万两，后期围堵镇压花费白银 15 000 万两。

以上所述都是军事支出，是晚清时期花销最多的费用之一。如此巨大的军费开支，也是造成晚清政权衰落的一个重要原因。

（二）债息支出

如前所述，晚清政府军费开支巨大，加上战争赔款量大，而且财政收入吃紧，所以不得不多次举债或发行内债来渡过难关。举债是要还息的，而且随着新债越来越多，利息也越来越多。从甲午中日战争开始到辛亥革命爆发止，晚清政府总共借外债一百多笔，折合白银 12 亿两，很多利息率在 4% ~7% 之间，有的高达 10%。晚清政府偿还这些债务利息，使得财政支出高涨。在光绪、宣统年间，债务利息支出已经成为国家财政的一项主要支出。

（三）赔款支出

战败赔款是晚清政府的又一项重大支出。清政府鸦片战争以后的对外抗争，都以失败告终，每次战败都要负担巨额的战争赔款。第一次鸦片战争赔款为 2 100 万两（白银，下同）；第二次鸦片战争后，赔款为 1 600 万两；中俄战争后，赔款 600 万两；甲午中日战争后，赔款 23 000 万两；八国联军向晚清政府索要赔款 45 000 万两，连本带息高达 98 000 万两。

如此巨额的战争赔款，加上当时晚清政府政权不稳，社会动荡，根本无法偿还，所采取的筹措办法只有从关税、盐税、田赋等中划拨，然后各个地方政府还要被硬性摊派，这个也是造成清后期财政极端困难的主要原因之一。

（四）洋务支出

洋务运动旧称"同光新政"。1860年后，在中外联合镇压太平天国革命的过程中，清朝封建集团中逐渐形成了一批具有买办性和近代性的官僚和军阀。他们在与外国资本主义列强打交道的过程中，不但认为清政府与外国侵略者的矛盾可以调解和妥协，"借洋助剿"，镇压国内人民的反抗，而且还可以采用一些资本主义生产技术，以达到维护摇摇欲坠的封建统治的目的。这部分人就是当时清政府内当权的洋务派，他们在19世纪60年代至90年代所从事的洋务，史称洋务运动。所谓"洋务"，是指诸如外事交涉、订条约、派遣留学生、购买洋枪洋炮以及按照"洋法"操练军队、学习外洋科学、使用机器、开矿办厂等对外关系与外洋往来的事物有关的一切事情。

洋务运动分为两个阶段。首先发展的是军事工业，后来逐步扩展到民用企业。清政府兴办近代化军事工业，从19世纪60年代到90年代，共花费了4 500万两左右的国库经费。洋务运动到后期因为经费问题，从兴办军事工业转向民用工业。洋务运动创办的民用工业包括交通运输业、采矿业、冶铁业和纺织业等总共20多个企业。洋务运动大力兴建铁路，修建钢铁厂，除了军事工业和民用工业以外，还设立了许多军事学校，如广东水师学堂、福建船政学堂等。洋务运动过程中，先后分批派送留学生。洋务运动持续了40多年，给晚清政府带来了巨大的财政压力。

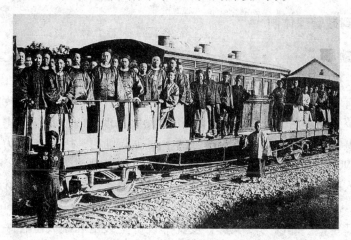

图8-2 洋务运动

（五）皇室支出

清代后期的皇室支出并没有因为财政困难和对外战争而减少，其皇室日常支出大大超过了前期皇室支出。皇室支出主要包括内务府经费、庆典费用、陵墓建筑费用和园林修建支出等费用。光绪十三年皇帝大婚，使用银子550万两；光绪二十年慈禧太后大寿，各种耗费总计约700万两。除此之外，晚清统治者还十分重视皇室陵墓的修建，仅光绪十一年至光绪二十年的九年内，陵寝费每年最少3万两，最高年份接近50

万两，而光绪陵工程前后共花费 180 万两。

（六）官俸支出

清朝前期，官员的俸禄实行俸银禄米制，俸银较低。同治六年规定，外官俸银与京官一例，按品级颁发，不发恩俸和禄米。到了后期，官俸的规定内容越来越复杂，俸银数量也是越来越多。宣统时期，官俸有公费、津贴、薪水等名目。1910 年官俸又增加了公费，军机大臣每年 24 000 两，尚书 10 000 两，侍郎 8 000 两，左右丞相 4 000 两，左右参议员 3 600 两。此外还有很多津贴和薪水等其他福利。

（七）文化教育支出

光绪年间，为了适应当时政治、经济各个方面的发展需要，晚清政府对各个行政机构进行了较大的改革，于光绪三十二年重新制定了官制，设立了外交部、民政部、吏部、礼部、陆军部等机构。政府机关扩大，行政开支自然增加很多。

晚清时期，洋务运动开始后，兴办学校，诸如实习馆、方言馆、水师堂等，还向国外派遣留学生。整个教学计划的改革，使教育经费大增，其经费达到了 274 万两。

（八）交通费

晚清时期的交通费，就是指铁路建设费。自甲午中日战争前中国自行修筑京奉铁路后，形成了兴办铁路的风气，有官办、民办、商办、官商合办等。铁路一般都是大型基础工程，所需人力物力巨大，耗费高涨。如京汉铁路耗资 10 526 万元，津浦铁路耗资 8 049 万元，沪宁铁路耗资 3 653 万元，广九铁路耗资 1 166 万元。

三、晚清时期财政管理体制

（一）财政管理机构

晚清时期，中央财政管理机构仍然是户部，主管全国的土地、户口和全国财政收支政令。属官有 14 清吏司，分管各省及全国钱粮政务。晚清时期的财政管理机构改革与整个行政改革是同步的。晚清政府于 1861 年设立总理衙门，此部门建立之初主要职能是负责通商事务的谈判，后来成为洋务的主要协调机构，1901 年改为外务部。1903 年设立商部，1905 年设立巡警部和学部，此后又将巡警部改为民政部。财政管理机构随着改革的深入而不断变多，而且职能划分越来越细，这样也有利于财政管理工作的进行。

光绪三十二年，户部改为度支部。度支部设有主大臣和副大臣各一人，左右丞相及左右参议各一人，度支部下设承政、参议二厅和田赋、漕仓、税课、通阜、库藏、军饷、会计等十司以及一个金银库。田赋掌管土地赋税，核实八旗内府的田地亩数；漕仓掌管漕运、各省兵米数等；税课掌管商货流通税，审核海关、常关盈亏状况；通阜掌管矿政币制，核查银行、币厂；库藏掌管国库储藏情况；军饷司掌管军粮供给状况以及审计各省协调状况；会计司掌管国用出纳，审计外债公款，并且列表记录。其外，中央还设有盐征院，专管盐务，下设总务厅、南盐厅、北盐厅等，各省督抚管理盐政。

晚清财政属于君主专制制度下的中央集权制财政，但是随着改革的发展，也发生着悄然的变化。财政主管机关，在中央为户部即后来的度支部，在地方为藩司。度支部听命于皇帝，各省督抚由皇帝亲自任命，而藩司受督抚指挥，与度支部无关。因此度支部无法过问地方财政，更无权干预和控制地方财政。晚清政府没有机制很好地控制地方政府，导致地方政府各自为政，自辟财源，自定税率，自行扩充地方财政收入。

（二）预算、决算制度

晚清时期，受西方列强财政管理方法的影响，曾整理财政，筹备预算、决算，并且在光绪三十四年颁布了《清理财政章程》，由清理财政处主持编制预算、决算工作。此次章程设立了清理财政处，隶属度支部，专司审核中央和地方的预算、决算报告，汇编中央与地方的预算、决算报表，然后编成总书，即国家预算报告。宣统二年又拟定《预算册式及例言》，规定每年正月初一到十二月底为一个预算年度；同时又详细规定了编制预算的具体步骤和工作方法，由清理财政处主持编制国家预算。

（三）库藏制度

与预算制度相伴随的是库藏制度。晚清时期的库藏制度发生了很大的变化，1904年试办户部银行，1905年户部银行正式成立，1908年户部银行更名为大清银行。晚清政府赋予大清银行经理国库事务，主管国家一切款项，并代理经营管理公债证券和纸币发行等职权。宣统二年，清王朝提出了一个统一国库办法，在北京设立总库，各省设分库，地方设支库，国库由大清银行经理，国家收入全部汇入国库。但由于当时的战争环境，加上国内政权不稳，很多政令没有得到执行。

第三节　晚清时期的重要财政变革

一、太平天国时期的财政变革

（一）太平天国起义

鸦片战争后，清政府增加赋税，横征暴敛，使阶级矛盾更加激化。广大农民饥寒交迫，纷纷揭竿而起。广西是各种矛盾十分尖锐而统治力量相对薄弱的地区之一，起义武装遍及全省。1844年（清道光二十四年），洪秀全和冯云山在广西传教，秘密进行反清活动。1850年夏，洪秀全发布总动员令，号召各地拜上帝会众到广西桂平金田村"团营"。1851年1月11日，洪秀全集2万人在广西金田村正式宣布起义，建号"太平天国"，与杨秀清、冯云山、萧朝贵、韦昌辉、石达开等组成领导核心。

（二）太平天国的财政政策

1. 土地政策

太平天国时期，颁布了各种制度，其中最重要的是《天朝田亩制度》。这个既是改革土地制度的纲领，也是改造封建社会建立新的社会组织的基本纲领。《天朝田亩制度》规定：凡是天下土地，天下人共同耕种。分田的原则是把土地按产量分为九等，以家庭为单位，按照人口平分，并且照顾到劳动力的具体情况。与历史上的其他土地改革不同，《天朝田亩制度》不只是分配既存的田地，而是分配一切土地，即消灭地主的土地私有制；在分配中，男女平等，使妇女在经济生活中受到同等的待遇。

2. 地租及赋税制度

《天朝田亩制度》中，有保护佃农的政策，地租很轻，但是要求其必须按照旧制缴纳田赋，其中不少地方都有考虑到免收地租。由于地租少，而且要求地租按照旧制交粮纳税，于是有土地的乡间绅士纷纷逃亡。鉴于此情况，太平天国不得不采取变通的措施，任命乡官按规定丈量田地，作为缴税纳粮的标准，并且颁发田凭，按照田凭收租。但是，由于太平天国的租赋制度使得业主无利可图，这一制度在实行中遭到了抵制。针对这种情况，太平天国又规定：不领凭证收租者，其田地充公。业主不愿领凭收租，太平天国的田赋收入就受到影响，于是又实行"着佃交粮"，即向佃户收取农业税。

3. 圣库制度

所谓圣库制度，就是根据"天下人人不受私，物物归上主"原则，实行统收统支的供给制度，废除私有财产制度，实行公共所有制。太平天国初期，就实行过圣库制度。在金田起义时期，洪秀全命令各地的拜上帝会教头，将所得之物，变现为现金，并将一切所有缴纳公库，全体基本生活费用由公款开支，所有人等一律平等。太平天国在定都天京后，这个制度有所发展，在首都建立了"天朝圣库"，管理共有财产，除了一切缴获和征收归圣库外，还把私有的金银、粮食、货物、房产等收为公有，贵重物品都交入天朝圣库。

太平天国还实行了其他经济政策，总的来讲，都是以计划经济来代替商品经济，以公有制代替私有制，以平均分配代替差别分配。

(三) 太平天国财政变革的意义

(1) 太平天国财政变革加剧了晚清政府的财政困难。鸦片战争以后，晚清政府增加了赔款支出，而且当时内外环境恶劣，财政相当困难。这个时期，晚清政府为了镇压太平天国运动，需要增加军饷支出，这使本来已经财政困难的晚清政府雪上加霜。

(2) 加快晚清政府在江南地区减税。太平天国时期，受到财政变革影响最大的地方是湖南、湖北、江西、安徽、浙江等地，这些地方都实行了减轻田赋政策。由于当时国内形势紧迫，为了收买人心，尽快平息战乱，晚清政府在长江沿岸六省实行减税政策。

(3) 增加了地方政府的财权和财力。晚清政府为了镇压太平天国运动，在军费不足的情况下，创立了地方税收厘金制度。在此之前，都是实行统收统支的中央集权制度，没有地方税收。厘金制度的创立，增加了地方政府的财权和财力。

二、清末财政制度改革

(一) 变革的背景

晚清十年间，清政府推行新政运动，然而，当时落后的财政制度和有名无实的中央财政，难以适应这种局面。于是，财政制度的改革成了当时的主要内容之一。

甲午中日战争后，清廷的战争赔款和巨大的外债本息偿还，使清廷财政更难以对付，迫不得已，只能向各省摊派。[①] 1896 年清廷命令把俄法、英德两笔借款的本息交各省、关分认摊解，拉开了向地方财政摊派的序幕。此后，英德续借款、庚子赔款以及甲午期间几笔大的战费借款的每年应付本息，也都摊解到地方。外债和赔款的摊派使得各省骤然增加了数千万两的支出，地方财政也无法承受。于是清政府在向下摊派的同时，也把筹款的权力交给地方。这样，各省就在筹款的名义之下，名正言顺地巧立名目，开征各种苛捐杂税，提高原有税率，改变征税办法等。这种饮鸩止渴的办法，不仅造成了清末苛捐杂税空前增加和各省财政制度的极度混乱，导致了地方督抚财权的愈加上升，同时使清政府原有的财政管理体系和财务管理制度更加无法正常运转，对地方财政无法实施控制，中央财政实际上已被架空。1901 年后，清政府先后推行新政和宪政，需要有雄厚的财政基础，需要有对全国财政状况的透明度和强有力的财政调控能力。要应对这种新的形势和要求，就必须对旧的财政制度和现状进行改革。

推动清廷对财政制度进行改革的另外一个不可忽视的动因，是近代资本主义经济的发展和西方资本主义经济学说的影响。19 世纪 70 年代前后，资本主义的近代工矿交通运输业、金融业、商业等在近代中国产生和迅速发展。到 20 世纪初，这些新的经济部门不仅在单位数量，而且在资本总额等方面都有了空前发展。随着资本主义经济因素的增长，清政府传统的财政收支项目和管理体系就愈加难以适应形势，于是改革成了客观的需要。另外，西方列强对中国财政命脉控制的加强，也是促使清政府改革财政制度的因素之一。

（二）清末财政制度改革的内容

1. 改革财务行政，加强中央集权

1903 年 4 月，清廷最先在户部外特别设立财政处。当时的上谕称："从来立国之道，端在理财用人。方今时局艰难，财用匮之，国与民俱受其病。自非通盘筹划，因时制宜，安望财政日有起色？着派庆亲王奕劻，瞿鸿机，会同户部，认真整顿。"[②] 显然，设财政处的目的是为了通盘筹划全国财政的。1908 年 4 月，税务处还成立了一个税务学堂，着手培养本国的高级海关税务人员，准备接管由洋人控制的海关行政权。由此看出，税务处的设立，具有积极意义。税务处的设立，标志着晚清财政行政机构的改革进入了初步的实施阶段。1909 年，清政府又设立了清理财政处和督办盐政处。清理财政处的职责主要是：清查、统计全国财政出入款项，调查财政利弊，并负责财政预决算的编制及册籍造送、稽核。为了使清理财政处的工作顺利进行，还在各省设清理财政局，协助中央清理财政处，专管本省的清理财政事宜。督办盐政处的主要任务是：对全国盐政事务进行统一管理。宣统三年八月，盐政处改为盐政院。

在中央财务行政机构改革的同时，地方财政机构也进行了调整和统一工作。如地方盐务管理方面，具体的管理机构是盐运使司及盐法道。宣统二年十月，盐政处在广东省城设立了两广盐务公所，置正、副监督各一人，从此，开始了地方盐务管理机构的改革。到宣统三年八月后，原设各地之盐运使、盐法道，俱改为正监督或副监督，

---

① 参见《光绪政要》卷 22，第 15－18 页。
② 参见《光绪朝东华录》（五），第 5013 页。

为盐务专官实缺，且统辖于中央盐政院，地方督抚无权干涉。

2．设立银行，建立公库制度

清朝的财政机构，原来是行政管理和钱物保管与支出不分。如户部和各省布政使司本是财政管理机构，但自身又掌管着货币和物料的保管权。中央户部自身设有三库，即银库、缎疋库和颜料库，三库保管着全国输送而来的钱物。地方的省、府、道、县，亦设有钱物之专库，分属布政使和府、道、县长官亲理，其中省级的布政司库又称藩库。这种财务行政与财物保管合二为一的做法，弊端很多。1904 年清政府决定创办户部银行，"以为财政流转总汇之所"①。

1910 年资政院会同度支部订立的《统一国库章程》中又规定：国库分总库、分库、支库三种，总库设于京师，分库设于各省，支库设于地方；凡国库，由库支大臣管理，其保管出纳则由大清银行任之；国家收支各款，均须汇总于国库。

1907 年邮传部设立了交通银行，该行的出现标志着财政特别会计的公库由此初步建立。在清政府设立银行以经理国库收支的同时，各省也纷纷设立官银钱号和省银行，参与经理省库之业务。

3．清理财政，试办财政预算

1906 年 9 月清政府宣布实行预备立宪。不久有御史赵炳麟奏请由度支部制定中国预算、决算表②，以期全国财政归于统一，但无结果。基于试办全国预算决算的基础首在清理财政，度支部于是又在年底奏定清理财政办法六条，接着又拟定了《清理财政章程》。该章程规定："清理财政，以结清旧案，编订新章，调查岁出岁入确数，为全国预算、决算之预备"；清理财政的负责机关，在于"臣部（即度支部）设立清理财政处，各省设立清理财政局"③。

关于清理的操作办法，该章程中规定，各省岁入如田赋、漕粮、盐课等项，出款如廉俸、军饷、教育等项，由度支部撮举纲要，开列条款，各省清理财政局造表填报；清理财政局还应将该省财政利如何兴、弊如何除，何项向为正款、何项向为杂款，何项向系报部、何项向未报部，将来划分税项时，何项应属国家税、何项应属地方税，分别性质，酌拟办法，编订详细说明书，送部候核，等等。

根据部署，中央度支部设立了清理财政处，在地方各省成立了清理财政局，为加强地方与中央的联系，度支部向各省奏派了正副监理官。宣统元年二月，在各省清理财政局陆续开局后，对审核各省财政的工作进行了实施。经过持续一年的工作，各省陆续造报了各种财政表册，表中详尽记述了本省岁入岁出款目、数额以及沿革利弊等项。

1910 年清政府在基本清查各省财政收支的基础上，决定试办全国财政预算。这年，地方先由各省文武大小衙门局所预算次年出入款项，编造清册，送清理财政局，由清理财政局汇编全省预算报告册，编竣后经督抚核准上报度支部；在京各衙门亦按照度支部颁定册式分别编制成各自的次年出入款项预算报告。接着由度支部在汇核各省及

---

① 参见《清朝续文献通考》卷 65，第 8125 页。
② 参见《光绪政要》卷 32，第 72 页。
③ 参见《清末筹备立宪档案史料》下册，第 1028 - 1029 页。

各部预算的基础上，编制成了宣统三年岁入岁出总预算。而后，总预算案经内阁会议政务处核议，送资政院开会议决。1911 年初，资政院在对该案复核修正后议决通过。

1911 年，清政府在上年编制第一个预算案的基础上，又编制了宣统四年财政预算案。这个预算案吸收了上年预算案之得失，在文件编制的方法上也比第一个预算案有所改进，而且已明确分列了中央和省两级预算。宣统四年预算案因清廷垮台而未能实施，但对民国时期的财政预算案的编制和管理产生了积极影响。

（三）清末财政制度改革的意义

1. 加强了中央财政的统一，有利于新政和预备立宪的推行

清末的新政和预备立宪运动，最终目的是为了挽救清廷即将垮台的腐朽统治，但是这些改革又具有挽救民族危机和推进中国政治、经济、军事、教育、司法等近代化发展的积极作用。晚清财政的改革在体现上述目标的效果上尽管差距甚大，但成绩还是存在的。例如在试办预算前的财政清理中，尽管清理是粗略的，但到宣统二年八月时，中央财政收入明显增加，宣统三年全国岁入较五年前更翻了一番。在清政府整顿财政的过程中，又通过设立税务处、督办盐政处和盐政院，以及清理财政处、清理财政局和设立公库制度等，强化了中央对财政的控制能力。由于国库收入的增加和中央对财政调控能力的加强，使新政和预备立宪运动的发展得到了越来越多的财政支持。

2. 促进了晚清财政制度现代化的发展

（1）财政管理上开始了近代形式的国家预算编制。在清末的财政改革中，先后出现了宣统三年和四年两个预算案。宣统三年预算案编制时，准备条件很不成熟，如会计法、国地两税划分等法规尚未制定，公库亦尚未统一。因此，毛病很多，实际上很难说是近代意义的预算案。但是，在形式上特别是财政预算科目的设置上还是基本符合现代国家财政预算体系的。

（2）确定了近代财政科层管理的体制。通过晚清财务行政机构的初步改革，一大批地方财政机构被撤销或合并，一律由各省清理财政局或度支公所负责。按宣统元年二月度支部拟定的《清理财政局办事章程》规定，各省财政局或度支公所除应设总办、会办及监理官外，其内设机构一般设置三科，即编辑科、审核科和庶务科。尽管后来的各省财政局或度支公所在内部设立的科数上有所不同，但基本上遵循了中央的规定。

（3）公库制度的建立促进了政府财政管理专业化的发展和财政调控能力的加强。国家公库制度，是现代国家委托银行办理国家财政资金保管和出纳的一种制度。晚清财政改革时设立了户部银行，即国家银行，后来改称"大清银行"。

公库制度的建立，可以使政府财政管理工作更快地摆脱具体的事务而向专业行政管理方面发展；同时又改变了过去呆滞的贵金属搬运调度财政资金的落后方式，方便了财政资金的调度运用，节省了贵金属搬运费用和损耗；再者，政府又可以通过代理国库的中央银行以及在各地的分行和分号，汇集政府和社会资金，稳定金融市场，亦可以通过这些机构发行纸币或透支以应付财政急需，或利用这些机构闲置的财政存款放款于工商业，使呆滞的官款得以盘活甚至生息。总之，公库制度的出现，有力地促进了晚清财政制度的现代化发展。

3．通过财政制度改革的过程，为民国初年财政管理培养了一批专业人才

晚清财政制度的改革过程，实际上是学习西方资本主义的过程，参与这次改革的相关人员等于经历了一场实战的演练，从而在思想上和具体操作过程中增长了才干。尽管清朝很快就垮台了，这批人却成了民国初期推行资本主义理财制度的骨干力量。[①]

[①] 张九洲. 论清末财政制度的改革及其作用 [J]. 河南大学学报：社会科学版，2002（7）.

第九章　中华民国时期的财税

第一节　中华民国时期的政治经济背景

一、中华民国时期的政治背景

图9-1　孙中山

辛亥革命以后，在孙中山的领导下，成立了中华民国。根据史学家的观点，加上当时的政治环境，一般把中华民国分为两期，前期是北洋政府时期（1911—1927 年），后期是国民政府时期（1927—1949 年）。辛亥革命胜利后不久，由于各种原因，孙中山将大总统一职让与袁世凯。1912 年 2 月 15 日，袁世凯取得中华民国临时大总统一职，3 月 10 日在北京就职，又逼南京临时政府迁往北京，这标志着民国史上北洋政府统治的开始。中国从此进入北洋政府统治时期。北洋政府实际上是一个新型的资产阶级民主制度与传统的封建专制政体的混合体。在这段时期内，由于封建残余思想的顽固抵抗，也由于资产阶级民主思想的日益传播和强大，再加上国外资本主义列强的入侵和干涉等各种因素，此时的中国社会政局动荡、制度混乱、军阀割据、社会制度转型特征表现得很明显。

1927 年，北伐战争胜利，结束了军阀割据、南北两个政府对峙的局面，中国实现了暂时的统一，中国社会进入了一个相对平稳的经济发展阶段。南京国民政府建立后，抛弃孙中山三大革命政策，发出《秘字第一号命令》，通缉共产党首要，继续"清党"，成为一个代表大地主大资产阶级利益的政府。7月15日，以汪精卫为首的武汉国民政府宣布正式与共产党决裂。随后，汪精卫即表示愿意与南京国民政府"和平统一"，时值蒋介石宣布下野，终促成宁汉合流。1928年2月3~7日，国民党二届四中全会在南京召开，会议通过了改组国民政府等议案；规定国民政府受国民党中央执行委员会指导、监督，掌理全国政务，政府委员由国民党中央委员会选举，政府部门设有内政、外交、财政、交通、司法、农矿、工商等部以及军事委员会、最高法院、监察院、大学院等。会议推举谭延闿为国民政府主席，蒋介石为军事委员会主席兼国民革命军总司令。国民革命军在白崇禧指挥下，占领平津，进抵滦河流域，奉军退至关外，北伐胜利。1928年6月15日，南京国民政府宣告完成统一大业。

1928年9月，国民党二届五中全会在南京召开，宣称全国进入训政时期，由国民政府执行训政职责，并决定以五院制组成国民政府。10月，南京国民政府公布《中华民国国民政府组织法》，规定国民政府总揽中华民国之治权，政府由行政院、立法院、司法院、考试院、监察院组成，设主席1人，委员10~12人，国民政府主席兼任陆海空军总司令。同时，任命蒋介石为国民政府主席兼陆海空军总司令。至此，南京国民政府的政权组织形式渐趋完备。6月20日新疆杨增新、7月19日热河汤玉麟，分别宣布易帜，归顺中央。12月29日，张学良在奉天宣布东北易帜，接受南京国民政府领导。31日，国民政府任命张学良为东北边防军司令长官。至此，南京国民政府成为得到国际承认、代表中国的合法的中央政府，实现了形式上的统一，北洋军阀势力完全退出历史舞台。但实际上各个地方军阀势力依旧盘根错节，心怀鬼胎，蠢蠢欲动。

南京国民政府建立后，名义上为统一的中央政府，实际上难以在全国推行其政令、军令。

二、中华民国时期的经济概况

辛亥革命后，中国进入民国时期，此时期分为两个阶段即北洋政府时期和南京国民政府时期，所以这个时期里的经济也由于时段的不同而呈现出不同的特征。

前期为北洋政府时期，在这一时期内，中国经济半殖民半封建程度更加深化。各西方列强在"门户开放"的政策下，加紧在中国建立势力范围，它们操控着中国的财政和金融，垄断着中国大多数行业，瓜分中国的商品与资本市场，控制着中国的经济命脉。北洋政府时期的中国国民经济发展具有以下几个方面的特点：

（1）经济结构中，以小农经济为特征的农业经济仍然占主导地位，现代工商业也得到了一定程度的发展，民族资本经济的力量也逐步壮大。

（2）国民经济的主体即农业经济发展缓慢。主要是因为当时的社会环境，军阀割据，政权不稳，带来社会动荡，给经济生产特别是像农业这样周期性较长的产业带来了严重的影响。

（3）自鸦片战争起，国门就被打开，北洋政府时期，国内经济逐步走向开放。清末已经开始对外开放，此时对外贸易步伐逐渐加快，中国经济逐步融入国际经济体系。经济的开放，主要体现在进出口规模的不断扩大和外商来华投资规模上。在对外开放过程中，取得了一定的成果，但是我国的经济自主权也受到了一定的侵害。一些国民经济命脉，如铁路、煤矿等都被外资控制。

（4）北洋政府时期，中国农村经济日趋破产。这个主要是由于北洋军阀、地方官僚对土地的大肆掠夺。由于土地加速集中，失去土地的农民大量增加，他们终年劳动却无法养家糊口，这样一来就造成了中国农村的极度贫困，加上连年战争，更进一步加速了中国农村经济的破产。

后期是国民政府时期，这一时期的政治特征影响了当时的经济状况。此时期的经济概况如下：

（1）统一财政。1928 年 7 月，南京国民政府召开全国财政会议，决定统一全国财政、建立国家银行、裁撤厘金、实行关税自主、废两改元、整理公债、实行国地税等，从而奠定了国民政府财政管理的基本格局。10 月，国民政府通过《中央银行章程》，规定中央银行为国家银行，具有发行兑换券、铸造及发行国币、经理国库及内外公债的特权。

（2）统一货币。1935 年 11 月，国民政府实行币制改革，以法币取代银元，作为流通于市场的唯一货币形式。法币政策的实施，使国民政府加强了金融控制，增加了统治力量。抗战初期，国民政府为了适应战时需要，除将所属一些厂矿内迁外，对自愿内迁的民族工业，也给予贷款和运输的便利，还强制一批重要工厂内迁，对发展大后方的经济及抗战，都有重要作用。但是，抗战期间，国民政府并没有实现其在《抗战建国纲领》中提出的"注意改善人民生活"的要求，民族工业也没有得到扶植。抗战胜利后，由于国民政府统治地区通货膨胀恶性发展，导致国民经济迅速崩溃。

图 9-2　中华民国开国纪念币

（3）经济挫败。1948 年 8 月 19 日，南京国民政府发布命令，决定以金圆券代替法币，并实行限价政策，但毫无成效。仅仅 9 个月，金圆券如同法币一样，成为废纸。1949 年 2 月，迁至广州的国民政府又决定以银圆券取代金圆券，但同样以失败告终。南京国民政府统治时期，蒋、宋、孔、陈四大家族所经营、控制的官僚资本，垄断了国民经济的主要部分，成为国民政府的经济基础，对社会经济的发展产生了严重的遏制、破坏作用，并最终促使国民政府走向覆灭。

第二节　中华民国时期的财政基本状况

一、中华民国时期的财政收入

（一）田赋收入

民国前期，即北洋政府时期，随着中国农村自给自足的自然经济逐步瓦解以及民族工商业的快速发展，田赋在财政收入中的重要性有所降低，但是依然是北洋政府最主要的财政收入来源之一。民国初年，北洋政府在承袭清朝旧制的基础上，对田赋稍加整理，如归并税目、取消遇闰加征、减轻偏重赋额等。经整理过的田赋主要包括地丁、漕粮、租课、差役、劳务、杂赋等九项。其中地丁和漕粮为最重要的税目。北洋政府时期，由于工商业的发展壮大，田赋收入虽然是政府尤其是地方政府的主要收入，但是在其财政收入中的重要性，越来越小。国民政府时期，1927 年国民党政府第一次全国财政会议后，确定将田赋正式划为地方税。田赋划归地方后，各省基本上按土地肥瘠，划等定税率，按亩征收。各省税率很不一致，大抵南方重于北方。田赋仍分上忙下忙两次征收。税目有的称地丁、漕粮、租课，有的将三者划一，通称为田赋，总的趋向还是归于统一。交纳方式为统一折银元征收。1935 年 11 月发行法币后，田赋改征法币。国民党政府的田赋征收额是逐年增加的。

国民政府时期的田赋收入，在各省岁入中占重要地位。据不完全记载，当时田赋所占比例很高，山东田赋占岁入总数的 60.8%，山西、宁夏、西康各省田赋占岁入总数的 50% 以上，江苏、河南、新疆为 40% 以上，最低比例为 20% 以上。由此看来，田赋为各省税收的重要组成部分，被视为各省岁入的中坚。

田赋的征收办法，积弊最深，征收大权都操纵在各地县吏之手。他们苛征于民，税不入官。田赋划归地方后，积习仍然未改，田赋征收制度被破坏无遗，致使民力日益疲困。于是各省当局按其弊之所在，对田赋征收进行了部分改革。1934 年 5 月国民党政府第二次全国财政会议上总结各省田赋改革情况，做出对田赋征收制度改革的决议。主要内容：经征与经收机关分立。收款机关为当地银行、农业仓库或合作社，若无此类机关，则由县政府财政局或财政税派员在柜征收；串票应注明正附税银元数及其总数，需预发通知书，禁止活串，不得携串游征，不得预征。确定征收费在正项下开支不得另征，革除一切陋规，田赋折征国币。1937 年 8 月又公布各省田赋征收通则十六条，强调各省征收土地税应酌情分等分则；并规定纳税人自行向收款处交纳田赋，任何人不得包揽征收之权。尽管如此，田赋征收中官吏的浮收、中饱、勒索仍然层出不穷。

民国时期的田赋收入有以下几种：

1. 地丁

地丁主要由清朝原来征收的地粮和丁赋构成，此外还包括了地丁附加税，如地丁耗羡、随地丁代征并解的杂款、地丁附加及随地丁统征分解的各种款项。

2. 漕粮

北洋政府时期，漕粮改折白银缴纳，故与地丁无关。当时征收的漕粮包括漕粮、漕项、漕耗三个部分。这部分银两成为抵补金，但各地标准不一。

3. 租课

政府佃租给农民耕种，并向农民收取地租。这项收入列入田赋的地丁项目下一并课征，除小部分转为地方教育专款外，其余均列入地方收入。

4. 田赋附加

田赋附加是一种随粮代征进而成为田赋正税的附加税，属于地方政府收入。北洋政府在把清末各种名目的附加都并入正赋之后，又在其外加征田赋附加。各个地方田赋附加的内容有所不同，名目繁多。北洋政府初期规定，地方政府的田赋附加不能超过正税的30%，名为限制，实则使得附加合法化。随着各个地方政府的附加名目增多，税率也增加，远远超过了北洋政府规定的30%，有的已经超过正税，这样做加速了农村经济的破产。据记载，1912—1928 年，田赋正税税率提高了 1.393 倍。

5. 田赋预征

由于北洋政府初期，政权不稳，征战较多，军费开支日益增加，实行了田赋预征。田赋预征开始称为借垫，具体做法就是：按照户口和资产，把民户分为不同等级，确定借垫数额，责令地方团、保限期强行转解，并出具收据，申明以第二年粮税作为抵押。但是到了第二年，军饷支出更大，又照例征解。逐渐地，借垫转为预征。开始时一年两征、三征，后来发展到四征、五征，预征制度严重失控。田赋逐渐成为各地军阀重要的敛财工具。据记载，1924 年时，湖南郴县田赋已经预征到 1930 年；1926 年，河北省南宫县已经预征到 1938 年；最厉害的地方是四川省的梓潼县，1926 年时田赋已经预征到 1957 年了。

国民党政府田赋附加比北洋政府统治时期有过之而无不及，田赋预征也达到了无以复加的程度。田赋预征最严重的是四川省，每年多达三次、四次甚至七次、八次。各军阀防区内一般都预征田赋 30 年以上。农民一年要多交几倍的田赋，而农民耕种每亩田地所得的收入，除去人工、种子、肥料、农具等费用开支外，较好的最后可得二三元或四五元，如果每亩课征四五元乃至十几元的田赋，则农民连最低的生活也不能维持，因此人民不堪负担，多将田单契据贴于门上，说明本人无力偿欠，请官厅将其田契没收，不要捉人索税。田赋预征在全国各地同样严重。安徽因连年受灾，国民党政府又要预征钱粮，农民苦不堪言，愿受死刑以减免，出现了"以命完粮"的悲剧。田赋、田赋附加、田赋预征加速了农村经济的崩溃。

6. 兵差

兵差是民国时期，因军事需要对农民征发的力役或者实物。北洋政府时期，兵差包括力役、实物、货币三种形式。力役就是强迫农民充当壮丁或者民夫，对于没有劳动力的农户，则强迫他们交纳货币或者实物，由政府代为雇佣。所交纳的货币或者实物具有代役金的性质。清朝初期，力役已经并入田亩之中。北洋政府为筹措战争军饷而增加兵役，就是一种历史的倒退。

国民党统治时期的兵差较之北洋政府时期有过之而无不及，表现为兵差的种类增加、范围扩大，数量上增加得更多。据 1929—1930 年报纸上记载，此期的兵差：骤夫、挑夫、兵丁、钱币不计算外，其他所征派的实物，已经差不多有 100 种，包括与衣、食、住、行有关的多种用品，甚至包括棺木、化妆品、海洛因在内。这两年征发兵差的县份，全国达 823 个，其中黄河流域的省区负担兵差最重，征发兵差的地区达到全区的 87.13%。国民党政府在抗战后，发动全面内战，兵差则成为国统区内最为普遍的负担。兵差是临时性征派，无一个定额，一年有时有几次摊派征发，兵差数量之多，实足令人惊骇。山东省 1926 年度的兵差总数折合钱物竟相当于田赋正税的 274%。1929 年非战区的河北南部和河南北部所负担的兵差相当于田赋正税的 432%。战区的兵差更数倍于非战区。1930 年 4~7 月，河南商丘、陕县、柘城三县所负担的兵差相当于田赋正税的 40 倍。

抗战胜利后，国民党政府发动内战时，河南全省要担负 100 万正规军的给养，至于军队过境就地征发和抢掠还不计算在内。此期的兵差已达到要钱、要物、要力、要命的程度，纳税完粮、劳役、兵役一齐向人民扑来。抓壮丁则是兵差中骚扰最深的一项。大地主不服兵役，终年劳苦的农民却不能幸免兵役之灾。抗战结束后，本应停止兵差的征发，但国民党政府为了进行大规模的反共反人民的内战，反而大肆抓壮丁。随着反革命内战的节节失败，为了补充兵源，以进行垂死的挣扎，抓壮丁更加频繁。以国民党政府所公布的征兵数看，1946 年为 50 万人，1947 年为 150 万人，1948 年也是 100 多万人。实际上征去的壮丁不止此数。各地的劣吏借此机会敲诈勒索，大发其财，不依法令抽签、征丁，经常派自卫团在深夜捕人，大肆勒索，弄得天昏地暗。农民为了避免抓丁，四处躲藏，结果是土地荒芜，路断人稀，家有饿妇，野无壮丁。

此外还有临时差役，如修工事、修公路、运输军粮和行李甚至随军家属。国民党政府为了打内战，任意强占农民土地修筑工事、公路，对农田造成严重破坏。这时老百姓钱被税征完了，东西被征完了，气力用尽了，只剩下一条命，还要东躲西藏，随时随地都害怕被捉去充当壮丁。此时他们只有参加革命，才能摆脱死亡的命运，以求彻底的解放。

7. 土地税

土地税，又称地价税，是一种按土地的价格征收的税。北洋政府时期，土地税只在少数地方开征，并未在全国征收。1923 年，青岛市财政局公布了《土地税征收规则》，规定地价税分别按价格征收和按等级征收两种，按价格征收的税率从 6%~24% 不等；分等级征收适用于旧有的土地，计分为三等，每亩年纳土地税 0.15 元~0.35 元不等。

国民党政府统治时期将地价税、土地增值税同田赋一起划入土地税范围。孙中山先生提出核定地价，政府按地价征税。随着地价的上涨，还要征收地价增值税。城市土地价值比农村土地价值高，随着社会的进步和人口的集中，还会出现自然增值的趋势，因此在城市开征地价税和地价增值税比农村更为迫切。国民党政府 1930 年颁布的《土地法》中规定：市改良地地价税为 10‰~20‰；市未改良地地价税为 15‰~30‰；市荒地地价税为 30‰~100‰；乡改良地地价税为 10‰；乡未改良地地价税为 12‰~15‰；乡荒地地价税为 11‰~100‰。实行地价税和土地增值税的首要条件是整理土地和核定地价。很多省市因土地未整理，地价也无从核定，因此，此种税只在少数城市开征，全国多数地区未开办。当时开办地价税的地区有上海、青岛、杭州、广州。

（二）关税

北洋政府时期，关税是其最主要的财政收入。关税有海关和常关之分。其中，海关关税是对进出口货物所征收的税；而常关相当于商品流通税，即对商品在国内各地流通所征收的税。

1. 海关税

北洋政府时期的海关税包括进出口税、子口税、吨税（船钞）、复进口税（出口税的附加税）、洋药厘金，税率为 5%。北洋政府时期，对外贸易发展迅速，关税收入也不断增加。1912 年，进出口税和船钞的收入合计近 5 000 万元，到 1927 年合计近 11 000 万元，年平均增长率为 8% 还多。北洋政府时期的关税收入，在支付内外债、赔款本金和利息以及海关经费之后的关税余额，称为关余。

（1）进口关税。根据《南京条约》的相关税收规定，进口税实行单一税率，不论商品种类，税率一律为 5%。由于当时西方列强的压力，北洋政府没有权利随便修订关税法则，所以进口税率仍然为 5%。进口关税的计征，从价和从量并行，两种征收方式在当时造成的税收负担大体一致。当时享受免税待遇的商品很少，除了军需用品中的武器弹药等物品和个别教育部门的图书资料以外，其他商品，一律照常纳税。

（2）出口关税。北洋政府时期的出口关税税率最初和进口税税率一样，也是 5%。1927 年改制，在原税率的基础上增加 2.5%，总的税率为 7.5%，其计征方法也分从价和从量两种。

（3）子口税。子口税，即 19 世纪中叶至 20 世纪 30 年代进口洋货运销中国内地及自内地运送土货至通商口岸出口以类似税票所纳的抵代通过税的一种税款。这种抵代税相当于进出口税的一半，故又称"子口半税"。这是帝国主义破坏中国内地税主权的一种税制，其目的在于保证低水平的协定关税充分发挥作用，把进出口商品的内地税也纳入协定范围的一种税制。北洋政府时期，税率承袭旧制。

（4）复进口税。复进口税亦称"转口税"、"沿岸贸易税"。陆上货运有常关税，海上则没有。为了保证货物海上运输的关税负担和陆上关税负担一致，而征收此税。北洋政府时期，复进口税制度与出口税的征收制度基本相同，其税率最初也是 5%。1927 年增加了 2.5% 的附加税率，合计税率为 7.5%，其征收方法也有从价征收和从量征收两种。

复进口税和子口税都带有明显的殖民地色彩，因此，在中华民国政府成立后，先后被废除。

（5）船钞。又称吨税。北洋政府沿袭清末旧制。

北洋政府时期，国内民众要求收回关税自主权的呼声越来越高。迫于当时社会的舆论压力和自身财政困难，北洋政府先后三次与西方列强就收回关税自主权问题进行交涉和斗争。在 1925 年的北京会议上终于与帝国主义者达成协议，获允 1929 年收回关税自主权，规定中国从 1929 年 1 月 1 日起实施国定关税税率，同时裁撤厘金和常关税。此次会议议定关税自主后的税率为七级税率。

1928 年，国民政府对北洋政府遗留下来的税制进行了多方面的清理和整顿，特别是在海关关税上面做了很大改动。国民政府统治的 22 年中，关税起伏较大，分为三个时期。抗日战争前，关税收入在整个税收收入中占有重要地位。1930 年关税自主权收回后，修订关税税率，使关税收入逐年增加，在各项税收中排第一位。在正常情况下，关税收入占全部税收一半以上，有些年度甚至高达 60% 以上。1933—1934 年，由于发生贸易衰退，走私猖獗，以及日本侵入华北等非常情况，关税锐减；1936 年又有回升。战前关税收入，如果把 1933—1934 年的情况剔开，基本呈增长趋势，而且在各类税收中居于重要地位。抗战开始后，沿海、沿江原设海关地区，相继被日本帝国主义侵占，关税收入绝大部分落入敌伪之手，从 1937 年 7 月起至 1945 年 6 月底止，国民政府关税总收入 18 亿元，如果加上 1945 年 7 月 8 日的收入，最多不到 30 亿元。此期被敌伪劫走的关税总额达到 226 亿元以上，致使国民党政府关税收入锐减。抗战结束，失地收复后，关税收入又逐年上升，一跃而为诸税中的第二位。1946 年关税占当年税收收入的 16%，1947 年上升为 18.6%，1948 年为 22%，占中央四项税收总收入的五分之一以上。此期关税地位上升的原因有三：一是日本帝国主义投降后，敌占区收复，原来失去的关税收复；二是国民党政府发动全面内战后，征收关税地区在一个时期内未受内战影响，其时上海外贸额占进出口贸易总值的 69.4%，九龙占 10.21%，天津占 5.61%，广州占 5.1%，仅这四个沿海地区，就占了当时进出口贸易总额的 90% 以上，这些地区直至 1948 年 8 月以前，受内战影响不大；三是美帝国主义加强对中国经济侵略的结果。战后美帝国主义代替日本帝国主义在中国的垄断地位，中国日益成为美帝国主义的商品倾销市场。1946 年美国对华贸易占我国对外贸易总值的 53.19%（1936 年为 22.55%），占我国进口贸易总值的 57.16%（1936 年为 19.66%），所以，战后关税的主要部分，来自对美国的贸易。由此可见国民党政府的关税收入，主要是由美帝国主义在华榨取的巨额利润中分得的残渣剩饭，同时也反映出国民党统治区内半殖民地性的深化。

2. 常关税

北洋政府时期的常关税与清末时期相似，有内地常关税、50 里内常关税和 50 里外常关税三种。最初的税率与普通海关税率相同，都是 5%。民国初期，常关税的税收收入归地方政府和海关所有，征收管理各自为政，制度颇为混乱，税率高低不等。1914年 6 月，财政部颁布了《改正常关税规程》，对混乱的常关税征管制度进行整理。整理的主要内容就是常关税的税率，最后此规程规定常关税税率一律为 2.5%，为海关税的一半，从价征收。但是，由于当时军阀割据，常关税税率并没有实现统一。北洋政府时期的常关税收入每年保持在 700 万元左右，主要用于赔款和公债担保，后来被列为公债基金。自 1917 年起，常关税收入几乎都被地方军阀截留，中央收入逐渐减少。见表 9 - 1 所示。

表 9 - 1　　　　　　　　　　1918—1924 年北洋政府常关税收入　　　　　　　单位：万元

年份	1918 年	1919 年	1920 年	1921 年	1922 年	1923 年	1924 年
常关税	636	719	702	724	691	718	668

数据来源：贾士毅. 民国续财政史 [M]. 台北：商务印书馆，1962：56 - 57.

（三）盐税

盐税是北洋政府财政收入的重要来源，一直为西方列强虎视眈眈。民国初年，盐务管理和盐税的征收制度基本上沿袭清时旧制，仍然使用"引岸制"。北洋政府时期盐税主要分为正税和附加税两大类。

1. 正税

正税是国家对盐的产运、销售等过程所征收的税，又可以分为场税和岸税两种。民国初年，在盐的运销上，基本上采用晚清时期的引岸制度。由于官方与专卖商相互勾结，垄断了食盐的销售，加之当时盐务管理不善，造成了盐税名目繁多，税率不一。出于增加政府财政收入的考虑，北洋政府先后颁布了一系列条例，对盐税进行改革，提出取消官卖和专商制度，废除引商特权，改行征税，实行自由贸易。1913 年公布《盐税条例》，针对盐税税率不齐的状况，实行均税：每 100 斤盐课税 2.5 元。1918 年又对这个条例进行修改，取消各种附加税，把税率调高到 3%。但是，由于当时的社会环境，加上各地官吏对改革无动于衷，所征收的税率远远超过了条例规定的税率，使得这些改革措施的实行大打折扣。

两次盐税条例的公布、盐税税率的提高，加上盐税征管效率的提高，使得北洋政府盐税收入逐步增多。1912 年，民国政府实收盐税仅为 1 660 万元，经过盐税改革以后，到 1914 年中央盐税收入即达到了 6 800 多万元，1922 年到达近 1 亿元。据不完全统计，北洋政府共收到盐税近 16 亿元，除去每年的盐务开支，大部分都用于偿还外债等。

2. 附加税

附加税就是指在盐税正税之外所征的税收。1913 年，盐务稽核所对附加税进行过整理，整理后的附加税主要包括中央附加、外债附加和地方附加三种。1918 年，北洋政府又通过增加盐税，取消了各自盐税附加。但是各个地方军阀熟视无睹，反而使得盐税税率越来越高，甚至有的地方附加税超过了盐税本身。例如四川省在 1919—1927 年间所征收的附加税达到 27 种之多，所征收的附加税税额达到 124 万元。[①]

盐税加重，盐的价格随之提高，在 1918—1919 年间，很多省份盐价涨了四倍多，极大地加重了老百姓的生活负担。盐价高涨，也刺激了当时的盐走私活动。北洋政府时期，走私主要有以下几种：船私、漕私、枭私、功私、商私和军私等。走私活动增多，严重影响了国家的盐税收入状况。

同关税一样，盐税在这个时期，作为政府内外债的担保，每年的盐税收入在扣除了外债本息，抵拨内债和拨付各省协款之后，剩下的所谓"盐余"已经寥寥无几。1917 年盐余收入有 300 多万元；1920 年、1921 年是盐余最多的年份。此后，由于战乱频繁，各地军费开支大增，而且地方政府自行截留盐税收入，导致中央政府盐余收入越来越少了。到了 1927 年时，盐税总额为 5 000 多万元，而盐余收入仅为 800 多万元。

北洋政府时期，盐税的问题很多，不仅盐余收入不断减少，而且盐税征收主权也丧失了。盐税成为外债担保开始于清末，但是在北洋政府初期，盐税还是掌握在我国

---

① 南开大学经济研究所经济史研究室. 中国近代盐务史资料选辑：第一册［M］. 天津：南开大学出版社，1985：9.

政府手中的。1913年，北洋政府和英国汇丰等五国银行签订了善后借款合同，把盐税列入借款的担保收入，而且还把各个地方政府所征收的盐税收入先由五国银行支配，由银行财团支付到期应偿还的本息。如果有余款，作为盐余拨交中国政府。这样一来，北洋政府时期的盐税收入已经名存实亡了。

国民政府时期，收回了盐税自主权。1927年，国民政府在财政部设立了盐务处，专管盐务。1928年，国民政府财政部部长宋子文发表声明，财政部改进盐务稽核所的工作，不再承认盐税是外债的担保收入。从1929年起，所有征收的盐税收入由财政部支配，从此，盐税的征管、保管和使用权又重新回到中国政府手中。

北洋政府时期的各种盐税附加，在国民政府期间，先是1930年对各地的盐务附加进行整顿，后又于1931年颁布了《盐法》，对盐税征收制度做了详细规定：制盐权利归政府；成品盐归入指定仓库；场价需多人议定；盐税税率为5%，不得重征或附加；工业用盐免征；设盐政机关掌握盐务行政、场警编制、仓库管理以及盐的检查验收。尽管《盐法》明确规定取消盐税附加，但是由于军事费用需要过大，实际征收时候还是有征收附加税。1931年前后，国民政府又对盐税征收进行整理，盐税征收制度日益规范化，盐税收入也大幅度提高。

抗日战争爆发后，东北、华东东部、东南沿海及华南地区的大部分盐场先后落入敌人手中。国民政府的盐源减少了80%多，再加上内地盐运输等问题，国民党统治区盐税收入大为减少，而且食盐供应局面也日趋紧张。为了扭转这种局面，国民政府增产赶运，开辟盐源，以增加食盐供应。1942年，财政部宣布实施盐专卖，停止征收盐税。1943年10月，为了筹措战争费用，国民政府又宣布开征食盐附加税每担300元。1945年又先后两次提高附加税征收标准。1942年1月至1945年2月，食盐专卖收入、战时附加税和副食品费收入合计达到720多亿元。盐税收入成为国民政府最主要的财源，在很大程度上支撑了战时庞大军费的需要。

1945年，预见到抗日战争即将胜利，国民政府取消了食盐专卖制度，改征盐税。1946年，制定了《盐政纲领》，就盐区建设、技术改良、合理生产、管理运输等方面做出了明确的规定。同时，取消了各种名目繁多的盐税附加税。1947年，国民政府又公布了《盐政条例》，食盐的运销管理改为民制、民运、民销。战后，随着盐区纷纷恢复生产，盐税收入绝对额有所增长，1946年为2 000多亿元。但由于战后其他财政收入迅速增长，盐税收入占全国税收收入的比重逐渐减小。

（四）烟酒税

民国初年，烟酒税属于地方政府的收入来源，各地既没有统一征收标准，也没有专属名称，仅仅只凭一纸政令。民国初期，对烟酒的征税情况大体可以分为：出产税、熟货税、特许税、通过税、销场税、输出入税、原料税、落地税和加价抽税。上述的各种税目，在各个地区各有其一二种或者三四种不等，课税标准也很不一致，有的从量，有的从价。针对这种情况，北洋政府对烟酒税进行了清理整顿。其主要内容之一就是开征烟酒照税，通过该税的征收加强对烟酒买卖的管理。1914年，北洋政府颁布了《贩卖烟酒特许牌照税条例》，规定：凡贩卖烟酒或者酒类的商户，均需要申请特种牌照，按年纳税。内容之二就是实现烟酒公卖制度。1915年财政部颁布《全国烟酒公卖局暂行章程》及《全国烟酒公卖暂行章程》，北洋政府希望借此废除地方的烟酒税，将收入归入中央政府。这一时期的烟酒税分为三种：烟酒税、烟酒牌照税、烟酒专卖费，这项收入成为中央政府财政收入除关税、盐税外的一项较大收入来源。1918—1922 年北洋政府烟酒税收入如下表 9 - 2 所示①。

表 9 - 2 　　　　　　　　1918—1922 年北洋政府烟酒税收入 　　　　　　单位：万元

年份	1917 年	1918 年	1919 年	1920 年	1921 年	1922 年
烟酒税收入	1 400	1 253	1 438	1 495	1 452	1 507

按规定，烟酒公卖收入归中央政府专款收入，各省征收后按月上交。但是实际上，烟酒税收入大部分被地方政府截留，中央政府所得甚少。

国民政府时期，于 1927—1928 年对原北洋政府征收的烟酒牌照税加以整顿，先后颁布了《国民政府财政部卷烟营业牌照税章程》、《国民政府财政部洋酒类营业牌照税章程》、《华洋机制酒类营业牌照税章程》等一系列规章制度，对烟酒牌照税实行分类征收的办法。1928 年公布了《烟酒营业牌照税暂行章程》，规定：凡是销售华洋烟类，均需要领牌照纳税。1927 年 11 月公布了《华洋机制酒类营业牌照税章程》，规定：凡是贩卖华洋机制酒及火酒者，按整卖、零卖及营业税收入分为四等，分别每季征收 50 元、20 元、15 元和 5 元的定额税。1935 年，烟酒牌照税改为地方税。1942 年 1 月，国民政府宣布停止征收烟酒牌照税。在烟酒税为中央政府收入时，很多税收收入被地方政府截留，中央获得的税收收入没有确切的统计数据。

（五）印花税

印花税是对以经济活动中签立的各种合同、产权转移书据、营业账簿、权利许可证照等应税凭证文件为对象所征的税。民国初期，北洋政府于 1912 年 10 月正式颁布了《印花税法》，规定应贴印花的契约、簿据分为两类：第一类 15 种，第二类 11 种。1913 年首先在北京开征，然后在各省推广。1914 年，北洋政府对印花税征收制度进行了修订，扩大了征收范围，提高了税率。印花税课税对象包括货票、字据、凭单、公司股票、期票、车船执照、报税单等 26 种，人事凭证 10 种。印花税税率为：票据价值银元 10 元以上征税 1 分；人事凭证贴用印花 1 角到 4 元不等。这个时期的印花税具有明显的殖民地色彩，因为其对外国商民免征。

印花税开征初期，由于简单易行，税负较轻，税收收入连年上涨。1922 年达到339 万元。到了北洋政府后期，中央政府随意滥用印花，地方政府更是为所欲为，印花税被百姓视为苛税，其收入状况也受到影响。

国民政府时期，几乎沿袭了北洋政府的印花税旧制，于 1927 年 11 月公布了《印花税暂行条例》，此条例规定，印花税的征收对象分为四大类。由于初期的《印花税暂行条例》规定比较粗浅简陋，印花税征收过程中存在营私舞弊等现象，少数地区甚至实行包税制，大大加重了纳税人的负担。1934 年 12 月，又公布了《印花税法》，对原《印花税暂行条例》中存在的诸多问题进行了矫正，使其规范化。

---

① 付志宇. 中国财政史［M］. 北京：对外经济贸易大学出版社，2011：233.

抗日战争爆发后，为了筹措军饷，1937 年，国民政府颁布了《非常时期征收印花税暂行办法》，规定印花税一律加倍征收，并增加了印花种类，同时加大了漏税处罚力度。抗日战争胜利后，国民政府于 1946 年 4 月公布了修订的《印花税法》。该法最大的特点就是合并了很多税目，扩大了征收范围，同时也扩大了免税范围。其税率采用比例税率和定额税率两种。1946 年，印花税收入总额近 500 亿元，当然这里也有很多是通货膨胀的原因。

（六）契税

民国初年，契税仍然沿用清末旧制，1914 年北洋政府颁布了《契税条例》，对清末契税征收制度做了修改。《契税条例》规定：卖契税率为契价的 9%，典契为 6%；纳税期限为契约成立后 6 个月内。1917 年，北洋政府又将税率修订为卖契 6%，典契 3%，另外准许地方政府可征收不超过正税 30% 的附加税。

北洋政府时期，契税收入比较稳定，1917 年为 898 万元，1918 年为 951 万元，1920 年达到 1 149 万元。契税收入也是按规定由地方政府负责征收，然后上缴中央政府，但是实际上该项收入多被地方政府截留。

国民政府时期的契税，主要包括正税、附加税和验契费三部分。当时的税率在各个地方有所不同，一般为卖六典三，或者卖九典六，低的也有卖四典二。1934 年，国民政府对契税征收制度进行了整顿，规定卖六典三为最高税率；契税附加不得超过正税的一半；各种罚金不能超过正税额。自此，契税税率全国统一，收益明确，契税收入每年约为 3 100 万元。1941 年，契税被划为中央税，税率有所提高，契税附加仍然为地方税，并规定其不能超过正税的 25%。1946 年，契税又被划为地方税，并对契税征收制度做了相应的修订。

（七）厘金（统税）

北洋政府时期的厘金，名目繁多，十分混乱，主要有坐厘、行厘、货厘、统捐、税捐、铁路捐、货物捐、产销捐、落地捐、统税等。当时全国到处都是厘卡，据统计，1924 年全国有厘卡税局 784 处，分局卡 2 500 多处[①]，几乎所有的进出口道路上都设有关卡。厘金的征收也不规范，各自为政，税率也不尽相同，繁杂的厘金征收，严重地阻碍了社会经济的发展。厘金收入在北洋政府时期规模较大，但是具体的厘金收入是多少，也没有确切记载，因为很多都被地方政府截留了。

由于厘金存在严重的重复征税问题，再加上厘金征收的不平等，因为其只对本国工商业者征收，使得本国工商业在与外商竞争中处于不利地位，所以厘金受到社会各界的严厉批评，被视为恶税，社会上对取消厘金的呼声越来越高。北洋政府时期，也多次尝试裁厘运动。第一次是在民国初年，社会各界对民国政府寄予厚望，所以很多地方政府都自行裁撤厘金。如浙江、福建、湖北、江苏等地。财政部也在 1912 年咨请国务院将裁厘加税问题列入国务会议讨论。但是迫于当时的形势和财政支出的需要，第一次裁厘失败。

---

① 贾士毅. 民国续财政史（二）[M]. 上海：商务印书馆，1934：461.

　　1919 年，为了夺回我国的关税自主权，北洋政府与西方列强在关税自主问题中承诺裁撤厘金。财政部也发文要求全国撤销厘金制度，但是由于当时地方政府的不作为和抵制而不了了之。这样，第二次裁厘也宣告失败。

　　第三次是在 1925 年，当时在北京召开的关税特别会议上，中国政府代表在会议上宣布裁厘，并承诺在 1929 年之前完成。广州国民政府也于 1926 年在其召开的国民党第二次全国代表大会上通过的决议案中申明国民党政府将废除厘金制度。数年之后，国民政府终于废除了严重阻碍国民经济发展的厘金制度。

　　1927 年 7 月，南京国民政府召开第一次全国财政会议，决定裁撤厘金制度及国内一切通过税；同时，开征特种消费税，以弥补裁厘的税收损失。1928 年起，在江苏、安徽等五省试行。1931 年国民政府正式宣布废除厘金制度，规定全国厘金以及由厘金而变名的统税、统捐、货物税等税捐中含有厘金性质者，全部裁撤。为了弥补裁撤厘金所带来的损失，国民政府开征了统税。统税是国民党政府统治时期的新税，是国民党政府税收制度的三大支柱之一，在旧中国赋税史上占有重要的地位，因此，对其实质必须有明确的认识。统税在开办时，税率较旧税大大提高。例如麦粉，开办统税前每包征银四分，1931 年实行统税时，改为每包征银一角，提高了 1.5 倍。其余各项货物的税率开征后，大部分都有提高。统税征收数量也迅速增加，1927 年统税开办时，征收总额是 600 万元，1928 年达到 2 970 万元，仅一年时间就增加了近 4 倍。1935 年，统税征收数量已达 15 240 万元，占了当年税收总额的 39.6%，这些急剧增加的统税收入，来自于对广大消费者的剥削。统税是由购买商品的广大消费者负担的，而统税货物又是人民生活的必需品，因此，统税无论是税率的提高，抑或是征收总量的增加，无疑都是增加了人民的负担。

　　征收统税是对民族资本主义工业的直接威胁。统税征收的对象，大多数是民族工业的主要产品。而这时的民族工业，由于第一次世界大战后帝国主义卷土重来和世界经济危机的打击，已处于萧条，多数民族工业工厂处于破产或半破产的境地，旧货过多，新货很少，资本周转极为困难，再遇统税增加，真是雪上加霜，只好被迫减产或关闭。国民党政府对统税曾多次进行修改。这些修改都是征得了帝国主义同意或给予外商优惠以后进行的。总而言之，统税是对广大劳动人民的残酷榨取，是对民族工业的沉重打击，它只对帝国主义和"四大家族"有利。

（八）货物税

　　货物税是统税的继续和延伸，是对应课税货物的产制人或购运人课征的税。国民党政府统治下的西南、西北地区，经济不发达，工业生产尤其落后。因此，统税税源极其有限，统税本身也难以得到发展。而战时财政支出日益增加，税收收入却急剧减少，财政赤字必然愈益增大。为了弥补庞大的财政赤字，充实财政，国民党政府遂于 1939 年改统税为货物税。货物税是统税和烟酒税合并，改称货物出厂税和货物取缔税，还包括战时消费税和矿产税。它开征于 1939 年，延续到抗战胜利以后，直至国民党政府崩溃。

　　1939 年，国民政府将汽水税扩大课征范围，包含了蒸馏水、果子露汁，改为饮料品税。同年 10 月，麦粉税从原来对全机制麦粉征收扩大为对半机制麦粉也征收。1940 年 2 月，又加课手工卷烟税，同年 12 月又开办糖类税。1941 年加课水灰税，并将其并入原有的水泥统税课征范围。1942年4月又开征茶类税。1943年3月开征竹木、皮毛、瓷陶、纸箱等税。但是，实际上，货物税的课征对象远不止于这些种类。货物税在抗战时期成为中央政府的重要收入来源，货物税占税收总数的27%以上，1942—1945年在19%~24%之间，其地位是很重要的。

（九）直接税

直接税是国民党政府所建立的近代资本主义税制体系中的一个重要税种。1927年国民政府成立以后，借鉴欧美税制建设经验，计划举办直接税系。国民政府时期的直接税包括所得税、过分利得税、印花税、遗产税和营业税五种。

1. 所得税

1936年，国民政府颁布《所得税暂行条例》，接着行政院又通过了《所得税暂行条例实施细则》，并公布实施。此时的所得征收范围包括：营利事业所得，采用全额累进；薪酬所得，采用超额累进税率；证券及存款利息所得，采用比例税率。1943年，国民政府公布了《所得税法》，1946年又公布了修改后的《所得税法》，将原来的所得税改为综合税，征收范围扩大到五类。随着所得税税率的提高、征收范围的扩大，所得税收入成为国民政府一项重要的收入来源。据统计，1936年所得税收入为648万元，1946年达到了6 016 000万元（此时伴随着严重的通货膨胀）。

2. 过分利得税

过分利得税包括非常时期过分利得税和特种过分利得税。1938年10月，财政部公布了《非常时期过分利得税条例》，规定：营利事业资本在2 000元以上其利得超过资本15%以及财产租赁利得超过财产价额12%者，一律课征非常时期过分利得税；税率采用超额累进制，自10%~50%。1943年2月又公布了《新非常时期过分利得税法》和《财产租赁所得税法》，规定废除财产租赁过分利得税，另行征收财产租赁所得税。随着抗战胜利，非常时期过分利得税于1947年1月1日被废止。

考虑到战后初期社会经济仍很不稳定，各种投机倒把活动猖獗，国民政府在废除非常时期过分利得税的同时，开征了特种过分利得税。1947年1月，国民政府颁布了《特种过分利得税法》，规定：凡是买卖业、金融信托业、代理业、营造业等行业，其利得超过资本额60%以上，开征该税。特种过分利得税的征收，对社会经济的发展阻碍很大，受到工商各界的普遍反对。鉴于此情况，国民政府于1948年明令废止《特种过分利得税法》。

3. 遗产税

1938年10月，国民政府颁布了《遗产税暂行条例》，1939年又公布了《遗产税施行条例》，规定从1940年7月开始征收遗产税。1946年国民政府公布了《遗产税法》，对遗产税征收制度做了一定的修改。遗产税开征后，其税收收入增长较快。

4. 营业税

1928年，国民党政府召开第一次全国财政会议，裁撤厘金。为弥补裁厘损失，议定了营业税办法大纲，决定由各省征收营业税。1931年6月，财政部制定了营业税法十三条，并予公布。规定营业税为地方税，由各省自行办理。这就确定了营业税的基础。1942年，又将营业税划为直接税体系，属中央税。1946年，随着财政收支系统的变更，营业税又划为两部分，一般商业的营业税归地方政府征收。1947 年公布特种营业税法，规定凡与普通营业税有别，或含有全国性而非一地税源者，课征特种营业税，由中央统一征收。一般商业则课以普通营业税，由地方征收。

（十）债务收入

1. 外债

北洋政府时期，是中国近代史上举债次数最多、最滥的时期。其中袁世凯时期所借的外债最多。整个北洋政府时期，外债总量比较大，这些外债按用途可以分为四类：军政借款、实业借款、教育借款和借新债还旧债。具体借款数目及占总额比重如表 9-3 所示。

表 9-3　　　　　　　　北洋政府借款情况（1912—1925 年）　　　　　　单位：亿元,%

年份(年)	1912	1913	1914	1915	1916	1917	1918	1919	1920	1921	1922	1923	1924	1925	1926—1928
年度借款额	1.61	3.36	0.51	0.21	0.64	0.60	1.48	0.47	1.35	0.68	1.26	1.05	0.71	1.26	0.09
占借款总额	10.3	23.4	3.3	1.3	4.1	3.9	9.5	3.0	8.7	4.4	8.1	6.8	4.5	8.1	0.06

资料来源：刘孝诚. 中国财税史 [M]. 北京：中国财政经济出版社，2007：266.

国民政府建立初期，为了维护政府在国际上的声誉，以及获得西方列强的支持，南京政府对北洋政府遗留下的外债一概认可，并加以整顿。1927—1933 年期间，对担保外债常本付息总额为银元 24 900 万元，到 1934 年 6 月止共计为 109 600 万元。国民政府一开始就背上了沉重的外债负担。

抗战时期，为了筹措军饷，国民政府多次向苏联、美国、英国等国家借入大量外债，共计 14 项，总额达 11 亿美元以上。抗战胜利后，国民党发动内战，为了筹措巨额军费，国民政府大举发行外债，此时美国成为国民政府的外债主要来源。从 1946 年到 1949 年，美国对国民政府的贷款有 29 笔之多，数额高达 60 亿美元。

2. 内债

第一次世界大战开始后，参战国家自顾不暇，对华贷款随之减少，加上北洋政府信誉不好，不能按时还本付息，就很难向国外银行借款。在这样一种情况下，北洋政府以关税、盐税两项余额作为担保，来大规模举借内债，内债有公债、国库券、向国内银行借贷等。北洋政府 15 年间总计发行公债 28 种，总金额达 6.2 亿元。到 1925 年底，北洋政府所发行的国库券、盐余借款、银行短期借款和银行垫款合计金额多达 1.7 亿元。民国前期即北洋政府时期的内债主要有以下特点：折扣大，利息高；公债用途主要以军政费用、偿还旧债为主；内债信誉低。

国民政府时期，从一开始就积极发行内债来弥补财政赤字。根据内债的形式和用途，国民政府在 1927—1937 年间的债务以 1933 年为断点分为两个时期。前期借债主要是为了弥补财政赤字，后期主要为了生产建设。1927—1933 年期间，宋子文担任财政部长，他极力平衡财政收支，赤字在财政支出中的比重在 10% ~20% 之间。1933 年 10 月起，孔祥熙接任财政部长，他主张实施量出为入的赤字财政政策。这段时间中，国民政府的财政赤字在财政支出中的比重逐年增加。

抗战时期，为了筹措军饷支出，国民政府大举发行内债，以满足战争需要。这一时期发行的内债比较混乱，就种类而言，有建设费、救国公债、国防公债等18种，金额达到150亿元，关金、外币公债折合成美元达到3.3亿元；除此之外，国民政府还发行了大量以谷麦为计算单位的粮食债券。抗战期间，国民政府共向银行借垫款12 000亿元，而1945年银行存款余额仅为5 271亿元，大部分通过增发钞票解决。抗战结束后，政府内债规模仍然不断增加，由于当时通货膨胀严重，国民政府只有采用美元、稻谷、黄金等形式发行内债，并且大部分都是强制购买。

（十一）官产收入

北洋政府时期，官产分别由各个相关政府部门管理，权力较为分散。北洋政府于1913年在财政部内设全国官产事务处，各省财政厅内设官产处，分别负责中央政府与地方政府官产的管理工作，将官产管理权统归于财政部门。北洋政府时期的官产收入规模有逐渐缩小的趋势。

国民政府时期，在煤矿、铁路、航运等行业进行的投资颇具规模，再加上政府也涉入其他一些传统行业，国家的官产收入总额比较大。1927年国民政府财政部曾经对官产进行过清理整顿。整理后的官产收入归中央政府所有，但是由地方政府代为征收管理。1933年，由于地方政府资金紧张，财政部应各省要求，将收入让与地方政府。

二、中华民国时期的财政支出

（一）民国前期

民国前期，即北洋政府时期，军阀割据，战乱较多，中央与地方政府支出很不稳定。民国初年，北洋政府曾在全国推行分权式财政管理体制，划分中央与地方的财政收支，给地方很大的自由度，增加地方政府的积极性。但是，后来由于各种原因，北洋政府又通过专款上缴制度加强了中央政府的财政权利，这样也扩大了中央政府的支出规模。北洋政府时期中央政府支出主要包括政务费、军务费和债务支出。

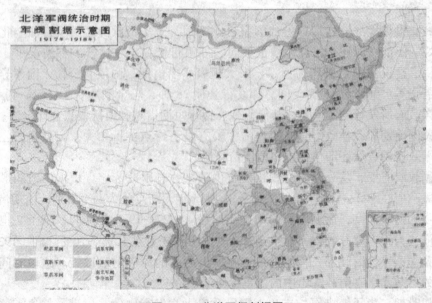

图9-3　北洋军阀割据图

1. 军务费支出

北洋政府时期，是我国近代史上著名的军阀混战时期。当时西方列强为了保护在中国的既得利益，就和地方军阀势力勾结，寻求自己利益的代理人。各个派系的军阀，在帝国主义列强的支持下，展开了数十年的混战，混战的核心就是争夺中央政府的领导权。据不完全统计，从 1912 年到 1922 年的 11 年中，共发生过 179 次内战。战争耗费巨大，军费支出大增。据统计，1913 年，军务费支出合计为 7.3 亿元，占财政支出总额的比重约为 26.9%；到了 1916 年时，这个比重达到了 33.8%。战争频发，导致军费开支成为北洋政府财政支出中最庞大的项目。

2. 政务费支出

政务费主要是指政府的各项开支。北洋政府时期的政务费支出范围包括薪金、外交费、内务费、财政费、教育费、交通费等项目。据不完全统计，1913 年北洋政府的政务费开支为 6 875 万元，占财政支出总额比重为 10.8%，1916 年这一比重增为 36.6%。见表 9-4 所示。

表 9-4　　　　1913—1925 年北洋政府部分年度政务费支出情况　　　　单位：万元

年份	财务费	内务费	司法费	外交费
1913 年	9 120	4 390	1 500	340
1914 年	5 330	4 270	730	420
1916 年	9 110	5 180	130	410
1919 年	4 730	4 820	1 030	600
1925 年	4 800	5 160	1 370	780

资料来源：付志宇. 中国财政史［M］. 北京：对外经济贸易大学出版社，2011. 249.

从上表可以看出，北洋政府时期的政务费支出，财务费支出所占比重最大。财务费主要是指国家财政部门办理租税征收等事务的费用、编制预决算的出纳费和金库组织的费用等。

3. 债务支出

北洋政府时期内外债收入规模巨大，故此其偿债支出在财政支出中所占比重相应也就很大。据统计，1913 年，偿债支出总额为 3 亿多元，占当期财政支出总额的比重近 50%，1916 年此比重有所下降，但仍然有 29.3%。

（二）民国后期

国民政府时期，中央财政与地方财政支出范围有了比较明确的划分。中央财政支出主要负责全国性的支出，而地方政府则主要负责地方性事务的支出。归纳起来，国民政府时期的财政支出主要包括四类：军务费支出、政务费支出、债务费支出、建设费和文化教育支出。

1. 军务费支出

国民政府时期，军务费支出一直是占财政支出比重最大的项目，在不同的阶段有不同的内容。抗战之前，国民政府一直致力于排除异己的军阀混战和反共战争中，投入了大量的人力和物力。军费支出一般情况下占岁入的 30% ～40%，在各类支出中居于首位。抗战时期，国民政府军费支出一般占财政支出的 60% ～70%，最高的时候达到 87.3%。这个时期的军务费开支包括军务费、国防建设费、非常军费等。

抗战胜利后，国民党在美国的支持下，重新挑起内战，军费支出急剧增加。从 1946 年开始，国民政府的财政状况极其混乱。从官方的统计数据看，军费支出占预算支出的比重分别为：1946 年为 43.56%，1947 年为 52%，1948 年上半年为 67%。另外，根据估计，1946 年的军费支出达 6 万亿元，占该年岁入总额的 83.3%。庞大的军费开支是财政危机的重要根源。

2. 政务费

政务费支出包括很多内容，行政、立法、司法等机构的经费支出以及国家用于社会发展的支出均包括在内。1937 年前，政务费支出占财政支出总额的比重相对较大，以 1933 年为例，当年中央政府预算中，政务费开支为 0.68 万亿元，占当年财政支出总额的比重为 8.55%。在各项支出中，占首位的是中央向地方财政的补助拨款，此项之所以最大，是因为当时裁厘过程中，地方政府的财政收入大为减少。

抗战时期，国民政府对预算的类级科目进行了调整，政务费支出中的各个项目升为类级科目单独列入预算。

3. 债务费支出

国民政府时期，债务费支出主要包括偿付外债的本息及赔款、内债应偿本息。南京政府每年都要花费巨额款项来应付内外债的还本付息。从 1928 年起，每年偿还债务所需资金都在数亿元以上，债务支出一般占到财政支出的 30% 左右。

4. 建设费和文化教育支出

国民党统一全国后，借鉴西方发达国家管理经验，政府对关乎国计民生的部门给予一定的财政支持。在公共基础设施的建设上，投入财政资金最多的是进行铁路建设，文化教育支出费用也比较大。据统计，1933—1936 年，各年的建设、文化教育等方面的支出总数分别为：0.266 亿元、0.764 亿元、0.871 亿元、1.616 亿元；其在各年财政支出中所占比重分别为 3.5%、6.3%、4.5%、8.5%。

三、中华民国时期的财政管理

民国时期的财政管理包括财政体系的划分、财政制度的确立。由于当时政治社会环境不稳定，战争频发，从而造成财政管理混乱，这个也是民国时期财政管理的一个特点。

(一) 财政管理机构

民国初年，临时政府成立，根据《中华民国临时政府组织大纲》的规定，成立了财政部。财政部下设赋税司、会计司、泉币司、库藏司、公债司外加总务厅六个部门。后来随着财政事务、财政支出形式的变化，北洋政府对财政部下设单位进行了多次调整，具体如下：因海关丧失主权，为了方便海关征收税收，设置税务处；为加强对盐税的征收管理，设置盐务处；因实行烟酒公卖制度，设置烟酒公卖局；为加强公产管理，设立官产局；为加强对印花税的管理，设置印花税处。

国民政府时期，财政管理制度的基本框架仿效欧美，实行主计、审计、收支命令、出纳保管四大系统联合独立、互相制约。主计系统直属国民政府，负责各年度总分预算的编审、会计制度的统一、任免机关会计人员等；审计系统隶属监察院，负责审计财政收入和支出；收支命令隶属行政院；出纳保管系统由代理公库的中央银行经理执行。

(二) 财政管理体制

北洋政府时期，仿照西方国家财政管理经验，在全国实行中央和地方税划分，编制预决算，确立会计、审计制度，建立金库，使得财政管理体制进一步完善。北洋政府时期财政管理体制最大的进步就是：划分中央政府与地方政府收支，实行分级预算。1912 年，北洋政府颁布了《国家费、地方费（草案）》，1913 年 11 月又公布了《划分国家税、地方税法（草案）》，这两个草案的颁布，标志着分级财政管理体制在中国的诞生。

国民政府时期，在北洋政府的基础上进一步发展完善了分级预算管理体制。1926 年，国民政府在第二次全国代表大会通过的财政决议案中明确规定，政府在财政方面的工作重点是统一财政，建立一个收支平衡的国家及地方预算。此外，国民政府对中央政府和地方政府的财政收支划分也进行了多次调整。国民政府通过划分国地收支系统，统一财务行政，逐步建立了与政府行政组织一致的中央财政、省（市）财政和县级财政的三级财政管理体制。抗战时期，国民政府又对原三级财政进行调整，把省级财政并入国家财政，这样就形成了两级财政体制。抗战结束后，国民政府于 1946 年颁布了《财政收支系统法》，重新将全国财政划分为三级财政。

整个国民政府时期，财政管理体制有以下几个特点：财政管理体制逐步分权化，地方政府财政权限逐渐变大；中央政府与地方政府的利益逐渐趋于一致；财政管理体制法制化程度逐步提高。

(三) 财政管理制度

1. 预算、决算制度

中国近代史上，预决算制度是从北洋政府时期开始的。1912 年初，北洋政府规定，京都各衙门必须编制各月及半年度预算，并将预算提交到参议院决议。同年 12 月，北洋政府正式确立财政预算制度。1914 年 10 月，北洋政府颁布了《会计条例》，对预算制度做了比较详细的规定，正式确立了比较规范的预算格式。1915 年冬天，北洋政府令各省制定上半年决算，决算制度也逐渐形成。北洋政府尽管制定了比较详细的预决算制度，但是由于军阀割据，这一制度没有得到很好的执行。

国民政府时期，在预算编制上，只是临时性的规定，财政部每年就预算编制方法下达文件。1931 年，国民政府颁布了《预算章程》，对各级政府的预算编制做了长期的制度性规定。1934—1948 年，每年都有预算，但是都没有得到很好的执行，对当时社会经济发展的指导意义不大。

2. 国库制度

北洋政府时期，国库又称公库，是国家现金收支和出纳的管理机关。民国初年，北洋政府颁布了《金库出纳暂行章程》，规定以中国银行代理国库。1913 年 5 月，北洋政府又颁布了《金库条例草案》，对现金保管和出纳等细节做了详细而明确的规定。同时，财政部又颁布了《委托交通银行代理金库暂行章程》，规定由交通银行参与代行金库职责，结束了中国银行的单一金库制。

国民政府时期，公库制度是由银行代理国库收支的管理制度。公库组织机构由中央、省（市）、县（市）三级机构组成。中央的国库为总库，各地方金库为分库，县库为支库。在国库管理制度上，1927年国民政府颁布了《会计则例》，对国库收支管理做了初步的规定。为了加强国库对财政资金的统一管理权，1939年6月，国民政府又公布了《公库法》和《公库法实施细则》。抗战胜利后，国民政府又于1946年对《公库法》进行了修订，修订后形成了中央、省（市）、县（市）三级公库体系。

第三节　中华民国时期的财政变革

一、袁世凯时期财政变革

（一）人物简介

袁世凯（1859—1916年），字慰亭，号容庵，汉族，中国河南项城人，中国近代史上的政治、军事人物，北洋军阀的首脑。早年在朝鲜发迹，归国后在天津小站督练新军。清末新政期间推动近代化改革。辛亥革命期间逼清帝退位，并成为中华民国临时大总统，后当选为中华民国首任大总统。他下令解散国会，修改《中华民国临时约法》，颁布《中华民国约法》并修改《大总统选举法》，1915年12月悍然称帝，建立中华帝国，后来在护国运动的压力下取消皇帝尊号，不久后去世。他是历史上最具争议的人物之一，争议的焦点是戊戌告密、"二十一条"、洪宪帝制等事件。

图9-4　袁世凯

（二）变革的背景

清末民初，中国政局动荡不安，中华民国建立后，袁世凯继孙中山之后当上了中华民国临时大总统，然而自晚清以来一直困扰中央政府的财政问题却始终无法解决。

北洋政府自袁世凯执政以来，一方面由于所继承的清政府就已经处于国库空虚、财政窘迫的困境，另一方面国内战争不断，军费开支居高不下，因此财政状况始终捉襟见肘，不得不对外借债填补亏空，充作军费政费，而借款到期又无钱偿还，只能继续举新债还旧债，陷入一种恶性循环之中。袁世凯不顾国会反对，擅自与外国银行团签订了"善后大借款"合同，但借款到手却不能增加国民财富，无法使财政进入一个良性循环，借款用完便不得不继续借款。

清末，没有国家和地方财政的区分，名为中央集权，各省解款给中央，实际上，权力落入地方手中，中央集权徒有其名。1912年，袁世凯当上中华民国大总统时，他面临的是一个烂摊子。旧体制陷入崩溃，新体制还未建立，北洋政府分文皆无，财政上可说是名存实亡。各省大多不愿解款中央，还反求中央接济，加之民国继承了晚清的巨额外债，帝国主义又要求速还外债，岁入寥寥无几，岁出日日剧增，整理财政势在必行。

面对北洋政府财政混乱、开支庞大、财源枯竭和财政亏空的尴尬局面，袁世凯不得不实行财政上的积极作为政策，以加强中央财权、改变困窘状态为出发点，对财政政策做出调整，力求改变民初财政混乱和枯竭的局面。

（三）变革的内容

1. 改组财政管理机构

1912年，财政部将钱法司改为泉币司，国库司改为库藏司。民国二年冬改组，以泉币、库藏、公债三司隶诸制用局，分总务、币制、银行、国库、公债五股。1914年，政府废除制用局，泉币司、库藏司和公债司不变。1912年10月，财政调查委员会成立。接着，调查委员会拟定了《各省国税厅官职草案》，其中规定，国税厅长归财政总长管理，国税厅征收除关税、常关税、盐税外的所有税收。1913年1月，《成立国税厅筹备处暂行章程》通过，调查委员会改为国税厅总筹备处。紧接着，各省的国税厅筹备处也陆续成立，它们直属财政部，掌管所有国税。国税厅的设立，实际上就是要由中央直接经管原由地方征收的国家税，集财务行政大权到中央，使财税免受各省财政司的控制。

2. 完善预决算制度

1914年，北洋政府颁布《会计条例》，对预算制度做出了明确规定，其主要内容如下：岁入岁出均应编入总预算，国家租税及其收入为岁入，一切经费为岁出；国家岁入分为两种，一为公经济的收入，一为私经济的收入；岁出各款，基于宪法者为宪法费，基于行政者为行政费；岁入岁出总预算分为经常门和临时门两种；总预算于提交国会时，附送参照书类，区分为各官署所管岁入预算书、各官署所管岁出预算书、前会计年度之岁入岁出现计书（截至上一年12月31日止）；岁入岁出总预算，应该于上年度提交国会，非因必不可免所产生之经费，不得提出追加预算；预算年度采用跨年制，政府预算年度从每年的7月1日开始，到次年的6月30日止。[①]

---

① 贾士毅. 民国财政史（第五编）[M]//民国丛书（第二编·39）. 上海：上海书店，1990（商务印书馆，1934年版影印）：24-33.

北洋政府在建立预算制度的同时，还制定了决算制度。1914 年公布的《会计条例》对决算制度也做出了规定，具体如下：总决算先经过审计院审定后，由大总统提交国会，其分门及款项之次序与总预算相同；总决算提交国会时，由大总统提出报告书。

3. 改进近代审计制度

民国初期，实行三权分立的共和政体，财政上也分为财政立法、财政行政和财政司法。财政部掌执行之权，国会掌立法之权，审计院掌监督之权，审计制度便发挥着财政司法的作用。袁世凯政府在晚清的基础上，在财政监督方面，改进了具有近代资本主义性质的审计制度。最初，在中央设审计处，在各省设审计分处，后来，废除审计分处，改设审计院。1912 年 9 月，审计处在北京成立，审计分处设于各省，全国的审计机构开始统一。同年 10 月和 11 月，政府又颁布了《审计处暂行章程》和《暂行审计规则》。1914 年，政府颁布《审计院编制法》，其中规定："审计处和审计分处撤销，设立审计院，直接隶属大总统，依《审计法》审定国家岁入岁出之决算；审计院于每年度之终须以审计成绩呈报大总统；对于预算及财政事项得依其审计之经验陈述意见于大总统。置院长一人，置副院长一人，均由大总统特任。"[1]

4. 划分国家和地方财政

1913 年，北洋政府财政部拟定《国地收支划分之计划》，首先是岁入的划分，其中划归中央政府的有：田赋、盐税、关税、正杂各税、厘金、矿税、契税、牙税、当税、牙捐及烟、酒、茶、糖、渔税；划归地方政府的有：田赋附加税、商税、牲畜税、粮米捐、洋药捐、油酱捐、船捐、杂货捐、商铺捐、房捐、戏院捐、车捐、乐户捐、茶园捐、酒馆捐、肉捐、鱼捐、屠宰捐、行夫捐、各杂捐。在岁出的划分方面，划归中央政府的有：国会经费、行政经费、海陆军经费、内务部经费、外交部经费、司法部经费、教育部经费、交通部经费、中央土木费、农商部垦务费、中央收入征收费、外债经费、内国公债经费、皇室优待费；划归地方政府的有：省县市区之立法机关经费、地方教育费、地方警费、地方官业费、地方卫生费、地方慈善费、地方土木费、地方公债费、地方自治职员经费、地方收入征收费[2]。

5. 清理赋税

袁世凯政府在当政期间，除了积极实行划分中央和地方财政与清理债务之外，对于各项税收也进行了整顿，其主要特点是"整旧布新"。对盐税、田赋、厘金和关税等旧税剔除积弊，同时，又增设了印花税、所得税、遗产税等新税种。

（四）变革的意义

尽管袁世凯为应对危机所采取的一系列财政政策体现了他的改革精神，但最终依然无法摆脱国内外恶劣环境的制约。

① 贾士毅. 民国财政史（第一编）[M]//民国丛书（第二编·38）. 上海：上海书店，1990（商务印书馆，1934 年版影印）：240-241.
② 李权时. 国地财政划分问题 [M]//沈云龙. 近代中国史料丛刊三编：第 91 辑. 台北：文海出版社，2003：43-44.

首先，袁世凯财政变革促进财政转型。1912—1916 年间，财政收支结构发生变化，传统财政进一步向近代财政转型。袁世凯试图建立近代税制体系，进行了税制上整旧布新之努力。税制改革使得税收结构发生变化，以传统税项（田赋为主的农业税）为中心的格局被打破，关税、盐税与田赋一起成为主要税源，商业税所占比例逐渐加大。

其次，袁世凯时期财政政策在制度上为后人留下了诸多可借鉴之处。在财政管理制度上，划分中央和地方财政，建立中央与地方两级财政体制，使得北洋政府收入不断增加；预决算管理制度和近代审计制度也为此后历届政府所继承；尤其是他在改良税制上所做的努力，使得近代财税体系逐步建立起来，其成果也为此后政府所继承并发展。

二、宋子文时期财政变革

（一）人物简介

宋子文，民国时期的政治家、外交家、金融家，广东文昌（今属海南）人。1925年任国民政府财政部长。1928—1930 年间通过谈判收回关税自主权，使中国有权确定关税税率和监督税收。1942 年担任国民政府外交部长后曾与美国国务卿科德尔·赫尔签订中美抵抗侵略互助协定，次年与外国谈判收回各国在华的治外法权。1945 年出席联合国大会任中国首席代表，同年 6 月去莫斯科与斯大林会谈，8 月签订中苏友好条约。1949 年去香港，后移居美国纽约。1971 年 4 月卒于旧金山。

图 9-5　宋子文

（二）变革的内容

1. 统一国家财政

首先，建立制度。宋子文认为，诸如"征收之税责、会计之款目及其他单据手续"等财政规章，各地应遵守中央之规定。其次，在用人方面，宋声称，财政部"本以人才为前提，原无分乎省界，但求事得其人，于公有裨，更无成见于其间"；他主张"为事择人"，而不是"为人择事"，"惟用人若非统一，则既乏任免之权，即无予夺之实，指挥未能听受，命令视等具义；见贤而不能举，见不贤而不能退，威令不行，更安望责备其成绩？"宋子文甚至认为，诸如财政征收中的"推诿责任"、"侵蚀中饱"等弊端，也与财政用人上的不统一即不统一于财政部有着密切的关系。再次，对于财政行政方面，宋子文有如下说明："凡财政上行政方针，如经中央党部决定，各省均应一律顺从。……如行政不能统一，则朝令夕改，彼此易有抵触，再三解释，难免延误时间，不独政务停滞进行，且微露其团结上分裂之痕迹，尤表示其政治上能力之薄弱。况财政行政，与庶政息息相关。如果进行迟滞，则庶政既无由进行，建设上便生阻力，于政府的威信、中央的威信、党的威信，均有妨碍，更何以昭示国际，表率人民？"概言之，宋子文主张中央在财政行政上应具有令行禁止的权威。最后，在财政收支上，宋强调要"统收统支"，即"现金之收解属于金库，支付之命令属于中央"，称为"会计法上不易之原则"，并做了进一步的说明："盖收支不统一，则现金不能集中，财政上即无可运用，金融上经济上亦无调剂能力。"

2. 确立预算制度

南京国民政府刚成立时，既要及时偿还巨额外债，又要支付维持庞大的军费开支，所以，其财政状况总是入不敷出，赤字问题严重。宋子文希望通过建立预算制度，对各项开支精打细算，从而达到收支的基本平衡。预算的实施，关键是要缩减军费，裁撤军队。在制定和实施国民政府财政预算的过程中，宋子文认为财政支出应该有一个审核的过程。宋子文还明确提出了确立预算的四个步骤。第一步，就是由国民政府设立预算委员会来核定财政收入，财政部据此标准整顿收入，统由国库经理；第二步，由预算委员会核定由财政部预定的军费，然后由财政部据此支拨；第三步，由预算委员会来解决中央与地方在国地收支上的意见；第四步，收入不足时，由预算委员会先就预算金项下填补，仍有不足时，按预算数匀派，以免有所偏颇。简而言之，就是将收入、支出、政令、分配统一起来。这其实与前面所述的统一财政的观点是相辅相成的。

3. 税制改革

税制改革主要包括关税自主、盐税改革、裁厘改统三项内容。

4. 币制改革

一是整理纸币发行。宋子文凭借财政部长的权威，对不同的纸币发行机构采取了不同的政策。对中央银行，以法律的形式把纸币的发行权规定到其职权范围内；对其他的有纸币发行权的银行，一面调查这些银行的发行数额与相应的发行准备情况，禁止滥发，一面取消一些不具备发行条件银行的发行权；对于各地的钱庄、商号，则明令禁止它们发行纸币。二是废两改元。1933 年，国民政府鉴于统一币制，巩固金融，当以废两改元为先决条件，遂由财政部长宋子文下令从该年 4 月 6 日起，全国所有公私款项的收付与订立契约、票据及一切交易，一律改用银币，不得再用银两。同时公布《银本位币铸造条例》，鼓励铸造新币。废两改元是中国近代财政金融史上的一件大事，也是中国币制走向现代化的一个重要里程碑。

（三）变革的意义

首先，宋子文推行的财政改革对其继任者孔祥熙的财政政策产生了直接的历史影响。其次，宋子文推行的财政改革大大增加了国民政府的财政收入，为维系国民政府在抗战前的统治提供了巨额的财政资金。最后，宋子文推行的财政改革为南京国民政府初步建立国家资本主义经济体制提供了财政支持，也为中国财政制度的现代化做出了重要的贡献，对于抗战前中国国民经济的整体进步和发展也起了一定的推动作用。

当然，宋子文推行的财政改革也产生了一些消极的历史影响。比如说，在某些领域压制了中国民营资本主义经济的发展，为蒋介石发动不得民心的反共内战提供了罪恶的军费支持，关税自主不彻底，仍有一定妥协性，等等。

第十章 中华人民共和国财政制度

第一节 改革开放以前（1949—1978 年）的财政制度

1949 年新中国成立伊始，百废待兴，国家财政经济困难，财政收入分散，中央财政存在着巨大的财政赤字。一方面，由于连年的战争和掠夺，国民经济已处于崩溃边缘。1949 年农业产值比抗日战争前降低了 20% 以上，工业产值降低 50% 以上，再加上水灾严重，经济十分困难。另一方面，巨额财政赤字导致物价飞涨。由于解放战争迅速进行，军费开支庞大，1949 年军费开支占财政收入一半以上。而由于新解放区财政税收制度还来不及建立，收入增加缓慢，加之财政支出逐步统一于中央，而财政收入仍未从各大行政区、省市人民政府及时统一到中央政府手中，收支脱节。这一切造成了巨额的财政赤字。1949 年财政收入只相当于 303 亿斤小米，而赤字却达 264 亿斤小米。为了弥补赤字，只有发行通货。到 1950 年 2 月，货币发行比 1948 年底增加 270 多倍，更由于投机资本推波助澜，1949 年 11 月全国十二大城市批发物价指数比 1948 年12 月上涨 50 余倍。为此，中央政府迫切需要统一财政管理。1950 年 3 月，中央做出统一国家财政经济工作的决定，将财政管理权限集中在中央，一切财政收支项目、收支程序、税收制度、供给标准以及人员编制等都由中央制定，全国总预算与决算要由中央政府批转执行；在财政体制上，实行"统收统支"高度集中的国家建设型财政管理体制，中央集中绝大部分财政收入，一切支出皆由中央拨付。这样的管理体制，保证了国家有限财力的集中使用，既保障了战争供给，又支援了经济的重点恢复。[①]

---

① 田延. 新中国税收制度变迁研究（1949—2009 年）[D]. 沈阳：辽宁大学博士学位论文，2009.

一、改革开放以前的财政收入制度

图 10-1 计划经济时期公社劳动

（一）向计划经济转型的财税制度

1950 年 1 月 30 日，中央人民政府政务院发布《全国税政实施要则》，决定在清理旧税制的基础上，建立一套以多种税、多次征为特征的复合税制。按照《全国税政实施要则》的规定，除农业税外，全国征收 14 种中央税和地方税，即货物税、工商业税、盐税、关税、薪给报酬所得税、存款利息所得税、印花税、遗产税、交易税、屠宰税、地产税、房产税、特种消费行为税、车船使用牌照税。以后政务院陆续公布了各有关税收的暂行条例，在全国范围内统一执行。在农业税制方面，对全国各地实行的税政、税种、税目和税率也进行了调整。1950 年 4 月，国家公布实施了《契税暂行条例》。1950 年 9 月，实施了《新解放区农业税暂行条例》。牧区省份也陆续制定了牧业税征收办法。这套新税制的建立和实施，对于保证革命战争的胜利，实现国家财政经济状况的根本好转，促进国民经济的恢复和发展，发挥了重要的作用，尤其是它很好地配合了国家对于农业、手工业和资本主义工商业的社会主义改造，调动了民族资本主义工商业发展生产的积极性。

1950 年 7 月，国家对税收进行了进一步调整，调整的内容主要包括：简并税种，把房产税和地产税合并为城市房地产税；决定薪给报酬所得税和遗产税暂不开征；简并货物税和印花税目，将货物税原定 1 136 个征税品目简并为 358 个品目，印花税由原定 30 个税目简并为 25 个；同时调低税率，增加所得税级距，把盐税、所得税、货物税和房地产税的某些税率调低；改进工商税收的征收办法和纳税手续。1951 年 4 月，为了棉纱统购统销政策和保证财政收入，对棉花纱布公司统销的棉纱一律开征了棉纱统销税。以上各税在全国统一施行以后，初步形成了以按产品或流转额征税的货物税和工商业中的营业税、按所得额征税的所得税为主体税种，其他税种相辅，在生产、销售、所得、财产等环节进行课征的统一的、多税种、多次征的复合税制，标志着社会主义税收制度的建立。

总之，由于当时贯彻了"对公私企业区别对待，繁简不同，对公私合营企业视国家控制的程度逐渐按国营企业待遇"的税收政策，使税收成为利用、限制、改造资本主义工商业的工具，促进了合作经济的发展，巩固了国营经济的主导地位，推进产权公有化。可以说，这一时期的税制，对发展社会主义经济，促进三大改造，为经济建设积累资金发挥了积极作用。

(二) 优先发展重工业战略下的税收制度调整[①]

在全面实施重工业优先发展战略时期，我国的税收制度在调节经济的功能上出现了相当大的退化。在此期间，中国税制出现过两次比较大的修改。

1. 1958 年税制调整

我国在 1956 年基本上实现了对农业、手工业和资本主义工商业的社会主义改造，国民经济结构发生了根本的变化。国营与集体经济的比重已占到 90% 以上。随着经济结构的变化，税收的征纳关系也发生了根本性变化，税收重点从原来的私营工商企业转移到了国营企业与集体企业。经济结构与征纳关系的变化，要求对原有税制做进一步的改革。于是，在"基本上在原有税负基础上简化税制"的指导方针下，国家在 1958 年对税制进行了一次较大的改革。

1958 年税制改革的主要内容是试行工商统一税。工商统一税由原来的商品流通税、货物税、营业税和印花税合并而成。该税于 1958 年 9 月经全国人大常委会审议通过，由国务院公布。同时，将所得税从原工商业税中独立出来，建立了工商所得税。简化了纳税环节，对工农业产品，实行从生产到流通两次课征制度，简化了计税价格与纳税手续。另外，简化了"中间产品"征税的规定，除少数产品（白酒、棉纱、皮革、饴糖、皮货等）外，其他中间产品均不再征税，并在基本维持原税负的基础上，对少数产品的税率做了调整，鼓励发展协作生产，对在全国范围内协作生产的若干产品给予免税照顾。

1958 年在改革工商税收制度的同时，还统一了农业税收制度。1958 年 6 月发布的《中华人民共和国农业税条例》，规定了在全国范围内统一实行分地区的差别比例税制，并继续采取"稳定负担，增产不增税"的政策。同时，国务院公布了《关于各省自治区、直辖市农业税平均税率的规定》。农业税收制度的统一，对于巩固和发展农村集体经济，正确处理国家和农民在收入分配上的关系等，起到了重要作用。1958 年的这次税制改革，从根本上改变了原来实行的多税种、多次征的税收制度，使税制结构开始出现了以流转税为主体的格局，税收制度由原来的 14 种税简并为 9 种税，在调节经济方面的作用已逐渐减弱。这也奠定了中国税收制度以流转税为主体的格局。

2. 1973 年税制改革

1973 年又进行了一次大的简并税制的改革。简化税制改革的主要内容是试行工商税，合并了税种。把企业原来缴纳的工商统一税及附加税、城市房地产税、车船使用牌照税、屠宰税以及盐税合并为工商税；其次，简化了税目税率，工商税的税目由 108

---

① 田延. 新中国税收制度变迁研究（1949—2009 年）[D]. 沈阳：辽宁大学博士学位论文，2009.

个减为 44 个，税率由 141 个减为 82 个；再次，改变了一些征税办法，如取消中间产品税，原则上按企业销售收入计算征税等；最后，还把一部分税收管理权限下放给地方。

这次税制简并以后，国营企业只需要缴纳一种工商税，集体企业只要缴纳工商税和工商所得税两种税，至于城市房地产税、车船使用牌照税和屠宰税，实际上只对个人征收，从而进一步缩小了税收的调节范围，严重限制了税收职能作用的发挥。尽管在此期间我国的农业税制基本上保持稳定，但我国的税制由建国时期的复合税制，几经简并，基本上已成为单一税制。这一阶段的税制发展，基本上是合并、简化的趋势。众所周知，税收制度的简化会节约税收征管的成本，但是如果没有一个合理的税收结构而一味求简，只会造成税收调节经济的功能出现退化。

中国的这种简化税制的调整有着深层的原因。首先，从这两次税制调整发生的时间来看，都在中国完成了社会主义改造之后。这表明，随着社会主义改造任务的完成和"大一统"的公有制的建立，经济理论界出现了"非税论"思潮。普遍的看法是，在社会主义制度建立以后，国家与企业之间的分配已经成为一种所有制内部的事情，无论是税收征收还是收取利润，都不会改变或影响全民所有制的性质。所以公有制内部的分配可以不通过也无需通过税收来进行。对于领导者来说，新中国建国初建立的公私有别、内外有别的多层次复合税制已经完成了它的历史使命，到了该做调整的时候了。于是 1958 年便在部分城市搞了利税合一的试点，试图取消税收，以利润上缴作为国家从国有企业取得财政收入的唯一方式。改革最终宣告失败，但是，"非税论"的思想并没有就此消除，不久变异为另一种方式——过分强调税制简化——表现出来。

其次，鉴于国有企业的利润全部上缴作为国家财政收入的主要来源，因此，国有企业收入逐渐超过了税收收入在整个财政收入中的比重，再花成本去设计一个复杂的税制已无此必要。相反，税制越简单，国家在税收征管环节上的花费也就越小。

最后，当时经济资源已在国家的掌控中，计划调控手段是当时认为最有效的调控经济的手段，市场调节的功能已遭废止，财政收入更多地依赖于产权控制而获取的利润。"取自家财办自家事"的财政收支格局使政府的政治经济制度趋向发展和壮大国有经济，削弱和消灭私有经济，防止与国家争利的动机自然而生。1978 年，以全国财政收入总额为 100，来源于国有经济单位上缴的利润和税收分别为 51% 和 35.8%，两者合计为 86.8%。如果再加上集体经济单位上缴的部分，那么整个财政收入的来源结构，几乎是清一色的公有制了。税收影响经济的机制归根结底是通过市场机制来实现的，因此税收制度被简化甚至被忽视就是必然的。

二、改革开放以前的财政支出制度[①]

1949—1978 年，新中国政府是一个全能主义的政府，一方面具有强烈的发展现代化导向，另一方面又要实现社会公平的目标。国家实行高度统一的中央集权管理模式，政府无所不能、无所不包、无所不管。政府集中了社会各领域资源，在建立社会秩序、维护国家独立、促进重点建设等方面，发挥了"集中力量办大事"的优势。同时，在

---

①　田延. 新中国税收制度变迁研究（1949—2009 年）[D]. 沈阳：辽宁大学博士学位论文，2009.

计划财政制度设计上，维持了"共同贫穷"的低标准社会公平。在急于摆脱落后面貌的赶超型发展战略下，实行工业优先，重工业是重中之重的政策，大量的资源被投放到经济建设领域。在财政支出制度上，呈现出高度重视生产建设的特征，且对个人收入分配维持较小的级差。

在这一时期的财政支出中，50%以上用于经济建设，其中占大头的为基建支出。除国防费以外，其他支出比重都比较小。用于文教科卫和社会福利等支出一般占财政支出的10%左右。如果再加上专门投向于国有制经济单位的增拨企业流动资金支出、挖潜改造资金和科技三项费用支出、弥补亏损支出，为国营企业提供属于集体福利的补贴支出（如职工住房、医疗服务、子弟学校、幼儿园等），花在国有制经济单位上的支出非常庞大。

从全社会固定资产投资的资金来源构成来看，国家财政投资占全部投资的绝大部分，国家的经济增长高度依赖于政府的财政投资。政府是经济建设型政府，国营企业占主导地位，国营企业的固定资金、折旧基金及大部分流动资金都由财政支出安排。"一五"时期（1953—1957年），国家投资在固定资产投资总额中的比重高达88.9%；到"五五"时期（1976—1980年），这一比重下降到57.5%，但仍占主导地位。

虽然从财政数据上看，财政支出在社会保障方面的资金安排很少，但从财政制度设计看，国家财政实际上承担了国有企业职工"从摇篮到坟墓"的社会保障体系。与统收统支、高就业、低工资制相适应，在国有企业向财政提供利税之前，就安排了职工住房、医疗和离退休金等，实际上与财政拨款没有差别。行政事业单位的社会保障、职工福利由财政直接支出。农民也在集体组织中分享微薄的社会保障，从而在整个社会建立了城乡分治的、收入分配总体上差异较小的社会保障制度。

三、计划主导型的财政管理体制[①]

在公有制为主体的计划体制下，政企合一、政社合一、党政合一，政府统管一切社会事物。权力集中于政府，资金运用权力集中于财政部门，企业、合作社只是财政的基层预算单位，全国财政权力集中到中央政府，财政代表国家对全社会的绝大部分资金进行管理。在中央财政对全国财政的统一领导下，各级财政部门对全国财政资金和国有企业财务进行分级管理。财政法规的制定、收支政策、预算调整最终只能由中央政府决定。尽管在政府管理中存在预算活动，但由于国家政治生活不正常，预算活动也不正常。

（一）预算制度的演变

计划体制下，政府对财政资源的控制主要采取强力的行政手段，也曾采用了预算管理手段，但当时预算只是被当成政府控制经济的技术工具。国家财政收入在国民生产总值收入中所占的比重较高但不稳定。1952—1978年，财政收入占国民生产总值的的比重最高的年份是1960年的39.3%，最低的年份是1968年的21%。

1954年人民代表大会制度建立后，预算具备了行政机构向立法机构负责的形式特

---

① 崔潮. 中国现代化进程中的财政制度变迁［D］. 北京：财政部科学研究所博士论文，2011.

征。但在 1978 年前的财政制度中，预算附属于计划，预算编制简单粗放且没有权威性。这时的财政管理缺乏规范性和法治性，无论财政收入过程还是财政支出过程，都缺乏法律规范。在国家政治生活不正常的情况下，预算活动无法正常进行。整个预算过程由行政权力主导，预算内容主要是对国有企业利税收入的匡算和对国营企业投资的进一步安排。1966—1977 年期间，人民代表大会制度中断活动，没有了正式编制的国家预算和国家决算，作为财政管理工具的预算活动这一时期也几乎不存在。1961 年、1962 年和 1978 年没有正式编制的国家预算，但有国家决算。政府采取行政手段统一控制财政过程，依赖"大民主"的方式实施财政监督。因此，当时的财政管理具有集权性而非专权性，解决了财政过程的"防腐"问题，但不能提高财政的效率问题，城乡财政制度的不公平性在当时的体制下也无从解决。

对国营企业实行严格的经济核算制，财务管理直接纳入财政系统，由财政部门直接控制和操作。国营企业财务在国家财政体系中居于十分重要的地位。国营企业创造的全部利润归国家财政支配，只有在国家财政许可的范围内，国营企业及其主管部门才能支配少许利润。国营企业按规定计提折旧基金，上缴财政。在国家财政收入中，国营企业上缴的利润和折旧基金长期占 50% 左右，再加上工商税收中由国营企业负担的部分，则整个国营经济就提供了国家财政收入的绝大部分，国家财政支出长期有30% 以上属于直接向国营企业提供资金。

这一时期的国营企业利润分配体制是吃"大锅饭"的"统收统支"体制，国营企业仅是财政部门的一个报账单位，实现的利润全部上交国家，所需的资金再由财政拨给。这样的分配体制，使得收益的形成独立于企业的投入，产出和投入被割裂开了；收益向资本的转化独立于企业之外，收益和资本又被割裂开了。在这种情况下，企业的经济权限很小，既没有独立的利益，也没有内在的自我激励机制和外在约束，责、权、利相互脱节，不利于发挥企业经营管理的主动性和广大职工的积极性。在财政管理过程中，整个预算过程由行政权力主导，预算内容主要是对国有企业利税收入的匡算和对投资于国有企业的进一步安排。在性质上，公共事务与企业事务不分。

（二）政府间财政管理体制的演变[①]

由于全能主义政府替代社会职能，与社会间的财政权限缺乏明晰划分，财政管理似乎只是政府内部的事情。财政体制调整的仅仅是不同政府间的关系，在 1950—1978年不到 30 年时间内，中央和地方政府在财政管理体制方面经历了多次大大小小的变革，进行了长期探索。这种局限于政府内部的财政体制变化具有以下五个方面的特征：

一是中央和地方在财政管理权的集中和分散方面，具有不稳定性，经历了多个回合或循环，后来被描述为"一放就乱、一收就死"的怪圈；

二是财政管理权的集中，一般都是出现在社会经济危机时刻（如 1950 年应对新中国成立初期的种种危机、1961 年应对"大跃进"带来的大饥荒、1968 年应对"文革"最严重时候的天下大乱），在正常时期一般趋于分散管理权；

三是就财政收支管理权而言，总的趋势是分散度不断增加，中央政府要求地方政

---

①　崔潮. 中国现代化进程中的财政制度变迁 ［D］. 北京：财政部科学研究所博士论文，2011.

府在收支间建立联系，激发地方政府增收节支、发展地方经济的积极性，诱导地方政府充当起发展经济和完成地方事务的责任；

四是就中央向地方下放中央所属国营企业管理权而言，也趋于分散，并在1958年和1971年出现大幅下放的情况；

五是对地方政府在支出方面确定定额，在收入方面分成是主流。1957—1978年间，中央与地方财政管理体制虽然屡经变革，中央也曾经赋予地方政府较大的收支管理权，但所有这些都只是中央政府在行政体制内部对财政管理方式的探索，地方并没有多大财政上的独立性和主动性，没有建立制度化、法制化的政府间分权制度。从上下级政府关系看，中央政府统一编制国家预算，地方政府负责执行统一的预算计划，本级政府的预算只是执行统一的国家预算的细则。中央财政占全部财政收入的比重不稳定。1953—1978年，中央财政收入占全部财政收入中的比重最高的年份是1953年的83%，最低的年份是1975年的11.8%。

（三）自求平衡的财政调控制度

鉴于清末以来各个政府由于财政入不敷出，靠借债度日导致财政危机日益加深，或靠发行货币导致通货膨胀、民不聊生的历史教训，新中国负责经济工作的领导人陈云总结出三大平衡理论，追求财政、货币与物资供求的全面平衡，后来又增加了外汇收支平衡，四大平衡理论成为新中国计划经济时期经济工作的指导原则。根据四大平衡的指导原则，在财政调控制度中追求财政收支平衡。

计划体制下经济稳定目标的实现，主要通过计划和生产资料公有制控制物价、就业、国际收支平衡，通过对价格、汇率、劳动力流动、资金的管制控制经济波动。国家计委负责综合平衡，财政平衡是四大平衡的一个组成部分，从总体上看这时的财政调控政策是非独立的。根据综合财政信贷计划，计委定盘子即额度，财政和银行拿钱，计划挤财政，财政挤银行，银行发票子，这样财政政策就附属于计划，是计划的一个手段。财政在整个国家宏观调控体系中扮演的是一个会计或账房先生的角色。

一方面，在全社会资本品由政府控制、实行低工资制度、居民收入被压低的政策下，社会财富可以由政府调节的部分主要来自新中国建立前的非生产性个人财产，可以由财政调控的社会资源在计划经济实施一段后趋于枯竭，自求平衡的财政调控制度既是一种维护财政安全的措施，也几乎相当于放弃了财政调控的功能。另一方面，建国初期曾经为加快经济建设和支援战争，审慎地发行过部分内外公债。但由于外部环境恶化和"大跃进"造成经济倒退，偿还外债的过程对于中国来说是一段难堪的经历，对运用外债方式开展财政调控也不再抱有好感。于是，新中国建立后，在偿还完初期的内外债务之后，出现了一段既无外债又无内债的历史，有人当时曾将此视为重大的财政成就。

1950—1978年的29年间，17年出现结余，12年出现赤字，结余最多的1977年，结余30.9亿元，占财政收入874.5亿元的3.50%；赤字最多的年份是1961年，赤字37.8亿元，占财政收入356.1亿元的10.6%。在出现赤字的情况下，通过发行货币来弥补也是常用的做法，但总体上出现财政赤字是被动的，在财政安排时是审慎的。1950—1958年曾经发行内外公债，1959—1978年不再发行内外公债，但即使建国初期发行的公债，数量也保持很小的规模。发行公债最多的是 1955 年，共发行公债 22.8 亿元，仅占当年财政收入 249.3 亿元的 9.1%。[①]

第二节　改革开放以来我国财政体制的改革历程

中国的改革开放最初并没有清晰的目标、模式和路径，而是"摸着石头过河"，围绕发展生产力和提高人民生活水平的目标，在前进中不断艰难摸索并取得了巨大的成就。财税改革作为经济体制改革和政治体制改革的结合点，同样是在不断的摸索和调整中进行的，逐渐形成清晰的目标模式和制度选择。30 年来，财税制度进行了许多重大变革，取得了很多成绩：计划经济下财政的统收统支被打破，企业的自我发展、自我约束、自我激励、自负盈亏机制得以建立；中央与地方间的分配关系通过分税制改革得到规范；围绕建立公共财政的目标，部门预算、税收管理体制、国库集中收付制度、"收支两条线"、政府采购制度等一系列改革不断推进。

财政体制改革的主线和落脚点在于中央与地方的权力分配上，是财税改革最核心的部分。30 年的财政体制改革主要可分为从 1979 年到 1993 年间尝试的多种形式的财政包干制和 1994 年后实行的分税制。在这两种财政体制实施过程中，还曾经根据实际情况的变化进行了多次微调。

一、1978—1993 年财政包干制改革

图 10-2　反映财政包干制的漫画

统收统支的财政体制损害了地区和企业的积极性，到 1976 年时，国民经济危机和财政压力已十分明显，调整财政制度，改变传统体制下的经济运作机制成为中央政府和地方政府的共同选择。

国家财政部在 1977 年引入了"分灶吃饭"的财政包干体制，这一制度首先在江苏等省进行试点，取得了成功，在 1980 年开始全面铺开。

---

① 崔潮. 中国现代化进程中的财政制度变迁 [D]. 北京：财政部科学研究所博士论文，2011.

（一） 改革的起点：“统收统支”的财政体制

我国传统的经济体制，是以资金密集型重工业优先发展的赶超战略为逻辑起点，以扭曲的宏观政策环境、高度集中的资源计划配置制度和缺乏自主权的微观经营机制为特点的“三位一体”的计划经济体制。[①] 为了推行重工业优先发展战略，在中国资本稀缺的资源禀赋条件下，如果地方政府财权过大，必然造成有限的资金被分散利用，而且地方有可能偏离重工业优先发展目标，将资金更多地配置到非重工业项目上，这就要求国家实行高度集中的财政管理体制：中央财政对地方财政实行统收统支管理，地方财政没有独立的预算，而是与中央预算一起由中央财政部门统一负责编制和监督执行。中央财政根据国民经济计划核定地方的收入数额，按企业、事业的行政隶属关系，核定地方的各项支出，然后根据收支指标，核定地方的收入留成及中央补助数额。

这样的体制保障了国家计划的贯彻执行，保证重工业优先发展战略的推行，但也存在一些弊端：高度集中的体制不但不利于调动企业和个人的积极性，而且也不利于调动地方政府的积极性。同时，中央统一管理工业项目和企业，会导致控制复杂、信息不完全问题。随着经济的发展，项目和企业越来越多，这种体制上的弊端越来越明显。

（二） 1980—1984 年“划分收支、分级包干”体制

1. 改革的背景

统收统支的财政制度严重束缚了经济个体的积极性，国民经济持续恶化，使得财政制度难以维系。

（1） 农业生产持续恶化。国家通过农业集体化否定了农民的土地产权，以城乡分割的户籍制度限制了农民的基本人权，以计划管理取消了农业经营自主权，并以统购统销和工农产品价格“剪刀差”等方式汲取了农业剩余。这种制度安排割裂了农民收入增长与农业发展的关系，虽有农产品产量的一定增长，但农业生产成本明显增加，农民的纯收入却并没有发生多大变化。从相关统计数据[②]中我们可以发现，1965 年和 1976 年相比，我国粮食、棉花和油料等主要农作物的亩物资费用支出分别增长了58.9%、58.8%和37.6%，而纯收益几乎没有增长，反而显著地减少了，甚至变成负值。从 1954 年到 1976 年，我国农民人均纯收入和同期农业产值增长速度分别只为2.36%和2.55%，除个别年份外，农民纯收入增长都低于农业发展速度。这样就产生了两大后果，一是农业的发展动力不足，农业自身再投入缺乏，造成主要农产品供求缺口越来越大，不仅无法满足国家财政和工业发展对农业剩余不断扩大的需求，国家还必须通过限制消费和花费巨额外汇来取得平衡，其结果是既消耗了国家财力，也直接影响了工业的进一步发展；二是农民收入增长缓慢，其消费能力赶不上工业发展速度，对工业品的购买力不强，加剧了工业企业经济效益下滑。

（2） 许多国有企业亏损严重。1975 年全国亏损企业亏损额达 130.1 亿元，相当于当年全国财政收入的 15.95%。工业企业亏损面达 31.4%；1976 年全国亏损企业亏损

---

① 林毅夫，等. 中国的奇迹：发展战略与经济改革 ［M］. 2 版. 上海：上海人民出版社，1999.
② 根据国家统计局《中国统计年鉴》历年数据整理而来，其中人均纯收入是当年价格，纯收入和产值增长速度按可比价格计算。

额达 164.8 亿元，相当于当年全国财政收入的 21.22%。工业生产企业亏损面达 37.2%。1976 年全民所有制核算工业企业每百元资金实现利税 19.3 元，即使假定"文化大革命"期间物价水平没有任何变化，也比 1966 年的每百元资金实现利税减少 44.1%。1976 年每百元工业总产值实现利润 12.6 元，比 1966 年的 21.9 元减少 42.5%。亏损事实表明，国民经济处于低效率运行状态，与国家早日实现先进的工业化目标背道而驰。这严重侵蚀了国家的财政基础，动摇了原有的财政制度，使国家财政收入面临巨大压力，并在 1979 年和 1980 年连续两年分别出现了 170.67 亿元和 127.50 亿元的巨额财政赤字。

2. 改革的内容

1980 年 2 月，国务院颁发了《关于实行"划分收支、分级包干"财政管理体制的暂行规定》，决定从 1980 年起，实行"划分收支、分级包干"的财政管理体制（俗称"分灶吃饭"）。财政部于 1980 年 4 月颁发了《关于实行"划分收支、分级包干"财政管理体制若干问题的补充规定》，在全国大部分地区实行"划分收支、分级包干"办法。

"分灶吃饭"作为一种新时期的财政管理体制改革，在贯彻执行上的指导思想和基本原则是共同的，但由于各个地区的经济基础、所处的地理位置和各种条件不同，为了有利于发挥各地的优势，加快经济发展，在贯彻这一体制的政策上，中央采取了因地制宜、区别对待的方式，即虽然都是"分灶吃饭"，但政策上有繁简之分，从而表现出各种不同的形式。

（三）1985—1987 年"划分税种，核定收支，分级包干"体制

1. 两步"利改税"改革

"利改税"是 20 世纪 80 年代继企业利润留成制度之后探索处理政府与企业关系的新尝试。利改税，顾名思义是以税代利，即把国营企业向国家上缴利润改为国家向企业征税。

利润与税收体现了政府处理与企业关系时的不同身份：前者是政府以投资者的身份参与企业的利益分配，而后者是以社会管理者的身份参与企业的利益分配。市场经济下，除了少数自然垄断或事关国计民生的产业受到政府管制或由政府直接经营之外，绝大多数企业是自主经营、自负盈亏的独立经济主体，企业与政府的关系以纳税人与征税人的身份体现。公有制计划经济下，政府既是国有企业的唯一投资者，同时也兼有社会管理者身份。"利改税"体现了政府在处理与企业关系时的不同身份，形式上的不同体现了分配关系上质的变化，相对于改革初的企业利润留成制度具有进步意义。

在 600 多家国营企业征收所得税的利改税试点的基础上，经国务院批准，分别于 1983 年 1 月和 1984 年 10 月，分两步对国营企业进行利改税改革。

第一步是税利并存，即在企业实现利润中，先征收一定比例的所得税和地方税，对税后利润采取多种形式在国家和企业之间合理分配。将国营企业上交国家的利润改为：大型企业按 55% 的比例向国家交纳所得税，税后利润在保证企业合理留用后，再按固定比例"定额包干"、递增包干和调节税等多种办法上缴财政；盈利的国营小型企业则按八级超额累进税率缴纳所得税，税后利润一般留给企业，国家只对一部分利润

较多的企业收取一定的承包费。

第二步利改税的主要做法和目的是：将国营企业应当上交国家的财政收入按 8 个税种向国家交税，也就是将利润分配制度由"税利并存"逐步过渡到完全"以税代利"，税后利润归企业自主支配。

经过两步利改税，我国工商税制进行了一次全面的改革，形成了新的税制体系（共 33 个税种）：①流转税制（7 个），包括产品税、增值税、营业税、关税、牲畜交易税、集市交易税、工商统一税；②所得税制（9 个），包括国营企业所得税、国营企业调节税、集体企业所得税、私营企业所得税、城乡个体工商业户所得税、外商投资企业的外国企业所得税、个人所得税、个人收入调节税、农业税；③资源税制（4 个）：资源税、盐税、耕地占用税、城镇土地使用税；④财产税制（3 个）：房产税、契税、城市房地产税；⑤行为税制（10 个）：奖金税、国营企业工资调节税、烧油特别税、印花税、筵席税、屠宰税、车船使用税、车船使用牌照税、城市维护建设税、固定资产投资方向调节税。

2. "划分税种、核定收支、分级包干"的内容

1985 年 3 月 21 日，国务院发布了《关于实行"划分税种，核定收支，分级包干"财政管理体制的规定》。这一体制，主要根据第二步利改税的税制变化，重新划分了中央与地方财政的收支范围，并对有关问题做了相应的规定。总的特点是在各项收入中，税的成分增大了。

中央财政的固定收入，主要包括：中央所属国营企业上缴的所得税、调节税，铁道部和各银行总行及保险公司上缴的营业税，中央军工企业和包干企业上缴的收入，中央经营外贸企业的亏损补贴和粮、棉、油超购加价补贴，关税和海关代征工商税，烧油特别税，海洋石油、外资、合资企业工商税、所得税和矿区使用费，国库券收入和其他收入等。此外，石油部、电力部、石化总公司、有色金属总公司所属企业上缴的产品税、增值税、营业税的 70% 作为中央财政的固定收入。

地方财政的固定收入主要有：地方国营企业上缴的所得税、调节税、承包费，集体企业所得税、农牧业税、车船使用牌照税、城市房地产税、屠宰税、牲畜交易税、集市贸易税、契税、地方企业包干收入、地方经营粮食、供销、外贸企业亏损补贴，税款滞纳金、补税罚款收入和其他收入等。此外，石油部、电力部、石化总公司、有色金属总公司所属企业上缴的产品税、增值税、营业税的 30% 部分归地方财政的固定收入。

中央财政与地方财政的共享收入主要包括：产品税、增值税、营业税（不含上述石油部等部门所属企业上缴的同种税）、资源税、建筑税、盐税、个人所得税、国营企业奖金税、外资和中外合资企业（不含海洋石油企业）缴纳的工商统一税、所得税等。

支出范围的划分，基本保持原体制规定。

地方收入基数在 1983 年收入决算数基础上，按照新体制划分收入的办法，并考虑到第二步利改税后中央与地方利税转移情况计算确定。支出基数按 1983 年地方既得财力计算。

在收支范围划定后，地方收支余缺的处理问题，本来规定大致按照原来的精神处理，后因地方提出意见，经中央研究决定，除中央财政固定收入不采取分成外，在

1985—1987 年间，将地方财政固定收入同中央、地方财政共享收入加在一起，同地方支出挂钩，确定分成比例，实行总额分成，待以后条件成熟，再实行按税种分税办法。

自 1985 年 1 月 1 日起，在全国各个省、自治区、直辖市开始推行两步利改税后的财政体制。地方财政收入大于支出、按支出占收入比重实行总额分成的有北京、天津、河北、山西、辽宁、沈阳、大连、哈尔滨、上海、江苏、浙江、安徽、山东、河南、武汉、湖南、重庆 17 个地区。实行定额上缴办法的有黑龙江省。实行定额补助办法的有吉林、江西、山西、甘肃四省。湖北与四川，因武汉市和重庆市是计划单列城市，故也变为定额补助的省份。实行民族地区财政体制的有内蒙古、广西、西藏、宁夏、新疆、云南、贵州、青海八省区。广东、福建仍实行"大包干"办法不变。

（四）1987—1993 年：财政包干体制

1. 国有企业承包制改革

始于 1983 年和 1984 年的国有企业"利改税"是继企业利润留成制度之后适应市场经济以税收规范政府与企业关系的改革思路，尽管由于种种配套措施如价格与财税改革的滞后使其名难符实，但"利改税"体现了市场化取向，也为按税种划分政府间收入提供了可能性。遗憾的是，"利改税"所体现的试图以税收规范企业与政府及政府间关系的正确方向没有得到坚持，改革由此走了一段弯路。

1986 年 12 月，国务院发布《关于深化企业改革，增强企业活力的若干规定》，明确提出推行多种形式的承包经营责任制，给企业以充分的经营自主权的问题。1987 年，农村"联产承包责任制"的极大成功更是鼓励了"包"字进城。1987 年起，全国绝大部分国有企业先后实行了承包经营责任制，即国家和企业承包，每个企业跟政府签订承包合同，在承包合同上规定交多少税。

国有企业承包经营制是放权让利改革的一种特殊形式。承包制的基本原则为"包死基数、保证上交、超收自留、欠收自补"。从形式上看，它包括：①"上缴利润定额包干"；②"利润比例分成"；③"上缴利润递增包干"；④"亏损企业减亏包干"；⑤"两保一挂"，即保上缴税利、保技改项目，工资总额和实现税利挂钩。

2. 财政包干体制改革

在企业承包制成为国有企业改革的主流后，与之相适应的财政体制亦重新回到包干财政体制。从 1988 年实行，包干办法规定，全国 39 个省、自治区、直辖市和计划单列市，除广州、西安市财政关系仍然分别与广东、陕西两省联系外，对其他 37 个地区分别实行不同形式的包干办法。

（1）收入递增包干。即根据地方支出基数和以前年度收入增长情况，确定收入递增率和留成与上缴比例。在递增率以内的收入按确定的留成与上缴比例实行中央与地方分成。超过递增率的收入，全部留给地方。

（2）总额分成。即在核定地方收支基数基础上，以地方支出占总收入的比重，确定地方留成与上缴中央比例。

（3）上缴递增包干。即确定上缴中央收入的基数后，每年按一定比例递增上缴。

（4）定额上缴。即按核定的收支基数的收大于支部分，地方按固定数额上缴中央。

（5）定额补助。即按核定的收入基数支大于收部分，中央按固定数额给予补助。

二、1994 年分税制改革

图 10 - 3　反映分税制改革的漫画

1994 年"分税制"改革是构建社会主义市场经济体制的重要举措，具有里程碑意义。这一改革涉及我国税收制度的重新安排，重新构建了中央和地方财政制度。这次改革是成功的，使我国财税体制由传统计划体制转向市场经济体制，极大地推动了我国经济和各项事业的发展。

（一）改革的背景

从财政管理体制的角度来看，我国于 1994 年实行的由财政包干体制向分级分税的财政体制转变的改革，是一次以市场经济为目标模式的财政和税收体制的改革。这次改革有其自身特定的时代背景，是在特定的经济条件和制度环境下发生的，具有逻辑上的客观必然性。

财政包干体制是我国在改革开放初期，为解决"统收统支"的财政体制激励不足问题，从本质上看属于一种中央政府与地方政府之间的委托—代理关系的分权体制：中央政府的财政收入是通过地方政府征收的，其收入不仅取决于与地方政府之间协商达成的分配比例，而且还依赖于地方政府征收财政收入的积极性。改革初期，这种财政包干体制扩大了地方政府的财权，调动了地方政府的积极性。

在特定的历史阶段，它激发了地方政府的积极性，促进了地方经济增长。随着经济发展和市场扩大，财政包干制固有的弊端逐渐显露，对经济增长的促进作用不断弱化，阻碍作用不断增强。财政包干制的主要弊端有：

（1）中央政府的边际收入递减。财政包干制的主要特点是包死基数、超收多留，这导致了财政收入既不能与国民经济同步增长，又不能保证中央政府在财力分配中处于主导地位。而且，这种体制不利于中央政府对地方政府财政收支的有效监控。结果使中央政府的收入在国家财政收入中所占的比重不断下降，从 1984 年的 40.51% 下降到 1993 年的 22.02%，中央政府的宏观调控能力被弱化。

（2）扭曲了资源配置效率。财政包干体制是按照企业隶属关系划分企业所得税，在地方财政管理权限扩大的情况下，这种制度安排肯定会强化地方的利益机制，促使地方政府从本地利益出发，竞相发展见效快、利税多的项目，由此导致大量重复建设，扭曲了资源的配置效率。另外，财政包干体制按照属地征收原则划分流转税，地方政府为取得尽可能多的财政收入，纷纷实行地区封锁，限制流通，严重影响全国统一市场的形成。

（3）制度变化频繁，交易费用太高。财政包干体制是中央政府与各地方政府（省级）一对一分别谈判的结果，是一种契约关系。这种契约关系是不稳定的，因为社会政治、经济、文化等因素在不断地变化。为了解决新问题，这种契约关系就必须不断地变化。这就是说，从制度上看是不符合市场经济体制要求的。要从制度上得到保障，必须走法制化道路，必须根据市场经济体制的要求制定相应的法律体系。这种新体制不仅要激励地方政府关心当地经济发展，壮大财力，同时要关心整个国民经济的协调发展。

从宏观经济形势来看，从 1992 年下半年开始，"传统计划经济"和"市场经济"并存的"双轨制"使国民经济出现了过热的迹象。各地不顾全局利益，盲目追求地方经济的快速增长，突出的表现就是"三乱"、"三热"，即"乱批地、乱贷款、乱集资"，"房地产热、股票热、开发区热"。各地方政府违规批出土地进行开发建设；大量银行资金不顾风险地进入股市或贷给房地产投机商；民间组织、公司、企业纷纷以高息集资，扰乱金融秩序。宏观经济调控失衡已相当严重。1992—1994 年，我国国内生产总值增长率连续三年超过 10%，分别为 14.2%、13.5%、12.6%；同时，通货膨胀率也迅猛增长，1993 年物价上涨 13.2%，而 1994 年达到创历史记录的 21.7%。国民经济过热，形势严峻。某种程度上看，政府尤其是中央政府对许多宏观领域的经济活动已失去控制。

面对严峻的形势，1993 年 6 月 24 日，中央政府出台了《中共中央、国务院关于当前经济情况和加强宏观调控的意见》，明确要求在短期内整顿好金融、财政、税收、投资等决定宏观经济状况的重要领域。其中与财政有关的主要有两条，一是除了严格控制社会集团购买力的过快增长以外，停止一切困难性临时性的减免税。二是在中期内进行某些宏观体制改革，包括税收、中央与地方政府的财政关系、金融、外汇、进出口、投资等。

（二）改革的内容

分税制是西方国家实行分级预算体制中普遍采用的划分各级预算收入的方法，它是指一个国家通过对税种或税源以及税收管理权限在中央和地方之间的划分，以确立中央和地方政府间收入分配的一种制度。它的基本原则是：在合理划分各级政府事权的基础上，将税种和税权在中央和政府间进行划分，以确定各级政府预算收入，分设中央税制与地方税制。与之相适应，分设国税局和地税局分别征收管理本级税收，从而建立起各自相互独立、相互协调的中央和地方两套税收体系，并建立起相应的转移支付制度。

在分税制下，集权与分权的程度取决于税收管理权限在中央与地方间的划分。概括而言，税收管理权限包括税收立法权和征收管理权。税收立法权包括税法制定权、审议权、表决权、批准权及公布权，它属于法律范畴，其职权属于国家立法机构；税收征收管理权则是一种行政权力，它包括税法解释权、税种开征停征权、税目税率调整权、税收减免权以及征税权，属于政府及其职能部门的职权范围。

如果中央赋予地方政府更大程度的税收管理权，则称为相对分权的分税制。如实行联邦制的国家，地方政府不仅享有全部的征税管理权限，并且享有对税收的立法权，即地方税由地方立法。相反，如果中央控制了税收管理权限的大部分而只赋予地方税收征收和使用权，则是相对集权的分税制。如我国现行的分税制，不仅地方税的立法权集中在中央，税法解释权、税种开征停征权、税目税率调整权、减税免税权、税收收入支配权等税收管理权限高度集中于中央，地方政府无权根据本地情况进行调整。

"分税制"改革，采取了"渐进式"路径。主要措施是在保证地方"既得利益"的前提下进行"增量调整"，减少阻力，确保目标的实现。由于我国市场经济体制刚刚确立，原有的财政体制使中央财力匮乏，不能实施必要的宏观调控，在当时的情况下，我国的"分税制"选择了中央财权相对集中、财力相对分散的集权式模式。

1994年，分税制财政体制改革正式推开，内容包括：税制改革；在划分中央与地方事权的基础上划分了中央和地方的财政支出；按税种划分中央和地方收入，中央和地方分设税务机构，分别收税；建立起相应的转移支付制度。

1. 税制改革

我国的税制实际上可以分为三块：工商税制、农业税制和关税税制。其中，我国财政体制的改革核心是工商税制。要实行"分税制"，就必须全面改革我国的工商税制。因为"分税制"要求按照事权与财权相结合的原则，按税种划分中央与地方的收入，原有税制无法做到这一点。

我国工商税收的收入占整个税收收入的90%以上，涉及工商业、交通运输和服务业等各大行业。原有工商税制主要存在三个问题：一是税制不够简化。当时，工商税的税种多达32个，税种设置和市场经济的要求也不符，如集市交易税、牲畜交易税、奖金和工资调节税等。二是作为主体税种的产品税严重扭曲市场资源配置效率。产品税要求有详细的税目税率表，但要正确认定"产品"的适用税目和税率是不容易的。比如，"新产品"的适用税目税率是需要税务机关认定的，但税目税率表的更新速度远跟不上产品的更新速度，因此需要根据税目税率表"比照"执行，往往不尽合理。而且，产品税存在重复课税问题，产品税实行按产品交易价格全额征税。三是项目原有税收法律不健全。原有的很多税种都没有规范的法律制度作为依据，有的税种还只是暂行办法，严重影响税收的严肃性和权威性。在企业所得税方面，按经济性质分设的所得税税种使得产品之间、企业之间、地区之间的公平竞争成为不可能。

新税制对原有工商税制进行了根本性的改革，将原有的32个税种，该废除的废除、该合并的合并，同时开设了一些新税种，改革以后，简化为18个税种。后来，在宏观税负基本不变的前提下，实践中根据具体情况又有某些小的调整。工商税制的改革形成了以流转税、所得税为主体，多税种、多环节的复合税制。

（1）间接税改革

第一，重点在生产。批发零售和进出口环节全面推行增值税；对卷烟、白酒、化妆品、珠宝首饰、烟花爆竹、汽油、柴油、汽车轮胎、摩托车、小汽车等11种产品征收消费税；对劳务、无形资产转让和出售固定资产征收营业税。

第二，实行统一的生产型增值税。征税基础是生产和流转环节的新增价值。取消旧的多环节重复征税的产品税。参照国际经验，增值税改革实行简单统一的税率，只设置了一个基本税率17%和对几种产品适用的低税率13%。新的增值税贯彻了"中性原则"。同时，新税制实行发票注明税额扣税制度，有利于根据增值税的特点推行交叉稽核。

第三，对小规模纳税人适用6%的征收率。

第四，外资企业也适用新的增值税、消费税和营业税。取消工商统一税。

（2）直接税改革

第一，取消旧的国营企业所得税、集体企业所得税和私营企业所得税。统一后的企业所得税适用33%的单一税率。在统一的内资企业所得税付诸实施的同时，取消国营企业调节税、能源交通基金和预算调节基金。新的税收法规，规范了投资还贷制度和企业所得税的计算，依法取消了承包制。

第二，新的个人所得税改革在原来对中国公民征收的个人收入调节税、对外国人征收的个人所得税和个体工商业户所得税的基础上实行分类税率结构。

（3）其他税改革

根据税制改革方案，不久将对城建税、土地使用税、房产税、盐税和资源税进行改革。屠宰税和筵席税的立法权部分下放给了省级政府。取消其他七种税。三种新税：土地增值税已经实施，证券交易税和遗产税不久即将开征。

（4）从1994年1月1日起，增值税、消费税、营业税、外商投资企业和外国企业所得税、个人所得税、土地增值税、资源税适用于外资企业。随着税制改革进程，一些新税种也将适用于外国人以取代旧税种。最后，除企业所得税之外的所有税种，都统一适用于国内企业和外国企业。

2. 按照事权划分各级财政的支出范围

中央财政主要负担国家安全、外交和中央机关运转所需经费，调整国民经济结构、协调地区发展，实施宏观调控所必需的支出以及由中央直接管理的事业发展支出。具体包括：中央统管的基本建设投资，中央直属企业的技术改造和新产品试制经费，地质勘探费，由中央财政安排的支农支出、国防费、武警经费，外交和援外支出，中央级行政管理费，由中央负担的国内外债务还本付息支出，以及中央本级负担的公检法支出和文化、教育、卫生、科学等各项事业费支出。地方财政主要负担本地区政权机关运转以及本地区经济、事业发展所需的支出。具体包括地方统筹的基本建设投资，地方企业的技术改造和新产品试制经费，支农支出，城市维护和建设经费，地方文化、教育、卫生、科学等各项事业费和行政经费，公检法支出，部分武警经费，民兵事业费，价格补贴以及其他支出。

3. 按"分税制"划分中央与地方收入

在合理划分中央与地方政府事权范围的基础上，依照税种划分中央财政与地方财政之间的收入范围，依照事权划分支出范围，建立规范的中央对地方转移支付制度。

"分税制"要求：一些税种归中央，一些税种归地方，另一些税种则由中央和地方共享。在划分税种的同时，分设中央和地方两套税务机构，分别征收。中央固定收入包括：消费税，关税，海关代征的消费税和增值税，中央企业所得税，地方银行和外资银行及非银行金融机构企业所得税，铁道部门、各银行总行、各保险总公司等集中缴纳的收入（包括营业税、所得税、利润和城市维护建设税），中央企业上缴利润等。地方固定收入包括：营业税（不包括铁道部门、各银行总行、各保险公司等集中缴纳的营业税），地方企业所得税（包括上交利润），城镇土地使用税，个人所得税，城市维护建设税（不含铁道部门、各银行总行、各保险总公司等集中缴纳的部分），房产税，车船使用税，印花税（不含证券交易印花税），屠宰税，农牧业税，农业特产税，耕地占用税，契税，土地增值税，国有土地有偿使用收入等。

中央与地方共享收入：包括增值税、资源税、证券交易税。增值税中央分享 75%。地方分享 25%；资源税按不同的资源品种划分，大部分资源税作为地方收入，海洋石油资源税作为中央收入；证券交易税，中央地方各分享 50%。由地方税务机构负责征收地方税，同时将屠宰税和筵席税的开征停征权下放给地方。

4. 改革国有企业利润分配制度

改革国家与国有企业利润分配制度。主要内容是在统一内资企业所得税后，对国有企业不再执行所得税与利润统一承包办法；在取消向国有企业征收能源交通重点建设基金和预算调节基金后，允许企业新老贷款利息计入成本的基础上，不再执行企业税前还贷制度，企业贷款还本一律用税后留用资金归还；对企业税后利润，国家作为所有者有权处置，具体办法依企业实际情况确定。

5. "分税制"的实施策略

分税制改革对地方利益的影响很大。为了保证平稳过渡，分税制运行做了合理的设计和利益让渡。

（1）合理选择分税制实行的"基期年"

这就是以哪一年的数据作为中央与地方之间收支划分的参照。分税制根据基期年的财政收支来核定中央从地方净上划的收入数额，并以此作为中央对地方的税收返还基数，可见，基期年的选择对中央和地方的利益影响极大。在 1993 年 9 月开始广泛征求地方意见时，各地方已经知道了分税制的"机制"。由于基期年的收入高对地方有利，因此 1993 年地方财政收入的增长是历史上罕见的。1993 年 10 月地方收入比上年同期增长 56.7%，11 月为 53.4%，12 月为 36.8%，全年增长 24.2%，增收 866 亿元，按照分税制的制度设计，增收部分就成了地方的收入。为了激励地方政府参与改革，保证体制转换的平稳过渡，中央从大局出发，决定以 1993 年为基期年。

（2）确定共享税的分成比例

分税制改革的一条重要原则是保留原体制的"利益"，通过"增量"改革以减少改革的阻力。在改革中保证了地方的既得利益，增量分配的原则有两条，一是增量分配时中央得大头；二是共享税的增长要调动两个积极性。在设计中考虑到我国的实际情况，1994 年以后实行的"增量共享"办法，采取中央对地方的税收返还额在 1993 年的基数上逐年递增的办法，递增率按各地增值税和消费税增长率的 1∶0.3 的系数确定。这就是说，增值税和消费税每增长 1%，中央对地方的税收返还额增长 0.3%。按照这个比例，中央在税收增量分配中总是占多数。数学上很容易计算出来，在共享税中，中央可得 52.5%，地方可得 47.5%。

（3）确定中央与地方之间的转移支付

为了改革的平稳过渡，基本上保留了原体制的地方上解和中央补助办法。原实行递增上解、定额上解的地方，仍按原规定执行；原实行总额分成和原分税制试点地区，以 1993 年的上解数为基数，从 1994 年起以 4% 的递增率递增上解。1995 年起，实行递增上解的地方一律改为以 1994 年的实际上解数为定额进行定额上解。中央对地方的转移支付则采用按影响因素计算的"标准收支法"，分别计算各地的标准收入、标准支出，不足部分由中央补助。

三、1998 年以来分税制不断调整

1998 年，政府正式提出了"公共财政"，并以此确立为今后财政改革的方向和目标。公共财政就是为满足社会公共需要而进行的财政收支活动模式，是与社会主义市场经济发展相适应的一种财政运行机制。构建公共财政，意味着两个基本面的重新定位：一是政府与市场关系的重新定位；二是政府与民众关系的重新定位。其突出特点：一是公共性，即满足社会公共需要，解决社会公共问题；二是公平性，即平等非歧视；三是公益性，即公共财政追求的只能是社会公益目标，而不能是利润目标；四是规范性，即公共财政的理财方式必须规范、透明，不能主观随意。界定政府与市场的边界，首先不是谁多管、谁少管的问题，而是对二者逻辑关系的重新审视：从传统体制下的"政府第一，市场第二"，即在资源配置中政府能做的政府先做，政府实在做不来的交给市场来补充，变为"市场第一，政府第二"，即市场配置资源发挥基础性作用，市场能做的交给市场，市场做不好和不能做的由政府补充。在这种新的逻辑关系中，政府活动的范围被界定在公共领域，政府的职责被界定为防范和化解公共风险。只有这样，才能既不延滞市场化进程，也使政府有精力办好其职责范围内的事情，形成政府与市场分工合作的新格局。在市场经济下，政府职能重心转向经济调节、市场监管、社会管理和公共服务，财政职能也应随之相应转换。围绕着公共财政框架的构建，一系列的财政改革由此展开：

（1）农村税费改革。农村税费改革分两个阶段进行：第一阶段是清理正税。主要包括"三取消、两调整、一改革"。第二阶段是取消农业税。在 2000 年对安徽全省进行农村税费改革试点的基础上，逐步扩大试点范围。2004 年改革粮食流通体制，对农民实行直接补贴，全面取消了除烟叶外的农业特产税。2006 年实现了在全国范围内取消农业税，这标志着几千年的"皇粮国税"终于成为历史。

（2）推行以深化"收支两条线"管理、部门预算和国库集中支付等为主要内容的预算管理制度改革，在规范财政支出程序、减少资金周转环节、提高资金使用效率、推动政府职能转化等方面发挥了积极的作用。

（3）改革财政支出结构，解决"缺位"和"越位"问题。在合理控制财政支出总量的同时，优化财政支出结构。将那些不属于政府承担的事务逐步推向市场，与财政供给脱钩，财政支出逐步退出竞争性投资领域，通过压缩一般性项目投资，优先保证重点事业发展的需要。财政增加对农业、能源、交通等基础产业和基础设施投资，在财政政策上支持国家支柱产业和高新技术产业发展，并增加对教育、科技等方面的投入，政府与市场的分工逐渐地在财政支出结构上显现出来。

（4）深化税制改革。党的十六届三中全会明确提出了"分步实施税收制度改革"的任务，并提出了"简税制、宽税基、低税率、严征管"的改革原则。其主要内容为：增值税由生产型改为消费型，将设备投资纳入增值税抵扣范围。增值税转型试点 2004 年首先在东北老工业基地对 8 大行业进行增值税转型的试点，范围扩大到中部六省部分城市。改进个人所得税，实行综合和分类相结合的个人所得税制。从 2006 年 1 月 1 日起，个人所得税工资、薪金所得费用扣除标准，从 800 元调整到 1 600 元；其后又增加到 2 000 元。最新个人所得税法修订，费用扣除额增加至 3 500 元。2007 年企业所得税法草案在十届全国人大五次会议上审议通过，从 2008 年 1 月 1 日开始，新税法正式在全国实施。这标志着我国结束了实行内外有别的两套企业所得税法的历史，一个有利于企业公平竞争的税制环境正逐步建立起来。

（5）按公共财政原则和国际惯例进一步完善财政管理体制。从 2002 年 1 月 1 日起，打破按隶属关系和税目划分所得税收入的办法，实施所得税收入分享改革，新成立的企业的所得税由国家税务局负责征收管理。对 2002 年的所得税增量，中央和地方各分享 50%；对 2003 年以后的增量，中央分享 60%，地方分享 40%。中央增收的收入主要用于对中西部地区的一般性转移支付，以缩小地区差距。中央在十七大报告中，明确提出财政体制改革的方向：要深化预算制度改革，健全中央和地方财力与事权相匹配的体制。完善省以下财政体制，增强基层政府提供公共服务能力。对于现行财政管理体制的进一步改革方案正在酝酿中。

参考文献

1. 漆侠. 中国经济通史（宋代经济卷）[M]. 北京：经济日报出版社，1999.

2. 国家税务总局. 中国财政史资料选编（第一辑至第十二辑）[M]. 北京：中国财政经济出版社，1989.

3. 方行，经君健，魏金玉. 中国经济通史（清代经济卷）[M]. 北京：经济日报出版社，2000.

4. 国家税务总局. 中华民国工商税收史（地方税卷）[M]. 北京：中国财政经济出版社，1999.

5. 国家税务总局. 中华民国工商税收史（盐税卷）[M]. 北京：中国财政经济出版社，1999.

6. 李锦绣. 唐代财政史稿（上下卷）[M]. 北京：北京大学出版社，1995.

7. 汪圣铎. 两宋财政史（上下卷）[M]. 北京：中华书局，1995.

8. 周自强. 中国经济通史（先秦经济卷）[M]. 北京：经济日报出版社，2000.

9. 陈光明. 六朝财政思想史 [M]. 北京：中国财政经济出版社，1997.

10. 林甘泉. 中国经济通史（秦汉经济卷）[M]. 北京：经济日报出版社，1999.

11. 高敏. 中国经济通史（魏晋南北朝经济卷）[M]. 北京：经济日报出版社，1998.

12. 国家税务总局. 中华民国工商税收史纲[M]. 北京：中国财政经济出版社，2001.

13. 周伯棣. 中国财政思想史稿 [M]. 福州：福建人民出版社，1984.

14. 孙翊刚. 中国赋税史 [M]. 北京：中国税务出版社，2003.

15. 漆侠，乔幼梅. 中国经济通史（辽夏金经济卷）[M]. 北京：经济日报出版社，1998.

16. 凌大珽. 中国茶税简史 [M]. 北京：中国财政经济出版社，1986.

17. 王敏铨. 中国经济通史（明朝经济卷）[M]. 北京：经济日报出版社，2000.

18. 陈高华，史卫民. 中国经济通史（元代经济卷）[M]. 北京：经济日报出版社，2000.

19. 胡寄窗，谈敏. 中国财政思想史稿 [M]. 北京：中国财政经济出版社，1989.

20. 国家税务总局. 中国工商税收史 [M]. 北京：中国财政经济出版社，1990.

21. 钱剑夫. 秦汉赋役制度史考略 [M]. 武汉：湖北人民出版社，1984.

22. 国家税务总局. 中华民国工商税收史（税务管理卷）[M]. 北京：中国财政经济出版社，1998.

23．郑学檬．五代十国史研究［M］．北京：经济科学出版社，2000.

24．郑学檬．中国赋役制度史［M］．上海：上海人民出版社，2000.

25．田昌五，漆侠．中国封建社会经济史（1～4卷）［M］．济南：齐鲁书社、文津出版社，1996.

26．本书编委会．中国农民负担史［M］．北京：中国财政经济出版社，1983.

27．张泽咸．唐五代赋役史草［M］．北京：中华书局，1986.

28．杨荫薄．民国财政史［M］．北京：中国财政经济出版社，1985.

29．国家税务总局．中华民国工商税收史资料选编（第一辑至第八辑）［M］．北京：中国财政经济出版社，1993.

30．傅光明．中国财政法制史［M］．北京：经济科学出版社，2002.

31．宁可．中国经济通史（隋唐五代经济卷）［M］．北京：经济日报出版社，2000.

32．蔡次薛．隋唐五代财政史［M］．北京：中国财政经济出版社，1990.

33．孙翊刚，董庆铮．中国赋役史［M］．北京：中国财政经济出版社，1987.

34．马大英．汉代财政史［M］．北京：中国财政经济出版社，1983.

35．国家税务总局．中华民国工商税收史（货物卷）［M］．北京：中国财政经济出版社，2001.

36．韩国磐．北朝隋唐的均田制度［M］．上海：上海人民出版社，1984.

后　记

　　本书是在前人丰富的研究成果基础上编写而成的，在内容上重点突出了我国历代政治经济背景和财税改革典型事例，以期在传播知识的同时，增强教材的可读性，提高学生的学习兴趣。在编写过程中，有多位财税领域的专家学者和在校学生对书稿具体内容提出了宝贵的建议，全书的完成凝聚着集体的智慧与汗水。

　　参加本书编写的人员有（以篇章结构为顺序）：李江（前言、第一章、第六章、第七章），代灵敏（第二章、第三章、第八章、第九章），魏彧（第四章、第五章、第十章），冯月（对第五章初稿进行了改写，并为第四、五、十章的编写做了大量基础性工作），杨婷婷（为第六章的编写做了大量基础性工作），张瑞（为全书框架结构设计做了大量工作）。全书的统稿工作由李江完成。本书在编写过程中参阅了理论界现有的一些文献和兄弟院校的一些教材，在此表示感谢。同时，西南财经大学成人（网络）教育学院对本书的编写给予了大力支持，这里一并表示衷心的感谢。

李　江

2013 年 4 月于光华园

图书在版编目(CIP)数据

中国财税史/李江主编 . —成都:西南财经大学出版社,2013.4
(2014.11 重印)
ISBN 978 - 7 - 5504 - 1019 - 0

Ⅰ.①中… Ⅱ.①李… Ⅲ.①财政史—中国②税收管理—经济史—
中国 Ⅳ.①F812.9

中国版本图书馆 CIP 数据核字(2013)第 072129 号

中国财税史

主 编:李 江
副主编:代灵敏 魏 彧

责任编辑:王 利
封面设计:杨红鹰
责任印制:封俊川

出版发行	西南财经大学出版社(四川省成都市光华村街55号)
网 址	http://www.bookcj.com
电子邮件	bookcj@foxmail.com
邮政编码	610074
电 话	028 - 87353785 87352368
照 排	四川胜翔数码印务设计有限公司
印 刷	郫县犀浦印刷厂
成品尺寸	185mm×260mm
印 张	13.25
字 数	310 千字
版 次	2013 年 4 月第 1 版
印 次	2014 年 11 月第 2 次印刷
印 数	3001— 6000 册
书 号	ISBN 978 - 7 - 5504 - 1019 - 0
定 价	28.00 元